1. Überall Schlitzohren – Rette sich, wer kann!

Ich fühlte mich richtig gebauchpinselt, als einer der Chefs vom Thomas Nelson Verlag bei mir anrief und sagte: „Erinnern Sie sich an unser Gespräch beim Essen neulich abends? Wir sprachen über neue Buchprojekte. Dabei erwähnten Sie beiläufig, daß wir uns wohl damit abfinden müßten, es überall nur noch mit Egoisten und Schlitzohren zu tun zu haben. In gewisser Weise seien wir es ja alle. Und scherzend haben Sie hinzugefügt, was die Welt jetzt wohl am nötigsten brauche, sei ein Buch zum Thema, wie man in einer Welt der Schlitzohren und Egoisten überlebt."

„Ja, ich erinnere mich", sagte ich. „Wir alle lachten, weil ich wirklich nur einen Scherz gemacht hatte."

„Das war kein Scherz, mein Lieber! Wir glauben tatsächlich, daß es höchste Zeit ist für ein Buch, das aufzeigt, wie man in einer Welt, in der es von Egoisten nur so wimmelt, überlebt. Und Sie sind genau das richtige Schlitzohr, das es schreiben kann! Ihre Frau ist übrigens einverstanden. Einer unserer Herausgeber unterhielt sich mit ihr nach dem Abendessen. Dabei behauptete sie, daß sie sich ohne Probleme an Hunderte von kleinen Eigensüchteleien von Ihnen in all den Jahren ihrer Ehe erinnern könne. Wir wissen, daß Sie ein offenes Wort vertragen können, und außerdem sind Sie Psychiater und ein anerkannter Buchautor. Wir können uns also gut vorstellen, daß Sie sich quasi selber zur Hauptfigur Ihres Buches machen!"

Die Idee sei ja faszinierend, sagte ich meinem Verleger, aber ich müsse das Ganze erst mit Jan, meiner Frau, besprechen. Als ich aufgelegt hatte, ging ich erst einmal zu meiner Herzallerliebsten und erzählte ihr von meinem Gespräch. Das Buch konnte tatsächlich eine interessante Aufgabe werden, hatte ich doch so die einmalige Gelegenheit, einmal Rechenschaft darüber abzulegen, welche Fortschritte ich in 27 Jahren Ehe damit gemacht hatte, von einem eingefleischten Egoisten zu einem halbwegs erwachsenen Menschen heranzureifen.

Ich dachte daran, welche wenig schmeichelhaften Bemerkungen Jan meinem Verleger gegenüber gemacht hatte. Nun sollte sie aber auch unter Beweis stellen, daß sie den Mund nicht zu voll genommen hatte: „Du hast jemand im Verlag erzählt, du könntest aus dem Stegreif ein paar hundert Beispiele dafür nennen, daß auch ich noch manchmal ein ganz schönes Schlitzohr sein kann. Na dann los! Nenne mir wenigstens ein paar davon."

Immer wenn Jan mich besonders huldvoll milde anlächelt, habe ich mit dem Schlimmsten zu rechnen. Und so war es auch diesmal: „Wollen wir mal überlegen. Wie war es denn damals, als wir mit der ganzen Familie in unserem Kleinbus unterwegs waren und die hübschen, jungen Dinger im Volkswagen-Cabrio niemand überholen lassen wollten? Weißt du noch, was du mit deinem Becher voller Sprudel gemacht hast, als du es dann doch endlich geschafft hattest?"

Ich zuckte zusammen. Natürlich erinnerte ich mich. (Wir werden auf die Begebenheit später zurückkommen, wenn wir uns mit den unterschiedlichen Varianten menschlicher Dummheit beschäftigen.) Noch mehr konnte ihr wohl kaum einfallen. Aber da hatte ich mich getäuscht.

„Wie war es denn, wenn wir unterwegs waren? Jahrelang wolltest immer nur *du* fahren. *Du* meintest dann aber auch, die Temperatur im Auto nach deinen Bedürfnissen einstellen zu können und immer noch die Musik hören zu müssen, die *dir* gefällt. Immerhin seist *du* ja derjenige gewesen, der die ganze Zeit aufpassen müsse. Ich weiß noch, wie sehr die Kinder und ich oft gefroren haben, weil *du* immer mit offenem Fenster gefahren bist.

Und wenn es darum ging, zu entscheiden, was wir unternehmen, warst immer du es in all den Jahren unserer Ehe, der bestimmt hat, in welches Restaurant wir gingen. Du hast dich in der Hinsicht inzwischen ein bißchen gebessert. Ab und zu erkundigst du dich zwar nach meiner Meinung, aber letztlich bekommst du es dann doch hin, daß wir genau das machen, was du dir in den Kopf gesetzt hast.

Und wie war es denn damals, als wir nach den Flitterwochen in unsere allererste Wohnung zogen? Alles, was wir für unseren Start ins Eheleben brauchten, stand eingepackt bereit, um in unser kleines Liebesnest transportiert zu werden. Wo aber warst du am Umzugstag? Du warst unterwegs, um dir einen Teilzeitjob zu besorgen, und du hast mir *den ganzen*

Umzug überlassen. Der Gipfel war dann noch, daß du nach deiner Heimkehr, als schon fast alles ausgepackt war, erzähltest, wie gut dir die Rothaarige am Fleischstand beim Kaufmann gefallen hatte!

Ach ja, und dann noch ein kleines Beispiel: Besinnst du dich, wie ich bei Dan die Wehen bekam? Es war meine erste Geburt, und ich hatte schreckliche Angst. Es war 4 Uhr in der Nacht, und bei mir war die Fruchtblase geplatzt. Ich versuchte, gerade noch ein paar Sachen fürs Krankenhaus einzupacken. Wo aber warst du? Du hast dich im Schlafzimmer herausgeputzt. Und schließlich kamst du zu mir und fragtest doch tatsächlich, *welche Krawatte* wohl am besten zu deinem braunen Blazer passen würde. ‚Das ist mir im Augenblick doch völlig egal', hatte ich damals erbost geantwortet. ‚Wir müssen los!'"

„Ist ja gut! Ich gebe alles zu!", sagte ich und hob die Hände zum Zeichen meiner Kapitulation. „Es sieht so aus, als müßtest du mir wirklich bei diesem Buch zur Seite stehen, um mir bei einigen Erinnerungen auf die Sprünge zu helfen."

Jan hat dann auch tatsächlich viel zum Entstehen dieses Buches beigetragen. Ihre Hilfe war von unschätzbarem Wert. Sie hat sich nicht nur vieler meiner egoistischen Anwandlungen besonnen, sondern – und das war sicher noch wichtiger – sie hat ihre Erfahrungen aus der eigenen Ehe- und Familienseelsorge mit eingebracht. Sie hat im Laufe der Jahre Hunderte von Menschen kennengelernt, die in ihrer Ehe dummdreist und egoistisch miteinander umgehen.

Dieses Buch will zwar grundsätzlich allen Menschen das Leben mit den Egoisten unserer Zeit erträglicher machen, aber unser besonderes Anliegen ist es, demjenigen ein Überlebenstraining anzubieten, der mit einem solchen schwer zu ertragenden Menschen verheiratet ist. Wir wollen aber nicht nur miteinander überleben, sondern dabei möglichst auch noch glücklich werden. Das ist unser Ziel. Andererseits sollen auch die Egoisten lernen, ein bißchen weniger egoistisch zu werden und der Liebe eine etwas größere Chance zu geben. (Ich selber habe einiges dafür getan – aber den Sender im Autoradio, den suche ich immer noch ganz gern selber aus!)

Was ist denn eigentlich ein Egoist?

Bevor wir uns weiter mit dem Thema beschäftigen wollen, müssen wir zum besseren Verständnis abklären, was wir eigentlich unter einem eingefleischten *Egoisten* verstehen. Das wichtigste Merkmal dieses Menschen ist, daß er meist an sich selbst zuerst denkt. Die Konsequenz daraus ist dann allerdings, daß sein ich-bezogenes Denken und Handeln anderen Menschen schadet.

Die Wurzel dieses Übels ist die Überzeugung, uns stehe fast alles zu. Es sei unser „gutes Recht" zu tun, zu sein und zu haben, was wir wollen. Das zehnte Gebot – „Du sollst nicht begehren . . . " – beschränkt eigentlich dieses vermeintliche „Recht". Aber wenn die Saat aufgeht, glauben wir irgendwann doch, nun stehe uns auch die Frau des Freundes, sein Auto und sein Haus zu. Ich meine, ein Recht auf alles zu haben, was ich begehre.

Der Egoist ist aber auch ein Narziß. Vielleicht erinnern Sie sich an die alte Geschichte aus der griechischen Mythologie: Narziß saß am Teich und starrte so lange in sein Spiegelbild, bis er sich in sich selbst verliebte. Er war so angetan von seinem Äußeren, daß er nach seinem Tod in jene Blume verwandelt wurde, die noch heute seinen Namen trägt. Narzißmus ist krankhafte Eigenliebe. Das Ich stellt dabei den absoluten Mittelpunkt dar.

Studien über die Empfindungswelt des Kleinkindes haben belegt, daß das Kind von Geburt an bis zum 18. Monat das Empfinden hat, die Mutter sei ein Teil seiner selbst. Wenn die Mutter das Zimmer verläßt, schreit es, weil ein Teil von ihm selbst nun verschwunden ist. Bereits solch ein kleines Kind empfindet ein Recht auf sich selbst.

So um den 18. Monat begreifen die Kinder, daß die Mutter eine eigenständige Person ist. Aber noch gut 18 Monate lang – bis sie drei sind – haben sie den Eindruck, die ganze Welt existiere nur ihretwegen. Die Mutter ist zwar als eigenständige Person erkannt worden, aber sie ist nur dazu da, dem Kind zu Diensten zu sein. Was das Kind sich in den Kopf gesetzt hat, muß die Mutter augenblicklich erfüllen.

Du Trotzkopf! sagt man mit einem Augenzwinkern, aber gerade diese Zeit erfordert sehr viel liebevolle Strenge. Die Kleinen müssen ihre Grenzen kennenlernen, weil sie noch glauben, sie seien der Herr im Haus. Sie halten sich für durchaus imstande, alles nach Gutdünken entscheiden zu können, und nicht nur ihre eigenen Belange. Sie wissen immer auch ganz genau, was Mama und Papa zu tun und zu lassen haben. Wenn dann aber ihre Wünsche nicht erfüllt werden, dann können sie zornig werden – sehr, sehr zornig. Das Gefühl, alle Rechte dieser Welt für sich gepachtet zu haben, ist nun am stärksten ausgeprägt.

Im Alter von drei Jahren entwickeln die Kinder ganz allmählich ihr Gewissen. Wenn sie überhaupt noch Erziehung erfahren – was heute längst nicht mehr selbstverständlich ist -, beschleicht sie nun immer öfter nach einem Fehltritt ein berechtigtes und heilsames Schuldgefühl. Sie fangen an, Grenzen zu akzeptieren und zu lernen, sich in einer Welt zurechtzufinden, in der es nun einmal Grenzen gibt. Oder anders gesagt: Sie begreifen allmählich, daß ihnen längst nicht alles in dieser Welt zusteht.

Wir werden zwar als *Narzißten* geboren, aber den meisten von uns gelingt es doch, diese Tendenz in unserem Verhalten nach und nach abzulegen und uns mit den vorhandenen Grenzen abzufinden. Manche sind da offenbar erfolgreicher als andere. Aber eins bleibt festzuhalten: Niemand besiegt dieses Empfinden, mit allen Rechten ausgestattet zu sein, völlig. Die erste These unseres Buches lautet demnach: Egoismus ist unvermeidbar. Niemand ist perfekt und zur vollkommenen Reife gelangt.

Wenn ich bereit bin, meinen Mangel an Perfektion einzugestehen, dann muß ich damit immer auch zugeben, ein Egoist zu sein, so wie auch jeder ein Egoist ist, den ich liebe, mit dem ich arbeite oder zur Gemeinde gehe. Jeder setzt *bis zu einem gewissen Grad* egoistisch seine Ellenbogen ein. Das ist die Realität. Wir sollten es nicht gutheißen, aber das Leben ist nun einmal so. Wir müssen uns also alle damit abfinden, daß wir mit dieser unerfreulichen Wirklichkeit leben müssen – bis wir in den Himmel kommen.

Es gibt drei Arten von Egoisten

Bei unserer Arbeit in den Minirth-Meier-Kliniken haben wir im Laufe der Zeit Tausende von eingefleischten Egoisten kennengelernt. Auf diese Erfahrung aufbauend, teilen wir sie ganz grob in drei Kategorien ein:

- Schwach ausgeprägt bis mäßig egoistisch (Wir wollen von den Egoisten ersten Grades sprechen)
- Sehr ausgeprägt bis bedenklich egoistisch (Das sind die Egoisten zweiten Grades)
- Extrem bis krankhaft egoistisch (Das sind die Egoisten x-ten Grades)

Grob geschätzt, teilt sich die Bevölkerung wie folgt auf:
40 % Egoisten ersten Grades,
40 % Egoisten zweiten Grades,
10 % Egoisten x-ten Grades.

Wenn Sie sich die Mühe gemacht haben, die Prozentzahlen zu addieren, wird Ihnen aufgefallen sein, daß wir insgesamt nur auf 90 % kommen. Weil unsere persönlichen Erfahrungen nicht alle Menschen auf diesem Planeten Erde erfassen, gehen wir von einer weiteren Kategorie Mensch aus. Irgendwo dort draußen gibt es wohl auch menschliche Wesen, die alle eigensüchtigen Tendenzen abgelegt haben. Wir nennen sie die „reifen Erwachsenen". Jedermanns Ziel sollte es allerdings sein, solch ein reifer, liebesfähiger und fürsorglicher Erwachsener zu werden. In späteren Kapiteln werden wir darüber sprechen, wie man sich dorthin auf den Weg macht.

Die Egoisten ersten Grades sind die „netten Leute"

Egoistisches Verhalten ersten Grades ist im Grunde nicht so schlimm. Wir finden es bei all den *netten Leuten*, die uns immer wieder begegnen. Sie meinen es durchaus gut mit andern, sie versuchen, ehrlich durchs Leben zu kommen, sind fair und meistens vertrauenswürdig. Nur hin und wieder sehen sie schon zu, wo sie bleiben und bedienen sich anderer zum eigenen Vorteil, ohne wirklich Schaden anrichten zu wollen. Sie sind die unscheinbaren Leute, die täglich ihren Pflichten nachgehen, die „leben und leben lassen" und anderen „das tun, was man ihnen selber auch tun soll."

Wenn es nur diesen Typ des Egoisten auf der Welt gäbe, könnten wir die meisten unserer brennendsten Probleme lösen. Sicher, die Welt würde immer noch hier und da verschmutzt werden, es gäbe auch Streit und Gesetzesübertretungen, aber insgesamt wäre die Kriminalität geringer, es gäbe nur selten Kriege, und Scheidungen wären nicht so an der Tagesordnung.

Unsere Welt wäre nicht perfekt, aber das Leben wäre doch viel angenehmer.

Das Problem ist, daß die Mehrheit aller Egoisten – ca. 50 % der Weltbevölkerung – zu den weit gefährlicheren Gruppen zählen. Der Egoist ersten Grades ist zwar hin und wieder auch auf seinen eigenen Vorteil bedacht, aber das geschieht meist unbewußt, und es steckt kein böser Wille dahinter. Bei den Egoisten zweiten Grades ist das schon anders: Sie manipulieren, beherrschen und mißbrauchen ihre Mitmenschen ganz bewußt. Auch wenn sich hinterher gewöhnlich Schuldgefühle einstellen, so sind sie doch meist Wiederholungstäter.

Der harmlose Egoist hat beispielsweise keine Affären. Der Egoist zweiten Grades *wird* den Seitensprung jedoch wagen. Er wird sich zwar hinterher ziemlich miserabel fühlen, es aber bei Gelegenheit wieder tun.

Am gefährlichsten sind die Egoisten x-ten Grades. Sie sind die Psychopathen der Gesellschaft, denen es auch noch Spaß macht, ihre Mitmenschen zu drangsalieren, zu mißbrauchen und zu beherrschen. Sie spüren *keine* Schuld angesichts all des Leides, das sie verursachen. Es sind gewissenlose Zeitgenossen. Solche eingefleischten Egoisten leisten sich ohne Skrupel einen Seitensprung nach dem andern.

Das Pendel ist zu weit ausgeschlagen

Es hat schon immer Egoisten jeden Grades gegeben. Vielleicht waren sie früher prozentual etwas anders verteilt. Allerdings können wir wohl davon ausgehen, daß die Psychopathen unter den Egoisten immer nur eine Minderheit in der Bevölkerung darstellten (um 10 %). Andererseits fragen wir uns, ob die „Ich-Generation" der 70er bis frühen 90er Jahre nicht doch erheblich mehr Egoisten zweiten Grades hervorgebracht hat.

Die letzten zwei bis drei Jahrzehnte haben so manche positive, aber auch so manche negative Veränderung mit sich gebracht. Zu den begrüßenswerten Entwicklungen zählt, daß immer mehr Menschen mit einem gesunden Selbstbewußtsein auftreten. So kommt es, daß die Einstellung den Frauen, den Minderheiten und der Umwelt gegenüber selbstbewußter und damit rücksichtsvoller geworden ist.

Die „Ich-Generation" hat Wichtiges erreicht: Es sind viele Menschen aus ihrer Passivität befreit worden. Man hat den Kleinmut abgelegt und ist dem Zwang entronnen, sich ständig für seine Auffassungen zu rechtfertigen. Die Selbstsicherheit hat zugenommen, so daß die Menschen viele geistige, emotionale und auch finanzielle Fortschritte in ihrem Leben verzeichnen konnten. Es gibt aber auch die negative Seite: Bei vielen ist das Pendel über den Punkt eines gesunden Selbstbewußtseins hinausgeschwungen. Diese Menschen sind zu narzißtischen Egoisten geworden. Ihnen macht es nichts aus, sich anderer zu bedienen und Mitmenschen zu mißbrauchen. Sie sagen: „Ich will schließlich ganz nach oben auf der Erfolgsleiter. Alles andere ist mir egal."

Wie weit wird das Pendel noch ausschlagen? Ich meine, es ist bereits zu weit ausgeschlagen. In unserer Beratungspraxis haben wir immer wieder erleben müssen, wieviel Kummer und Leid die „Ich-Generation" durch ihre Lebensweise verursacht hat. Wir konnten im Laufe der Jahre beobachten, wie die Menschen sich einander zunehmend mißbrauchen, wie

Zwänge und Süchte überhand nehmen und die Angst vor dem Versagen und dem Verlassensein umgeht.

Sind Männer egoistischer als Frauen?

Wir alle wissen aus Erfahrung, daß es große und weniger große Egoisten gibt. Aber es gibt wohl keine Nation, Gruppe, Glaubensrichtung oder Hautfarbe, die sich durch einen besonders entwickelten Egoismus auszeichnen würde. Wer hier Vorurteile verbreitet, ist ganz schnell selbst ein „voreingenommener Egoist".

Im Gegensatz zur landläufigen Meinung sind die Männer (als Gruppe) *keineswegs* egoistischer als die Frauen. Der Sprachgebrauch nährt ein bißchen das Vorurteil. Und so manche Frau, die einen egoistischen Vater gehabt hat und nun mit einem Egoisten verheiratet ist, fällt auf ihr eigenes klischeehaftes Denken herein: Für sie sind alle Männer Egoisten und die Frauen immer nur die unschuldigen Opfer. Man benutzt zwar meist nur die männliche Form, aber psychologische Tests belegen eindeutig, daß Frauen nicht weniger egoistisch sind. Deshalb müssen wir wohl immer auch von den „Egoistinnen" sprechen.

Ein in aller Welt bekannter Persönlichkeitstest ist das *Minnesota Multiphasic Personality Inventory* (MMPI). Mindestens zehn Millionen Menschen sind diesem Test bereits unterzogen worden. Man setzt ihn an Universitäten, in der Psychiatrie und auch an Theologischen Akademien ein. Ich mußte ihn absolvieren, um Medizin studieren zu können. Er ist nicht die große Offenbarung – kein psychologischer Test ist perfekt –, aber es ist eben doch eine *sehr brauchbare* Methode.

Unter anderem forscht der MMPI nach gesellschaftsschädigendem (destruktivem) Verhalten beim Probanden. Man will herausfinden, wie weit jemand andere ausnutzt und mißbraucht – bewußt oder unbewußt. Niemand von uns ist frei von solchen destruktiven Tendenzen. Das Interessante dabei ist allerdings, daß durch die Millionen von männlichen und weiblichen Probanden eins bewiesen werden konnte: es gibt in diesem Zusammenhang keinen Unterschied zwischen Mann und Frau. Der MMPI ist ein fast unwiderlegbarer Beweis dafür, daß Männer und Frauen gleichermaßen egoistisch sind. Unterschiede gibt es nur in der Art, wie der Egoismus im täglichen Leben zum Ausdruck kommt.

Bei unserer Arbeit mit Tausenden von Patienten in den Minirth-Meier-Kliniken erleben wir tagtäglich, daß die Ergebnisse des MMPI den Tatsachen entsprechen. Egoistische Männer nutzen ihre Frauen aus, und egoistische Frauen nutzen ihre Männer aus. Mir tut jeder leid, der zum Opfer geworden ist, sei es der Mann oder die Frau. Viele von ihnen waren bereits seit frühester Kindheit körperlichen, sexuellen oder verbalen Attacken ausgesetzt, so daß sie eine besondere Last zu tragen haben – unausgesprochener Groll, Angst vor dem Verlust der Selbstbeherrschung und mangelndes Selbstwertgefühl, um nur einige wenige Probleme zu nennen. Sonderbar ist nur, daß solche mißbrauchten Menschen dann oft jemanden heiraten, der genau jenem Elternteil des andern Geschlechts ähnelt, unter dem sie gelitten haben.

Wir halten also fest: Frauen sind genauso egoistisch wie Männer.

Mir ist allerdings bewußt, was viele meiner Leserinnen beharrlich behaupten werden: *„Sie haben ja recht, Dr. Meier, auch ich bin irgendwo Egoistin, aber mein Mann ist derjenige, der wirklich immer nur zuerst an sich denkt. Von meinem Chef reden wir erst gar nicht. Ich gebe es ja zu: Hin und wieder bin auch ich ein bißchen egoistisch, aber wichtiger für mich ist, wie ich lernen kann, mit all den Menschen zurechtzukommen, die mich ausnutzen.“*

Eine ernst gemeinte Frage verdient eine ernst gemeinte Antwort: Je mehr wir über unsere eigene Ichbezogenheit wissen, desto eher werden wir in der Lage sein, mit all jenen Egoisten fertig zu werden, die noch beherrschender und selbstherrlicher auftreten als wir. Eine Grundstrategie im Militärwesen besagt: „Lerne deinen Feind kennen.“ Und Pogo, das Militärgenie aus der Comic-Serie, rief einmal aus: „Wir haben den Feind gesehen. Er ist ja mitten unter uns!“ Je klarer wir erkennen, wie sehr auch wir eigensüchtig auf unsere Rechte pochen, desto eher werden wir die Zusammenhänge durchschauen, wenn unser Ehepartner, Chef, Pastor oder Freund uns mit seinem Egoismus auf die Nerven geht.

Mit wem Sie heute auch reden, es wird wohl jeder jemanden kennen, der glaubt, ein Recht auf den andern zu haben – auf sein Geld, seine Zeit, seine Hilfsbereitschaft und selbst auf seinen Körper.

Die egoistischen Autofahrer auf den Fernstraßen unseres Lebens treten aufs Gas, um uns ja nicht in die Lücke zu lassen, oder fahren dicht auf und bedrängen uns, statt abzuwarten, bis auch wir überholt haben.

Angebliche „Freunde“, die ihre Rechte zu kennen meinen, laden uns zum Essen ein, flirten mit unserem Partner und lassen uns dann noch die Rechnung begleichen.

Unsere arbeitssüchtigen Chefs machen sich wichtig, indem sie uns Schuldgefühle einflößen, weil uns die Familie wichtiger ist als der Job. Ja, das Pendel ist tatsächlich zu weit ausgeschlagen! Die Egoisten zweiten und x-ten Grades führen ein bequemes Leben auf Kosten der Allgemeinheit.

Sind Sie dann vielleicht ein Masochist?

Leider tun viele von uns auch noch alles, damit die wahren Egoisten leichtes Spiel haben. Wie ich später näher erläutern werde, ist bei den Egoisten ersten Grades sehr häufig eine solche unbewußte Unterwürfigkeit zu beobachten. Sie sind derart auf den Verzicht von Durchsetzungskraft programmiert, daß die eingefleischten Egoisten und Schlitzohren leichtes Spiel mit ihnen haben und ihnen alle möglichen Demütigungen zufügen können.

Wenn ich in unserem Zusammenhang von *Masochismus* rede, so denke ich nicht an Peitschen und Ketten. Es geht hier mehr um die allgemeine Bedeutung des Wortes. Es meint die Neigung, Kränkungen geradezu herauszufordern und nichts dagegen zu unternehmen. *Masochismus* ist eine Art Selbstschutz, dessen man sich bewußt oder unbewußt bedient. Masochismus ist fehlgeleitetes Verhalten. Wir legen es an den Tag, wenn wir uns nicht überwinden können, nein zu sagen. Kurz gesagt: Masochismus ist die Neigung, sich von dreisten Egoisten ausnutzen oder gar mißbrauchen zu lassen.

Vielleicht erkennen Sie sich wieder in dieser Beschreibung. Sind Sie auch ein Mensch, der von andern allzuoft ausgenutzt wird? Vielleicht haben Sie früher immer gedacht, das alles sei nur ausgemachtes Pech. Aber in der letzten Zeit sind Ihnen Zweifel gekommen. Vielleicht haben Sie ja dieses Buch hauptsächlich deshalb zur Hand genommen, weil Sie lernen wollen, wie Sie sich gegen jene Menschen zur Wehr setzen können, die Sie auf die eine oder andere Weise ausnutzen und damit berauben. Sie erwarten Tips zur Kunst der psychologischen Selbstverteidigung. Sie sind es leid, den Hanswurst zu spielen und immer nur der Fußabtreter zu sein. Und nun wollen Sie etwas dagegen unternehmen!

Die vielen tausend Patienten, die wir in unseren Kliniken betreuen, haben uns eins gelehrt: Viel seelisches Leid ist bei richtiger seelsorgerlicher Beratung und Begleitung unnötig und vermeidbar. Was letztlich nicht vermeidbar ist, kann für uns sogar von Nutzen sein, denn wir lernen etwas fürs Leben und Überleben daraus. Das „Gebet der Gelassenheit", das die „Anonymen Alkoholiker" jahrelang in ihrem Dienst benutzt haben, spricht davon, daß wir Gott um Gelassenheit bitten können, damit wir *unvermeidbares* Leid leichter hinnehmen. Wir können um den Mut bitten, abwendbares Leid auch abzuwenden, und um Weisheit, damit wir beides unterscheiden lernen.

Der bekannte Autor Dr. Larry Crabb schreibt, daß Autoren und Prediger, die davon reden, man könne aus der Realität des Leides in ein

Leben ewiger Freude entfliehen, ein falsches Wort verkünden. Da kann ich nur zustimmen! Natürlich können wir unser Leben um ein Vielfaches positiver gestalten, aber wir müssen uns immer auch auf das „unumgängliche Leid“ einstellen. Wir müssen damit fertig werden und können daraus lernen. Das ist nun einmal der Gang der Dinge.

Mit diesem Buch wollen wir denn auch *realistische Lösungen für reale Probleme* anbieten, indem wir sehr gründlich danach forschen, welche Probleme uns denn wirklich zu schaffen machen, wenn andere rücksichtslos ihre Ellenbogen gebrauchen und wir beim Partner und bei uns selbst leidvoll erfahren, wie narzißtisch wir alle sind. Wir müssen uns einer schmerzvollen Läuterung im Innern unterziehen, bevor wir sichtbare Veränderungen im Verhalten erwarten können. Aber Dr. Larry Crabb macht uns auch Mut: Diese Veränderung – der Wandel von innen nach außen – ist allemal der Mühe wert.[1]

Wir hoffen, daß Ihnen dieses Buch das nötige Rüstzeug an die Hand gibt, damit Sie lernen, vermeidbares und unvermeidbares Leid zu unterscheiden. Selbstverständlich wollen wir alle erfolgreich sein im Leben – in materiellen Dingen, in unseren Beziehungen und im geistlichen Wachstum. Ja, wir wollen, daß alles, was wir tun, Sinn hat und von der Liebe getragen ist. Aber wir müssen uns auch damit abfinden, mitten in einem Dschungel zu leben, in dem die Schlitzohren dieser Welt auf uns lauern. Wieviel lassen wir uns gefallen? Wann ist Schluß? Wann sind sie zu weit gegangen?

Immer wieder begegnen mir ganz liebe Leute, die sich allzu bereitwillig von den Raubrittern in unserer Gesellschaft alles nehmen lassen, weil sie glauben, auf diese Weise noch am besten davonzukommen. Ich habe darauf immer nur eine Antwort: Lassen Sie es sich nicht gefallen! Verkaufen Sie Ihre Seele nicht für das Gefühl, von andern gebraucht zu werden! Die Menschen dieser Ich- Generation haben vielleicht Lust, Ihnen eins auf die Nase zu geben, aber ihre Rechte enden unbestreitbar dort, wo Ihre Nase beginnt!

Was dieses Buch Ihnen anbieten kann

In den folgenden Kapiteln möchte ich Ihnen folgendes vermitteln:

- Wie man Übergriffe auf die eigene Person übersteht.
- Wie man solche Übergriffe von vornherein abblockt und sich und die Familie schützt.

– Wie man mit den eigenen masochistischen Tendenzen umgeht und ihre Wurzeln erkennt. Die Rede wird sein von unberechtigten Schuldgefühlen und dem tiefsitzenden, aber oft nicht konkret faßbaren Empfinden, sich für alles Mögliche schämen zu müssen. Aber gerade diese Ausgangssituation macht Sie anfällig für die Übergriffe all jener, die ihre Ellenbogen zu nutzen wissen.

Ich möchte Ihnen ein paar psychologische Judo-Griffe beibringen, die es Ihnen gestatten werden, rücksichtslosen Zeitgenossen selbstsicher entgegenzutreten, sie in ihre Schranken zu weisen und sie freundlich wissen zu lassen, daß Sie sich nicht mehr manipulieren, beherrschen oder ausnutzen lassen wollen.

Wie ich schon weiter oben angedeutet habe, werden Sie zu diesen Einsichten am ehesten dadurch gelangen, daß Sie etwas über Ihre eigene Ichbezogenheit lernen. Sie werden erkennen, daß auch Sie zuweilen die Ellenbogen benutzen, egoistisch sind und Ihren Vorteil auf Kosten anderer suchen, ohne natürlich jemandem bewußt Schaden zufügen zu wollen. Ich meine, dieses Buch nicht nur deshalb schreiben zu können, weil ich Psychiater bin, sondern auch deshalb, weil ich persönlich erfahren habe, daß ich genauso zuweilen ein Egoist ersten Grades bin und manchmal sogar die feine Linie zum Egoisten zweiten Grades überschritten habe.

Darüber hinaus weiß ich aus leidvoller Erfahrung, was es heißt, von schlitzohrigen Zeitgenossen, die zunächst so anständig scheinen, zum dummen August gemacht zu werden. Dabei haben sie sich immer nur meine selbstzerstörerische Unterwürfigkeit zunutze gemacht, die ich für „die Lebensart eines netten Menschen" hielt.

Ich bin also ein ganz typisches Beispiel für einen Egoisten ersten Grades, der so manches Mal ausgenommen worden ist wie eine Weihnachtsgans. Getan haben es die Spezialisten – die noch egoistischeren und rücksichtsloseren Schlitzohren dieser Welt. Und sie konnten es tun, weil ich immer wieder selber meinen Teil dazu beitrug. Auch heute bin ich immer noch dabei, zu lernen, wie man solche Übergriffe abwehrt und die eigene Familie schützt, indem man nicht unterwürfig und leichtgläubig ist, nicht allzu eilfertig den Sündenbock spielt und sich statt dessen wie ein reifer Erwachsener benimmt.

Doch bei allem Bemühen um Selbstschutz vor den Egoisten zweiten und x-ten Grades möchte ich nicht übertrieben reagieren und nun meinerseits egoistisch, rücksichtslos und lieblos werden.

Wenn wir uns also gegen die Übergriffe unserer rücksichtslosen Zeitgenossen wehren wollen, müssen wir den goldenen Mittelweg suchen. Dazu sollten wir etwas mehr darüber wissen, was ein Egoist ersten Grades eigentlich ist. Wie kann ich behaupten, wir alle seien zuweilen solche ich-bezogenen Menschen? Ich selber möchte keiner sein. Es ist mir letztlich unangenehm. Aber ich bin es einfach, ob ich will oder nicht. Es gehört zu mir wie das Atmen und der Schlaf. Nun wollen wir uns im nächsten Kapitel fragen, wie ein Egoist ersten Grades beschaffen ist.

2. Lauter nette Leute

Da auch mein Verleger der Meinung zu sein scheint, ich sei der qualifizierteste Egoist, der dieses Buch schreiben kann, will ich die „netten Leute" – die Egoisten ersten Grades – damit zu skizzieren beginnen, daß ich aus meinem eigenen Leben ein Beispiel gebe.

Sie werden sicher ahnen, daß es Jan war, die beim folgenden Bericht meinem Gedächtnis auf die Sprünge geholfen hat. Ich gebe zu, daß ich so manches Mal keine Antenne dafür habe, was um mich herum geschieht, wenn ich in meine eigene Welt der Gedankenflüge, Theorien und Buchentwürfe abtauche. Zwar habe ich mich im Laufe der Jahre sehr darum bemüht, immer auch ein offenes Ohr für Jan und die Kinder zu haben. Aber noch in den ersten Jahren unserer Ehe zog ich mich zum Leidwesen meiner Frau sehr häufig in meine eigene Welt zurück.

Als wir heirateten, war Jan noch Grundschullehrerin. Aber schon länger träumte sie davon, in der Seelsorge tätig zu werden. Nachdem sie mir das Medizinstudium ermöglicht hatte und unsere vier Kinder geboren waren, entschloß sie sich, die letzte Chance für eine qualifizierte Ausbildung in der Ehe- und Familienseelsorge zu nutzen. Unser Jüngstes war damals ungefähr zwei und unser Ältester fast zehn. Weil der Bericht wesentlich anschaulicher aus der Perspektive der Mutter geschildert werden kann, soll Jan nun erzählen:

* * *

Als ich wieder zu studieren begann, klang Paul so, als wolle er mich nach Kräften unterstützen. „Das ist eine tolle Idee", sagte er damals. „Das wolltest du doch schon immer machen. Um die Kinder mach dir mal keine Sorgen. Ich kann mich doch um sie kümmern, und wenn nötig, besorgen wir uns eben jemanden zum Aufpassen."

Nun ergab es sich, daß eins meiner ersten Seminare am Montagabend zwischen 19 und 22 Uhr stattfand. Nachdem ich das Abendbrot gemacht und unseren Zweijährigen gebadet und ins Bett gebracht hatte, machte ich mich auf den Weg zur Universität. Vorher erinnerte ich Paul noch daran, daß sich auch die Großen noch waschen müßten und nicht zu spät ins Bett gehen dürften.

„Klar doch“, murmelte er jedesmal. „Mach dir keine Sorgen, ich schaffe das schon.“

Dann fuhr ich los. Aber in der Pause – so gegen 21.00 Uhr – rief ich zu Hause an, um mich zu erkundigen, ob alles in Ordnung sei. Und jedesmal fragte ich: „Was machen die Kinder? Haben sie gebadet? Hat Dan noch seine Englisch-Hausaufgaben gemacht?“ Paul antwortete nie sehr konkret. Er sagte dann: „Die Kinder? Ich weiß gar nicht. Ich habe sie schon eine Weile nicht gesehen.“ Und dann kam regelmäßig der Themenwechsel: „Sag mal, wo *steckst* du denn eigentlich?“

„Ich bin da, wo ich jeden Montagabend bin“, antwortete ich jedesmal. „In der Uni, natürlich.“

„Hier ist eigentlich alles in Ordnung“, sagte er dann, und im gleichen Augenblick hörte ich, wie er den Kindern im Nebenzimmer zurief: „Jetzt aber los, macht, daß ihr ins Bad kommt.“

Regelmäßig am Montagabend führten wir dieses Telefonat nach dem gleichen Muster. Und Paul stellte mir immer wieder dieselben Fragen: „Wo *bist* du? Wann kommst du *nach Hause*?“

Ich weiß eigentlich gar nicht, wie ich das Studium geschafft habe und wie die Kinder diese Situation überstanden haben. Erstaunlich ist, daß trotzdem noch etwas aus ihnen geworden ist. Ich erinnere mich, wie ich eines Abends nach Hause kam und ein Rinnsal die Treppenstufen herabfloß. Die Badewanne im ersten Stock war übergelaufen. Paul gab sich alle Mühe, und nach außen bekundete er immer wieder: „Ich freue mich darüber, daß du noch studierst.“ Doch unausgesprochen blieb damals, was ihn eigentlich bewegte: „Ich kann gar nicht richtig nachvollziehen, was du da tust. Eigentlich solltest du zu Hause sein und dich wie eine gute Mutter um deine Kinder kümmern.“

* * *

Ich freue mich, daß Jan diesen persönlichen Bericht beigetragen hat. Ist er doch ein gutes Beispiel dafür, wie sich ein Egoist ersten Grades benimmt. Und außerdem wird gerade dieses Beispiel vielen Frauen aus eigener Anschauung geläufig sein. Die Männer neigen nämlich dazu, Dinge einfach auszublenden und ihnen bewußt keine Beachtung zu schenken. Ihren Frauen geben sie allerdings das Gefühl, sie kümmerten sich schon um die Kinder und der Hauhalt sei perfekt geführt. Obgleich ich es damals einerseits befürwortete, daß Jan noch studierte, wollte ich andererseits tief in meinem Egozentrikerherz doch nicht mit ein paar lästigen Unbequemlichkeiten konfrontiert werden.

Damit Sie aber nicht denken, ich sei der einzige Egoist in unserer Familie, möchte ich ein paar Beispiele nennen, die belegen, daß auch Jan zuweilen eine „Egoistin" sein kann. Wenn ich mich – was für mich typisch ist – wieder einmal aus dem Familienalltag ausklinke und meinen persönlichen Interessen nachgehe, bedient sich Jan ganz unterschiedlicher Methoden, um es mir heimzuzahlen. Sie zeigt selten offen ihren Unwillen über meine kleinen Unverschämtheiten. Statt dessen kam sie beispielsweise damals besonders spät vom Abendseminar und hatte doch glatt „vergessen", mich über die Verspätung zu informieren. Ich war jedesmal fürchterlich beunruhigt, weil ich nicht wußte, ob alles in Ordnung mit ihr war.

Oder wenn ich mich um lästige Haushaltspflichten drücke und Golf spielen gehe, statt mich um die „Schatz-mach-doch-mal"-Aufgaben zu kümmern, dann zieht sie sich in den Schmollwinkel zurück, vergißt meine Hemden im Wäschekorb oder hat Kopfschmerzen zu den unpassendsten Zeiten.

Bei solchen Verhaltensweisen spricht man von „passiver Aggressivität". Es handelt sich dabei um eine Form des Selbstschutzes, mit der wir uns ausführlicher im Kapitel 6 beschäftigen wollen. Solche passive Aggressivität ist natürlich die ideale Methode, es dem schlitzohrigen Ehepartner heimzuzahlen. Dies geschieht zwar meist unbewußt, aber immerhin läuft man nicht Gefahr, sich den Vorwurf einzuhandeln, man selber sei ja auch nicht viel besser.

Egoisten ersten Grades können sehr bevormundend sein

Das aber ist längst noch nicht alles, was die „netten Leute" unter den Egoisten auszeichnet. Stellen wir uns den typischen Geschäftsmann vor – Ihren Chef z. B. –, der als Egoist ersten Grades ein netter, rechtschaffener Bürger unseres Landes ist. Er ist ein guter Ehemann und Vater und meistens auch ein Vorgesetzter, für den man gern arbeitet. Nur einen Fehler hat er: Er möchte alles unter Kontrolle behalten. Alles wird von ihm inspiziert. Selbst Routineaufgaben der technischen Angestellten kontrolliert er. Die Folge ist, daß allen seinen Angestellten das Selbstwertgefühl abhanden kommt und die Firma ständig Zeit und Geld verliert.

Solch ein Verhalten ist im Grunde typisch für die Egoisten ersten Grades. Ich weiß, wovon ich rede, denn auch wenn ich nicht mehr das ausgemachte Schlitzohr von früher bin und mich darum bemühe, ein gereifter Erwachsener zu werden, so habe ich doch immer noch alle Mühe, meine Umgebung – und besonders meine Familie – nicht zu bevormunden. Wie Jan schon erwähnte, bin ich meistens derjenige, der das Restaurant aussucht oder zumindest die Wahl nachhaltig beeinflußt. Ich mache allerdings Fortschritte. Inzwischen bestelle ich nicht mehr zuerst, sondern wähle mit Bedacht als letzter.

Es war im Grunde ein langer und beschwerlicher Weg, den ich nach unserer Hochzeit zurücklegen mußte. Wir waren kaum von den Flitterwochen heimgekehrt, als Jan zum Kühlschrank ging, um sich einen Eisriegel zu holen. Weil ich in einem sehr strengen Elternhaus aufgewachsen war, in dem der Vater das Sagen hatte, dachte ich mir nichts dabei, als ich Jan zurechtwies: „Wie kommst du dazu, dir einfach einen Eisriegel zu holen. Hast du mich überhaupt gefragt?“

Jan ist von Natur aus eher friedfertig, aber mit diesem Einwand hatte ich mich wie ein Elefant im Porzellanladen benommen. Unmißverständlich machte sie mir klar, daß sie sich ein Eis nehmen würde, wann immer sie Lust dazu hätte. Wenn es mir nicht passe, könne ich ja gehen. Jan schleckte genüßlich ihr Eis, und für den Rest des Abends war es so frostig in unserer Wohnung, daß man auch ohne Gefrierschrank Eiscreme hätte herstellen können.

Egoisten ersten Grades können aber auch ganz wunderbare Menschen sein. Sie können sich für die Obdachlosen einsetzen und viel Freizeit für die Gemeinde oder für Menschen in der Nachbarschaft opfern. Aber irgendwann kommt dann doch wieder ein Fleck auf der weißen Weste zum Vorschein. Ich kenne da einen Mann, der Gott und seine Mitmenschen liebt. Er ist bei allen beliebt. Seine Bibelkurse sind überlaufen, und der Ruf eilt ihm voraus, er könne sehr anschaulich biblische Prinzipien auf Situationen im täglichen Leben anwenden.

Trifft er sich aber abends mit ein paar Leuten zu einer netten Runde, wird allzubald deutlich, wo seine Schwäche liegt. Von den vier Stunden, die man zusammen verbringt, nimmt er wenigstens drei für sich selber in Anspruch. Sobald jemand einen Gedanken beisteuert, hat dieser Mann schon seinen stereotypen Einwurf parat: „Ach ja, das erinnert mich doch an ... " Obgleich dieser Prediger sonst ein wunderbarer Mensch ist, so ist er doch ein Egoist ersten Grades, zumindest in diesem Bereich.

Nette Eltern mit kleinen Schwächen

Die Kindererziehung gehört zu den Bereichen, in denen unsere Charakterzüge besonders deutlich hervortreten. Kinder seien wie ein Spiegel, sagt man. An ihnen erkenne man wieder, was ihre Eltern denken und tun. Und so sind gerade die Kinder oft die schärfsten Kritiker ihrer Eltern. Unsere eigenen Kinder, die inzwischen alle schon Teenager sind, haben doch tatsächlich angeboten, ein ganzes Kapitel über die kleinen Schwächen ihrer Eltern zu diesem Buch beizutragen. Dieses Angebot haben wir dann aber doch lieber nicht annehmen wollen. Wir sind zwar im allgemeinen bereit, uns der Kritik der Kinder zu stellen, aber so heroisch sind wir nun auch wieder nicht. Und außerdem beschlich mich die Furcht, ich hätte bei den Kindern am Ende schlechter abgeschnitten als ihre Mutter.

Es gibt noch etwas, worunter meine Kinder regelmäßig zu leiden haben: Ich erwarte von ihnen Erfolge, die dann allerdings mehr mir etwas bedeuten als ihnen. Sie sollen andere Menschen beeindrucken und damit deutlich machen, was für ein guter Vater ich bin. Natürlich wünsche ich mir, daß ihre Erfolge auch sie persönlich weiterbringen, aber ich selber möchte dabei auch nicht schlecht abschneiden. Ich wünsche mir eben beides.

Ein weiterer egoistischer Zug meiner Erziehung beruht auf einem Leitgedanken, der mir in der Kindheit eingeimpft worden ist und den ich wie eine Schallplatte immer wieder in meinem Kopf abspiele: „Fast gut, aber immer noch nicht gut genug!" Dieses Motto habe ich teils bewußt und teils unbewußt an meine Kinder weitergegeben. Und viel zu oft klingt es in ihren Ohren: „Fast gut, aber immer noch nicht gut genug!"

Als eine unserer Töchter 14 wurde, hielt sie den Druck, immer noch mehr darstellen zu sollen, nicht mehr aus. Sie bekam Depressionen und entschloß sich eines Tages, von zu Hause fortzulaufen. Als sie wieder bei uns war, suchte sie mehrmals einen Seelsorger auf. Der aber wollte dann eines Tages auch mit beiden Eltern sprechen.

Jan meinte, daß es zwar eine schmerzvolle Erfahrung sein werde, aber dafür umso lehrreicher für uns sein könne. Ich aber war entsetzt und peinlich berührt, war ich doch selber Psychologe, der eigentlich ein „Experte" in Beziehungsproblemen der Familie sein sollte. Und mein allererstes Buch schrieb ich über Kindererziehung und Persönlichkeitsentwicklung. Ich zitierte damals 450 Bücher und Fachzeitschriften zum Thema „Wie ziehe ich mir perfekte Kinder heran?“ Fortlaufen ist die Verzweiflungstat eines verletzten Kindes, ein Signal an seine Umwelt. Wie stand ich da als eine vermeintliche Autorität auf dem Gebiet der Kindererziehung? Ausgerechnet ich wurde von einem Seelsorger bestellt, um herauszufinden, was bei meiner eigenen Tochter verkehrt gelaufen war.

Unser Gespräch beim Seelsorger war für neun Uhr am Samstag vormittag verabredet. Aber nachdem ich am Freitag abend bereits um zehn zu Bett gegangen war, wachte ich um zwei Uhr nachts auf, ohne wieder einschlafen zu können. Ich wußte, daß Gott zu mir reden wollte, denn immer wieder kam mir die Bibelstelle Matthäus 7:3-5 in den Sinn, in der es um den Splitter im Auge des Bruders und den Balken im eigenen Auge geht.

Ich konnte nichts anderes mehr denken. Diese Stelle verfolgte mich in meinen Gedanken. Ich mußte aufstehen, mir meine Bibel holen und, um mir ein Bild vom Zusammenhang zu machen, das ganze Kapitel lesen. Als ich las, zeigte Gott mir, daß es im Verhalten meiner Tochter Dinge gab, die mich irritierten, und daß gerade diese Verhaltensweisen auch bei mir wiederzufinden waren, ohne daß ich sie bisher erkannt hätte.

Ich war sehr streng mit meiner Tochter gewesen, weil sie mich an meine eigenen Fehler erinnerte. Ich fragte mich, ob meine Tochter nicht mit umgekehrten Vorzeichen haargenau dasselbe tat wie ich. Ihr fiel es genauso schwer, mich zu akzeptieren, weil sie ihr eigenes Fehlverhalten nicht wahrnahm, es aber bei mir umso deutlicher erkannte. Sie war also wütend auf mich, weil ich sie an sie selbst erinnerte; und ich nahm es ihr übel, daß sie mir den Spiegel vorhielt!

Nachdem ich fast zwei Stunden im Gebet verbracht und die Schriftstelle immer und immer wieder gelesen hatte, ging ich zurück ins Bett und schlief auch bald danach ein. Gegen halb acht stand ich auf, erzählte aber Jan nichts von meiner nächtlichen Gebetszeit. Um neun Uhr fanden wir uns dann beim Seelsorger ein. Sobald die Höflichkeiten zur Begrüßung ausgetauscht waren, geschah etwas, was mich maßlos überraschte. Wir alle setzten uns, und was tat der Seelsorger gleich als erstes? Er schlug in der Bibel Matthäus 7,3-5 auf und las die Stelle laut vor:

Was aber siehst du den Splitter, der in deines Bruders Auge ist, den Balken aber in deinem Auge nimmst du nicht wahr? Oder wie wirst du zu deinem Bruder sagen: Erlaube, ich will den Splitter aus deinem Auge ziehen; und siehe, der Balken ist in deinem Auge? Heuchler, zieh zuerst den Balken aus deinem Auge, und dann wirst du klar sehen, um den Splitter aus deines Bruders Auge zu ziehen.

Ich begann zu schluchzen, und der Seelsorger fragte mich: „Was haben Sie?“ Er hatte mich doch nur darauf aufmerksam machen wollen, was seiner Meinung nach zwischen meiner Tochter und mir stand, aber er hatte nicht erwartet, daß ich so reagieren würde.

„Ich heule Ihnen hier etwas vor, weil das alles kein Zufall sein kann. Die Chancen stehen 1:100.000. Mir ist eben so recht bewußt geworden, daß Gott mich wirklich liebt und daß er auch meine Tochter liebt. Er möchte die Heilung für unser Problem.“ Nun erzählte ich dem Seelsorger und auch Jan und meiner Tochter, daß ich letzte Nacht aufgewacht sei, gleich an eben diese Bibelstelle gedacht und fast zwei Stunden darüber nachgedacht hatte.

Wir konnten erleben, wie gerade diese Schriftstelle – Matthäus 7:3-5 - das Eis brach. Sie half meiner Tochter und mir zu erkennen, daß wir uns gegenseitig beschuldigt hatten, egoistisch zu sein, ohne dabei unser eigenes Fehlverhalten wahrzunehmen. Beide waren wir gedankenlos miteinander umgesprungen, hatten nur noch spöttische Bemerkungen füreinander, und einer hatte den andern nur noch kritisiert. Mit passiver Aggressivität spielten wir unser „Du-mußt-warten-Spiel“, wenn einer von uns mit dem Auto irgendwo abgeholt werden mußte. Ich kam dann immer besonders spät, und das bedeutete, daß sie lange auf mich warten mußte. Umgekehrt ließ sie sich oft viel Zeit, wenn ich sie abholen sollte, so daß ich auf sie warten mußte.

Mein größter Fehler war allerdings, daß ich meine Tochter nicht durch Lob und Anerkennung innerlich stärkte. Der Schlüssel zu einer erfolgreichen Erziehung ist die Bereitschaft, alles zu tun, damit die Kinder innerlich gestärkt und widerstandsfähig werden. Und das erreicht man vor allem dadurch, daß man sie bei jeder passenden Gelegenheit lobt. Wenn sie eine neue Erkenntnis gewonnen oder eine kluge Entscheidung getroffen haben, dann ist dies der Augenblick, ihnen für ihren guten Gedanken oder das gelungene Vorhaben Anerkennung zuteil werden zu lassen.

Leider führte ich mich als Psychiater viel zu oft als Doktor Allwissend auf. Jeden guten Gedanken meiner Tochter mußte ich noch ein klein wenig verbessern, damit ich das Gefühl haben konnte, es sein mein eigener gewesen. Anstatt sie zu bestärken, indem ich ihr sagte: „Das ist eine gute Idee!", beließ ich es bei einem: „Nicht schlecht, aber wir sollten noch dieses oder jenes berücksichtigen." Oder wenn ihr etwas wirklich gelungen war, hatte ich immer einen Vorschlag parat: „Beim nächsten Mal könntest du es noch ein bißchen besser machen."

Ich habe es immer gut gemeint – und ich wollte wirklich ein liebevoller Vater sein –, aber der Egoist ersten Grades in mir stellte sich mir immer wieder in den Weg. Je öfter wir mit unserer Tochter zur Seelsorge gingen, desto deutlicher wurde, wie sehr es ihr an Selbstwertgefühl mangelte und was für eine Perfektionistin sie war. Ich ahnte das, denn es sind die beiden Probleme, mit denen auch Jan und ich zu kämpfen haben. Viel zu oft lobe ich meine Kinder immer nur für das, was auch für mich persönlich ein Anliegen ist. Ich denke da an die Erfolge im Sport. Ich selber habe es auf diesem Gebiet nie sehr weit gebracht.

Ich bin fast ein Meter neunzig groß, eine Länge, die ideal für den Sport ist. Als Kind probierte ich alles aus – Baseball, Basketball und Football. Mein Problem war, daß es mir schwerfiel, verschiedene Interessen in Einklang zu bringen. So kam es, daß es mir nur einmal in der sechsten Klasse gelang, in unsere Basketball-Schulmannschaft aufgenommen zu werden. Aber bei jedem Spiel verloren wir haushoch. Einmal wurden wir mit 22:2 geschlagen, wobei wir die zwei Punkte auch nur deshalb bekamen, weil ein langer Kerl aus der gegnerischen Mannschaft versehentlich einen Korb für uns geworfen hatte.

Die Eltern Meier lernten also sehr viel durch die gemeinsame Seelsorge mit ihrer Tochter – besonders aber der Papa. Den Durchbruch jedoch brachte Matthäus 7,3-5. Nachdem ich den Balken aus meinem eigenen Auge gezogen hatte, gelang es uns, die Spannungen zu lösen und so manche Wunde zu heilen.

„Die Straße gehört mir!"

Es gibt noch einen weiteren Bereich im täglichen Leben, bei dem unser egoistisches Wesen besonders zutage tritt. Es ist der Straßenverkehr. Hier nun ein paar typische Verhaltensweisen von Egoisten ersten Grades:

- Sie fahren grundsätzlich zwanzig Kilometer schneller als erlaubt, weil sie mit dem Verkehrsstrom „mitschwimmen" wollen.
- Sie fahren besonders gemächlich und halten den Verkehr auf, ohne zu bemerken, wie ihr Hintermann vor Wut schäumt.

- Sie fahren so geistesabwesend, daß ihrem Beifahrer die Haare zu Berge stehen.
- Sie fahren gern Stoßstange an Stoßstange mit ihrem Vordermann, oder sie schneiden andere beim Spurwechsel.

Diese „netten Menschen“ wollen natürlich niemandem wirklich schaden. Sie kümmern sich nur um ihr eigenes Vorwärtskommen, ohne groß darüber nachzudenken, ob sie vielleicht einen Schwanz frustrierter und wütender Automobilisten hinter sich herziehen.

Liebe, Sex und Egoismus

Es ist Ihnen sicher nichts Neues, wenn ich Ihnen erzähle, daß wir gerade auch im Umgang mit dem anderen Geschlecht ganz schön egoistisch sein können. Zu diesen Schlitzohrigkeiten gehört es, sich rührend um einen attraktiven Vertreter des anderen Geschlechts zu bemühen, nur um dessen Aufmerksamkeit und Wohlwollen zu erringen, obwohl Sie doch längst verheiratet sind. Vielleicht bekommen Sie hinterher ein paar Gewissensbisse, aber Sie wissen ganz genau, daß Sie es bei nächster Gelegenheit wieder tun werden.

Dieses Kokettieren und Flirten geschieht allerdings nicht mit der eindeutigen Absicht, dem Partner untreu zu werden. Sind Sie ein Egoist ersten Grades, dann sind Sie eigentlich fest entschlossen, dem Lebensgefährten sexuell treu zu bleiben. Aber es gibt doch immer wieder diese Augenblicke, wo Sie sich wünschten, nicht allzu feste Vorsätze zu haben. Wenn Sie mit Ihrem Ehepartner schlafen, schweifen Sie vielleicht mit Ihren Gedanken ab und träumen von anderen Männern oder Frauen. Sie bekunden zwar regelmäßig Ihre Absicht, den Partner zufriedenzustellen, aber in Wirklichkeit liegt Ihnen Ihre eigene sexuelle Befriedigung viel mehr am Herzen.

Testen Sie sich selbst! Wie egoistisch sind Sie?

So könnte man Beispiel an Beispiel reihen. Als Egoist ersten Grades gehört man zu den ganz normalen Zeitgenossen, denen es in erster Linie darauf ankommt, anständig durchs Leben zu kommen, die aber doch auch ihre kleinen Fehler und Schwächen haben. Es folgt nun ein Test für diese Egoisten ersten Grades, den ich in der Form immer wieder benutze. Er beruht auf Beobachtungen, die ich an mir selbst und an zahllosen Klienten gemacht habe.

Die zehn Fragen beziehen sich auf typische Einstellungen und Verhaltensweisen der gemäßigten Egoisten. Und diese stellen meist schon das Maximum an Edelmut dar, wozu die meisten Menschen überhaupt fähig sind. Sie werden bemerken, daß ich zwei Spalten für die Bewertung vorgesehen habe – eine für Sie selbst und die andere für eine Person, die eine wichtige Rolle in Ihrem Leben spielt (z. B. der Ehepartner oder der Chef). Machen Sie den Test zunächst einmal selber, und geben Sie sich die Punkte wie folgt:

1 – selten (Es ist mindestens einmal in Ihrem Leben vorgekommen, daß Sie sich so verhalten haben, wie beschrieben)
2 – manchmal (Es ist schon ein paarmal vorgekommen, daß Sie sich so verhalten haben, wie beschrieben)
3 – oft (Es kommt regelmäßig vor, daß Sie sich so verhalten, wie beschrieben)

Wenn eine Aussage gar nicht zu Ihnen paßt, dann geben Sie sich eine 0.

Egoisten ersten Grades

	Ich	Partner (oder jemand anders)
1. Ich verhalte mich egoistisch und meine eigenen Bedürfnisse und Interessen sind mir wichtiger als die meiner Mitmenschen.	2	2
2. In einer Gruppe rede ich mehr als alle anderen.	2	3
3. Wenn ich unter Menschen bin (z. B. Gesprächsrunden oder beim Essen), fühle ich mich immer dann am wohlsten, wenn ich mit dem Thema vertraut bin und mitreden kann.	3	3
4. Ich spreche gern über meine Talente und persönlichen Erfolge.	2	3
5. Wenn sich jemand über mich ärgert, bin ich oft auch wütend auf ihn, anstatt darüber nachzudenken, warum der andere erbost ist.	~~3~~ 2	3
6. Wenn ich unter Menschen bin, möchte ich als der/die Erfolgreiche dastehen und bei allen beliebt sein. Was die andern bewegt, interessiert mich dabei weniger.	2	3

		Ich	Partner (oder jemand anders)
7.	Bei einem Streitgespräch geht es mir mehr darum, meinen Standpunkt durchzusetzen, als die Wahrheit herauszufinden.	2	3
8.	Wenn etwas verkehrt läuft, gebe ich immer andern die Schuld.	2	3
9.	Auch wenn ich ein verantwortungsbewußter Mensch sein möchte, handle ich immer noch verantwortungslos und ohne erkennbare Reife.	2	2
10.	Wenn jemand mich kränkt oder beleidigt, finde ich einen Weg, es ihm zurückzugeben – subtil oder ganz handfest.	2	2
11.	Wenn ich mich um meine Rechte betrogen fühle, verliere ich leicht die Beherrschung.	2	3
12.	Es gibt Augenblicke, wo mir bewußt wird, daß ich oft zu sehr meine eigenen Rechte in den Mittelpunkt stelle.	1	
13.	Auch wenn ich normalerweise ein sehr ehrlicher Mensch bin, bin ich zu jeder Notlüge bereit, wenn ich mir oder anderen damit Probleme erspare.	2	
14.	Es macht mir Spaß, über andere Leute herzuziehen.	1	
15.	In Gegenwart von Autoritätspersonen (Polizisten, Lehrern, Pastoren) fühle ich mich unwohl. Ich traue ihnen nicht recht. Ich trage dem einen oder anderen von ihnen etwas nach.	1	
16.	Es ist mir eine Genugtuung, wenn ich höre, daß auch sie Probleme haben und vor Auseinandersetzungen nicht gefeit sind.	1	
17.	Ich setze mich gern für Menschen ein, die beliebt sind und etwas darstellen im Leben.	2	
18.	Auch wenn mir Waisen, arme Leute und Obdachlose leid tun, beschäftige ich mich nicht gern mit ihren Problemen. Ich möchte		

	Ich	Partner (oder jemand anders)
möglichst wenig davon mitbekommen. Deshalb setze ich mich auch nicht für sie ein.	______	______
19. Wenn ich Sport treibe, ist nicht die Freude am Mitmachen für mich das Wichtigste, sondern es zählt für mich allein der Sieg.	______	______
20. Es kommt vor, daß ich durch zuviel Fernsehen, Videospiele und andere Freizeitbeschäftigungen meine Lieben zu Hause vernachlässige.	______	______
21. Wenn sich mir die Gelegenheit bietet, dann setze ich andere unter Druck oder manipuliere sie so, daß sie das tun, was ich will.	______	______
22. Ich bekomme Gewissensbisse, wenn ich mich bei wohlhabenden Freunden einschmeichle, aber ich tue es doch immer wieder.	______	______
23. Wenn ich mit Kollegen, Freunden oder mit meiner Familie essen gehe, bestimme ich meist, in welches Restaurant wir gehen, ohne vorher die Meinung der anderen einzuholen.	______	______
24. Beim Bestellen bin ich dann meist der erste, der seine Wünsche äußert, bevor die andern zu Wort kommen.	______	______
25. Ich habe das Gefühl, im Leben noch immer benachteiligt zu sein und mir damit zurecht noch mehr Freiheiten herausnehmen zu dürfen.	______	______

Zählen Sie nun Ihre Punkte zusammen, und stellen Sie fest, zu welcher Kategorie der Egoisten ersten Grades Sie gehören:

56 – 75 – schon etwas bedenklich egoistisch

36 – 55 – mäßig egoistisch

16 – 35 – schwach ausgeprägt egoistisch

15 und darunter – Es gehört wohl zu Ihren Charaktermerkmalen, daß Sie nicht immer bei der Wahrheit bleiben. Wenn Sie aber dabei bleiben, alles wahrheitsgemäß beantwortet zu haben, sollten Sie das Ergebnis mit Ihrem Partner überprüfen. Vielleicht sind Sie ja

auch nur ein eingebildeter Heiliger, der sich selber nicht realistisch einschätzt. Ihr Partner kann Sie da vielleicht auf den Boden der Tatsachen zurückholen!

Vielleicht sollten Sie und Ihr Partner zunächst einmal getrennt diesen Test machen, um sich selber unbeeinflußt Punkte geben zu können, bevor Sie sich gegenseitig bewerten. Wenn Ihre Gesprächsbereitschaft gut entwickelt ist, kann dies Anstoß geben zu einem fruchtbaren Dialog. Wenn der Gedankenaustausch bei Ihnen allerdings ein Problem ist oder wenn es Spannungen bei Ihnen in der Ehe gibt, sollten Sie mit sehr viel Umsicht darangehen, sich gegenseitig Ihre Schwächen vorzuhalten. Statt daß ein fruchtbarer Dialog in Gang kommt, fangen Sie möglicherweise an, sich gegenseitig Vorwürfe zu machen und am Ende landen Sie dann noch vor dem Scheidungsrichter!

Nachdem Sie diesen Test gemacht haben, verstehen Sie vielleicht, warum ich behaupten kann, fast jeder von uns sei mehr oder weniger ein schlitzohriger Egoist. Nachdem ich mich nun jahrelang mit meiner eigenen Schlitzohrigkeit herumgeschlagen habe, komme ich immer noch auf 35 und mehr Punkte bei diesem Test, was mich als mäßig ausgeprägten Egoisten ersten Grades qualifiziert. (Jan kommt – wie Sie sicher schon vermutet haben – höchstens auf 15-20 Punkte, so daß sie schon fast nicht mehr zu den Egoisten zählt.)

Sollten Sie den Test noch nicht gemacht haben, möchte ich Ihnen ans Herz legen, an dieser Stelle Ihre Lektüre zu unterbrechen und sich dann doch noch mit ihm zu befassen. Sie werden nicht nur Ihr eigenes Verhalten besser beurteilen können, sondern auch das von Frau und Kindern, von Onkel Harry und sogar vom Nachbarn. Wenn Sie egoistisches Verhalten bei Ihren Lieben zu Hause ausmachen, können Sie das mit viel mehr Toleranz ertragen, weil Sie nun begriffen haben, daß die andern sich genauso verhalten wie Sie selbst. Jeder benimmt sich auf seine Weise egoistisch. Und wir alle haben unseren Balken, unseren Zweig oder Zahnstocher im Auge, der uns daran hindert, die ungeschminkte Wahrheit zu erkennen.

Denken Sie immer daran, daß es keine besondere Schande ist, ein Egoist ersten Grades zu sein. All die „netten Leute" unter uns, von denen keiner vollkommen ist, sind auch solche Egoisten. Sie – als ein typisches Beispiel dafür – haben zwar eine ordentliche Erziehung genossen, aber trotz aller Bemühungen doch noch ein paar Unzulänglichkeiten und Schwächen behalten. Aber auch die netten Leute sind zuweilen schlitzohrig auf ihr eigenes Wohl bedacht, wobei sie sich dessen in den meisten Fällen gar nicht bewußt sind.

Erinnern Sie sich noch, wie wir diese Art *Schlitzohrigkeit* definiert haben? „Ein bißchen egoistischer Narzißmus, gepaart mit dem Gefühl, es stehe einem vieles einfach zu.“ Aber gerade unter den Egoisten ersten Grades ist auch die Bereitschaft verbreitet, sich vieles gefallen zu lassen. (Mit dieser Art Masochismus beschäftigen wir uns ausführlich in Kapitel 5.) Wenn Sie also zu diesen „netten Leuten“ zählen, setzen Sie sich immer wieder – sicher unbewußt – der Gefahr aus, von den Raubrittern unserer Gesellschaft – den Egoisten zweiten Grades – ausgebeutet zu werden. Im nächsten Kapitel wollen wir uns diese Leute etwas näher anschauen. Dabei lernen wir, wie sie vorgehen und wie wir uns vor ihren Schlichen schützen können.

3. Achtung! Die richtigen Schlitzohren lauern überall!

Als ich jung verheiratet und gerade Vater geworden war, gehörte ich noch zu den sehr ausgeprägten Egoisten ersten Grades, wobei ich gelegentlich sogar die Grenze zu den richtigen Schlitzohren überschritt. Das geschah z. B., als Jan und ich mit den vier Kindern in unserem Kleinbus von einem Urlaub heimkehrten. Wir fuhren auf einer zweispurigen Autobahn mit einem ziemlich breiten Mittelstreifen.

Als Höchstgeschwindigkeit waren 90 Stundenkilometer erlaubt, und auf der rechten Spur fuhr ein LKW mit ungefähr 80. Vor uns wollten vier junge Mädchen in einem offenen VW-Cabrio offenbar ihre Mitmenschen provozieren, indem sie auf der Überholspur genauso schnell fuhren wie der Lastwagen. Bald hatte sich eine Schlange von vielleicht zwanzig Autos hinter ihnen gebildet. Hier und da wurde schon verärgert gehupt, weil die Fahrerin einfach nicht beschleunigen wollte. Sie bremste allerdings auch nicht ab, um hinter dem LKW einzuscheren und die anderen Autos vorbeizulassen.

Ich war der letzte in der Autoschlange, und nachdem ich vielleicht zwei bis drei Minuten geduldig gewartet hatte, wurde ich wütend. Irgendwann bemerkte ich dann eine ausreichend lange Strecke, auf der der Seitenstreifen breit genug war, so daß ich ihn befahren konnte. Ich scherte aus und überholte die ungefähr zwanzig Autos und den LKW auf der Standspur. Ich hätte mich eigentlich zufrieden zurücklehnen können, denn das Hindernis lag ja nun hinter mir. Doch plötzlich hatte ich nur noch einen Gedanken: *Denen werde ich es zeigen*!

Auf der Ablage, in einem Halter, stand schon die ganze Zeit ein großer Becher mit Limonade. Ich nahm den fast vollen Becher aus dem Halter, bremste ab auf siebzig Stundenkilometer, so daß auch der LKW langsamer werden mußte, und wartete, bis die ahnungslosen jungen Damen ein paar Sekunden auf meiner Höhe waren. Dieser kurze Augenblick genügte mir.

Ich streckte meine Hand aus dem Fenster und warf den vollen Becher zu ihnen hinüber ins Auto, so daß sich die Limonade über sie alle ergoß. Unsere Kinder, die damals alle noch sehr klein waren, quiekten vor Vergnügen, aber Jan seufzte nur. Sicher, die Mädchen verdienten irgendeinen Denkzettel, aber was ich da getan hatte, war ganz schön dreist, wenn nicht sogar ziemlich dumm. Wie leicht hätte ich einen Unfall verursachen können, als ich so viele Fahrzeuge auf der Standspur rechts überholte, und die Limonade hätte der Fahrerin für kurze Zeit die Sicht nehmen können, so daß sie von der Fahrbahn abgekommen wäre.

Wir fuhren ein paar hundert Meter, und ich fühlte mich großartig: Ich hatte triumphiert. Aber dann holten mich Jans Mißbilligung und mein Gewissen ein, das ich als sonst eher freundlicher Zeitgenosse hatte. Und für den Rest der Fahrt fühlte ich mich ziemlich miserabel, weil ich mich so schlitzohrig benommen hatte.

So etwas macht eigentlich nur ein Egoist zweiten Grades. Im ersten Augenblick hatte ich damals Genugtuung empfunden, aber so rücksichtslos vorzugehen, war eigentlich gar nicht meine Art. Die echten Egoisten zweiten Grades aber wollen alles beherrschen, sie schikanieren und dominieren und setzen sich fast immer über die Interessen anderer hinweg, wobei sie dies ganz bewußt tun. Ein richtiger Fiesling hätte wahrscheinlich noch zu Hause gelacht.

Wir sind berufen, die Gefangenen zu befreien

Bei sehr vielen Patienten, die wir in den Minirth-Meier-Kliniken beraten, stellen wir solch ein hochgradig egozentrisches Verhalten fest. Ich erinnere mich noch, daß mir eines Morgens – es war der 4. Juli, unser Nationalfeiertag – auf der Fahrt zur Klinik der Satz durch den Kopf ging: „Setzt die Gefangenen frei!“ Ich war allerdings gerade an jenem Tag selbst ein Gefangener meines Berufes. Es hat viele Vorteile, als Psychiater zu arbeiten, aber es hat auch einige Nachteile. Einer davon ist, daß man an Feiertagen arbeiten muß, wenn man zum Bereitschaftsdienst eingeteilt ist.

Aber mein leichtes Unbehagen angesichts der Tatsache, daß ich an einem 4. Juli ein Gefangener meiner Arbeit war, bedeutete nichts im Vergleich zu der Freude daran, unsere Patienten von seelischen Verletzungen zu befreien, sie frei zu machen von Süchten, von Ängsten und Depressionen und von den Fesseln einer Ehe, in der einer den andern ausnutzt.

Hinzu kamen noch an jenem 4. Juli die ganz normalen patriotischen Gefühle. Meine Eltern waren als Kinder der russischen Oktoberrevolution entkommen, nachdem sie mitansehen mußten, wie einige ihrer Onkel erschossen wurden, weil sie sich nicht fügen wollten. Ihre Freude daran, hier bei uns in Freiheit leben zu können, hat sich dann auf uns und unsere Nachkommen übertragen.

In diesem Zusammenhang kam mir auch wieder die Predigt unseres Pastors, Dr. Stanley Toussaint, vom letzten Sonntag in den Sinn. Er hatte darüber gesprochen, daß Jesus auf die Erde gekommen sei, um alle, die auf irgendeine Weise gefangen sind, zu befreien, also auch all jene, die von seelischen Nöten geplagt werden.

Als ich an jenem 4. Juli in die Klinik kam, mußte ich mich gleich mit zwei Patienten befassen, die am Abend zuvor eingetroffen waren. Für mich waren sie beide gewissermaßen Gefangene, die es zu befreien galt.

Tom war der Gefangene einer herrschsüchtigen, stets kränkend auf ihn einredenden und Kastrationsängste weckenden Frau. Sie nutzte jede Gelegenheit, um ihn in seine Schranken zu weisen und ihn so unter dem Pantoffel zu halten.

Toms Frau war eine angesehene OP-Schwester in einem renommierten Krankenhaus. Mehr als einmal war sie ihm sexuell untreu gewesen – meist mit Ärzten ihres Krankenhauses. Ihre Arbeit als OP-Schester erledigte sie sehr gewissenhaft, aber mit derselben Akribie tat sie alles, um Toms Ego chirurgisch zu zerlegen, so daß jeder Anflug von Selbstachtung und jeder Gedanke von ihm, selbstbestimmt leben zu können, schon im Keim erstickt wurde.

Unsere Therapeuten raten niemals zur Scheidung, denn wir haben es uns zur Aufgabe gemacht, unseren Patienten den Spiegel vorzuhalten und ihnen dabei zu helfen, die wahren Hintergründe ihres Zustands zu beleuchten. Wir arbeiten durch eine intensive, an die Einsicht des Patienten appellierende Therapie darauf hin, die bewußten und unbewußten Konflikte erfahrbar zu machen. Doch der Patient behält immer das letzte Wort. So sollte es auch sein.

Nach einem Monat Therapie war Tom entschlossen, seine „Eiserne Lady“ in die Schranken zu weisen. Er erklärte ihr, daß er sich von ihr trennen würde, wenn sie diese Schranken nicht respektieren würde. Er ließ ihr die Wahl: Entweder sie würde sich eines Besseren besinnen und mit ihm ein paar Jahre zur Therapie gehen, oder ihr Tom verließe das Haus und stünde nicht mehr als Fußabtreter zur Verfügung.

Niemand hätte es gedacht, aber die „Eiserne Lady" entschloß sich tatsächlich zur Langzeittherapie. Dabei wurde ihr bewußt gemacht, wie verkehrt und schädlich die Werte und Perspektiven waren, die ihre Eltern ihr mit auf den Weg gegeben hatten. Sie tat Buße und kehrte um vom verkehrten Weg eines Egoisten zweiten Grades, hatte fortan keine Affären mehr und entwickelte sich allmählich zu einer moderaten Egoistin ersten Grades. Und damit konnte Tom leben.

Jim war ein Gefangener seines Perfektionismus

Der zweite Patient, dessen Vorgeschichte ich an jenem 4. Juli kennenlernte, war Jim. Auch er war ein Gefangener. Er litt unter seinem Perfektionismus. Vor gut zehn Jahren hatte er Sally geheiratet, die damals noch eine attraktive und engagierte Studentin war. In der ersten Zeit hatte er sie noch stolz überall bei seinen Freunden und Geschäftspartnern herumgezeigt. Aber jetzt, gut zehn Jahre später, hatte sie knapp zehn Kilo zugenommen, und es gelang ihr nicht, ihre zwei Kinder ununterbrochen unter Kontrolle zu halten.

„Außerdem dauert es bei ihr immer stundenlang, sich anzumalen, wenn wir weggehen wollen", beschwerte sich Jim. „Und sie hört nicht auf zu klagen, weil es ihr mal hier und mal da weh tut. Sie ist ein richtiger Hypochonder geworden!"

Im Laufe unserer Gespräche mit Sally kam dann heraus, daß ihre Beschwerden unmittelbar etwas mit ihrem unterdrückten Groll auf Jim zu tun hatten, der völlig unrealistische Erwartungen an sie stellte. Aber auch für Jim selbst wirkten sich die Folgen seiner zu hohen Erwartungshaltung ausgesprochen nachteilig aus. Er war inzwischen so verbittert, daß er eine schwere endogene Depression bekam. Er dachte auch schon an Selbstmord und gab dafür Sally die Schuld.

Sally war keineswegs fehlerlos, aber sie war längst nicht solch eine „Eiserne Lady", wie Tom sie bei sich zu Hause nannte. Wir konnten dann etwas von jenem Berg von Erwartungen abtragen, den Jim immer vor sich sah, weil seine viel zu nachgiebigen Eltern ihm immer das Gefühl gegeben hatten, er könne letztlich alles bekommen, was er sich wünsche. Leider ging Jims Geschichte nicht so gut aus wie Toms. Nach sechs Wochen Aufenthalt bei uns war die Selbstmordgefahr bei ihm zwar gebannt, aber Jim wollte die wahren Ursachen seiner Probleme nicht wahrhaben. Er verließ unsere offene Abteilung, ließ sich von seiner netten Frau scheiden und heiratete seine von ihm abhängige Sekretärin, die auch noch viel jünger war. Glücklich sind die beiden jedenfalls nicht geworden.

Sally kam weiterhin zur ambulanten Therapie. Mein Bruder, Dr. Richard Meier, kümmerte sich um sie, und es ging ihr zusehends besser. Ein merkwürdiger „Zufall" war es, daß gerade in dem Augenblick, da Jim wieder heiratete und jede Hoffnung auf Versöhnung zunichte machte, Sally auch weitgehend von ihren Schmerzen befreit wurde.

Sallys entscheidendes Problem war jedoch, daß sie sich von Perfektionisten angezogen fühlte. Und das mußten wir behandeln. Diesen Hang kannte sie schon seit ihrer Kindheit, als sie sich krampfhaft bemühte, die Aufmerksamkeit ihres arbeitssüchtigen und perfektionistischen Vaters zu erlangen. Weil man oft genug aus eigener Erfahrung nicht klug wird, wäre Sally ohne die richtige Therapie mit einiger Wahrscheinlichkeit wieder Gefahr gelaufen, sich erneut an einen egoistischen Perfektionisten zu hängen, der sie mit Sicherheit genauso ausgenutzt hätte wie Jim.

Warum ist Jim nach unserer Definition ein Egoist zweiten Grades? Er hat ganz *bewußt* ein Verhältnis mit seiner Sekretärin angefangen, und er hat an den völlig überzogenen Erwartungen an seine Frau *festgehalten*, obwohl ihm sein Fehlverhalten deutlich vor Augen geführt worden war. Jim war schließlich derart zornig auf seine Frau, daß sich seine ganze Wut nach innen kehrte und ein chemisches Ungleichgewicht im Gehirn verursachte, wodurch sich Depressionen mit Suizidgefährdung einstellten.

Ein wesentliches Merkmal des Egoisten zweiten Grades ist der Hang, immer andere für die eigenen Probleme verantwortlich zu machen. Und genau das tat auch Jim. Er gab Sally die Schuld, daß sie nicht seinen Vorstellungen von einer Ehefrau entsprach. Auch wenn ihm ziemlich klar war, was er anrichtete, zerstörte Jim seine Ehe ganz bewußt, und er kam schließlich an den Punkt, wo er sich sogar selbst zerstört hätte.

Egoisten zweiten Grades wollen herrschen

Die Bereitschaft, bewußt zu beherrschen und zu manipulieren, unterscheidet die Egoisten ersten und zweiten Grades. Den Egoisten zweiten Grades macht es Spaß, Macht auszuüben. Erinnern wir uns an den Chef im zweiten Kapitel: Ein netter Kerl, der es aber nicht lassen konnte, seine Untergebenen ständig zu kontrollieren. Das tat er allerdings nur, weil er glaubte, er müsse allen anderen hilfreich zur Seite stehen. Er nahm gar nicht wahr, was für eine Bürde er für viele seiner Angestellten war, und ihm war nicht bewußt, daß dies der Hauptgrund für die mangelnde Arbeitsproduktivität seiner Firma war.

Der wirklich ausgeprägt egozentrische Vorgesetzte würde seine Macht ganz anders gebrauchen. Er würde seine Angestellten ohne vorherige Absprache zu Überstunden zwingen und nicht dafür bezahlen, und Mitarbeiter in sein Büro zitieren, um sie unter Druck zu setzen, wenn ihnen die Familie wichtiger ist als die Firma. Er holt alles aus seinen Angestellten heraus, aber nicht zu deren Nutzen, sondern allein zum Nutzen der Firma. Vielleicht bekommt er ein paar Gewissensbisse, wenn er wieder einmal einen Angestellten zur Schnecke gemacht und ihn vor die Wahl gestellt hat, entweder die Ärmel hochzukrempeln oder zu gehen. Aber er wird es trotzdem bald wieder tun, um die Produktivität zu steigern.

Ich kenne einen Mann, der recht gut Golf spielt. In seinem Club ist er beliebt, und es ist bekannt, daß er einiges für wohltätige Zwecke tut. Aber in Wahrheit ist er ein Schlitzohr – ein Egoist zweiten Grades. Und jeder, der ihn aufmerksam beim Golfspielen beobachtet, wird dies bestätigen. Unauffällig steckt er seinen Abschlagstift für den ersten Schlag ein Stückchen hinter der Linie in den Rasen, oder er hilft ein bißchen mit der Fußspitze nach, wenn der Ball allzu ungünstig liegt. Selbst wenn er sich mit guten Bekannten zu einem Freundschaftsspiel trifft, „vergißt" er ab und zu ganz aus Versehen mal einen Schlag, damit es besser für ihn steht. Er mogelt ganz bewußt, weil er um jeden Preis gewinnen will.

Wird er dabei erwischt, fühlt er sich zwar für einen Augenblick schuldig, und er spielt ein paar Runden ehrlich, aber schon bald fängt er wieder an zu mogeln. Dabei schickt er manches gar nicht so freundliche Stoßgebet gen Himmel, wenn der Ball wieder einmal dem Schlag gehorchte und nicht dorthin gefolgt ist, wohin er sollte.

Leider sind auch viele Eltern ausgesprochene Egoisten. Ein klassisches Beispiel dafür ist der Vater, der von seinem Kind Spitzenleistungen ausgerechnet dort fordert, wo er sie selbst gar nicht erbracht hat. So erwartet z. B. ein Vater von seinem Sohn, daß er sich besonders in Mathematik hervortut, weil er unbedingt Ingenieur werden soll. Dem Sohn liegt Mathematik aber gar nicht, und deshalb bekommt er nur mittelmäßige Noten. Der Vater lehnt darauf seinen Sohn ab. Diese Ablehnung kann sehr subtil sein oder aber bewußt und deutlich spürbar, je nachdem, was für eine Art Egozentriker der Vater ist. In vielen Fällen wird der Vater seine Mißbilligung ohne Umschweife kundtun und dem Jungen vorwerfen, er sei nur zu faul und wolle gar nicht einen so fabelhaften Beruf anstreben.

Väter und Töchter

Ziemlich häufig haben wir in der Beratung Töchter, die von ihren egoistischen Vätern abgelehnt und vernachlässigt werden. Zahlreiche Bücher sind in den letzten Jahren darüber geschrieben worden, wie wichtig die Beziehung zwischen Vater und Tochter ist und welche Folgen es hat, wenn der Papa sich nicht um sein kleines Mädchen kümmert, während es heranwächst.

Ich erinnere mich an das Gespräch mit Sylvia, die früher einmal Patientin bei mir war. Sie erzählte mir: „Ich bin jetzt 25, und ich wünsche mir nichts sehnlicher, als daß ich mir die Sexualität für die Ehe aufheben könnte. Ich bin gläubige Christin, und ich weiß, daß es auch das Beste für mich wäre. Doch wenn ein gutaussehender junger Mann daherkommt, der selbstherrlich und fordernd genug auftritt, bin ich augenblicklich in ihn verknallt. Ich gehe mit ihm und gebe sofort nach, wenn er Sex haben will. Ich habe das immer und immer wieder gemacht. Jedesmal rede ich mir zwar ein, beim nächsten Mal werde ich dem Kerl schon Bescheid sagen. Aber dann bringe ich es doch nicht über mich. Ich hasse mich, weil ich solch eine Heuchlerin bin, und manchmal denke ich, ich könnte mir auch das Leben nehmen. Warum verliebe ich mich immer wieder in denselben Typ Mann? Und was kann ich dagegen tun?"

Ich fragte Sylvia, ob sie sich an ein Lied aus den Charts von Tina Turner erinnern könne, das diese vor ein paar Jahren gesungen habe: „What's Love Got to Do with It?" Was hat das alles mit Liebe zu tun? Sylvia erinnerte sich, und ich knüpfte daran an: „Was Sie da erleben, hat absolut nichts mit Liebe zu tun. Ich vermute ganz stark, daß Sie mit etwas aufgewachsen sind, was wir ein „Loch in der Seele" nennen. Erzählen Sie, ob Ihnen Ihr Vater sehr viel Aufmerksamkeit geschenkt hat, als sie noch jünger waren."

Sylvia schaute mich einen Augenblick an und brach dann in Tränen aus. Es dauerte eine Weile, bis sie sich wieder faßte. Als sie schließlich reden konnte, entsprach die Beschreibung, die sie von ihrem Vater gab, haargenau den Eigenschaften, die wir von den Egoisten zweiten Grades kennen. Von Beruf war er Handelsreisender, und im Laufe der Jahre hatte er so manche Affäre. Wenn er nicht gerade beruflich unterwegs war, trieb er sich mit ein paar Kumpanen in Bars herum. Sylvia sehnte sich so sehr nach seiner Liebe. Aber nur ein einziges Mal schenkte er ihr seine Aufmerksamkeit, und zwar um ein paar anzügliche Bemerkungen zu machen. Sie hatte niemals aufgegeben, und noch immer versuchte sie, mit ihrem Vater Kontakt zu halten, indem sie ihn anrief oder ihm Briefe und Karten schrieb. Der Vater ging zwar nach außen freundlich darauf ein, aber seine Zuwendung blieb doch oberflächlich.

Dieser Vater hatte bei seiner Tochter ein Vakuum hinterlassen, das für unsere Gesellschaft heute ganz typisch ist – besonders aber dann, wenn der Vater ein Egoist zweiten Grades ist. Es waren starke Emotionen, die der Vater bei Sylvia ausgelöst hatte, und diese Emotionen *leitete* sie jeweils *um* auf jeden Egozentriker mit ähnlicher Persönlichkeit, der ihr über den Weg lief. Unbewußt versuchte Syliva noch immer, die Aufmerksamkeit ihres Vater zu erringen. Gleichzeitig erfüllte sie nun seine versteckten inzestuösen Annäherungsversuche, indem sie als erwachsene Frau Affären mit ähnlich veranlagten Männern hatte. Syliva strafte sich aber auch selber, weil sie scheinbar nicht „gut genug" war, um die liebevolle Aufmerksamkeit ihres Vaters zu verdienen. Dieses väterliche Vakuum war für sie wie ein tiefes, schwarzes Loch, und sie suchte nach Liebe überall dort, wo sie mit Sicherheit nicht zu finden war.

„Übertragung" hat Sigmund Freud dieses komplexe Phänomen genannt, wenn emotionale Bindungen an eine Person auf eine andere übergehen. Freud hat sich zwar in vielen Dingen geirrt, aber seine Schriften zum Thema „Übertragung" enthalten sehr viel Wahres. Hier ein paar Erläuterungen, wie Übertragung funktioniert:

In der Psychologie sprechen wir von den Objektbeziehungen. Ein gutes Beispiel hierfür ist die starke Bindung des Kleinkindes an seine Mutter. Der Säugling empfindet die Mutter als *ein Teil der eigenen Person.* Wenn die Windeln naß sind, ist die Mutter zur Stelle, um sie zu wechseln; wenn sich der Hunger meldet, so sorgt die Mutter für Nahrung; wenn Einsamkeit und Angst übermächtig werden, trösten die herzende Mutter und ihr freundlicher Zuspruch.

Die Bindungen, die normalerweise zuerst zur Mutter und dann auch zum Vater hergestellt werden, prägen durch ihren Charakter später sehr stark das Selbstbild und das Selbstwertgefühl eines Menschen. Die Einstellung der Eltern dem Kind gegenüber prägt später die Einstellung des Kindes zu sich selbst. Während der junge Mensch heranwächst, bleiben viele der sehr starken emotionalen Bindungen an die Eltern bestehen, wobei dies meist unbewußt bleibt.

So war es bei Sylvia: Ihre emotionale Bindung an den Vater bestand immer noch. Und wenn ihr jemand über den Weg lief, der ihrem Vater ähnelte, war es um sie geschehen. Ihre Antenne, deren sie sich gar nicht bewußt war, meldete Kontakt, und sie fühlte sich angezogen. Von diesem Augenblick an war sie nicht mehr zu halten, und am Ende landete sie im Bett mit dem Betreffenden. Dabei konnte sich Sylvia überhaupt nicht erklären, warum sie diesen nur auf ihr eigenes Wohl bedachten Männern keinen Korb geben konnte. Sie liebten sie doch nicht und wollten sich ihrer nur bedienen. Doch man kann das Ganze ganz einfach erklären. Sylvia übertrug ihre Gefühle, die sie dem Vater gegenüber hegte, auf ihre Männerbekanntschaften, die sie an ihren Vater erinnerten. Sie dachte jedesmal, verliebt zu sein, aber jedesmal traf zu, was Tina Turner so pointiert zum Ausdruck gebracht hat: Das Ganze hatte mit Liebe rein gar nichts zu tun.

Wenn doch mehr Pastoren und Seelsorger das Phänomen der Übertragung kennen und die entsprechenden Gefühle bei sich selber richtig einordnen würden. Viel seltener würde es dann passieren, daß sie sich Hals über Kopf in Klienten verlieben. Leider sind sie wie Sylvia oft genug auch noch der irrigen Ansicht, sie hätten sich wirklich verliebt. Sagt man nicht vollkommen zurecht, daß Liebe blind macht? Leider können auch erfahrene Seelsorger geblendet werden, wenn ein Klient oder eine Klientin etwas in ihrem Unterbewußtsein in Gang setzen, so daß sie selbst Opfer der Übertragung werden.

Mütter und Söhne

Die Beziehung zwischen Mutter und Sohn ist kaum minder emotionsbeladen als die Beziehung zwischen Vater und Tochter. An dem Vormittag, als ich anfing, dieses Kapitel zu schreiben, wurde mir ein neuer Patient unserer Klinik vorgestellt. Wir wollen ihn Jack nennen. Er hatte einen wunderbaren Vater – ein humorvoller, freundlicher und liebevoller Mensch, der viel Zeit mit seinem Sohn verbrachte. Jacks Mutter jedoch war genau das Gegenteil. Sie war kritisch, kalt, beherrschend und akzeptierte Jack nur, wenn er sich an ihre engen Wertmaßstäbe hielt. Sie kümmerte sich hauptsächlich um ihre eigenen Angelegenheiten und hatte deshalb nur wenig Zeit für Jack, als er heranwuchs. Seine Mutter war zweifellos nach unserer Definition eine Egoistin zweiten Grades.

Nun raten Sie einmal, in was für eine Frau sich Jack auf der Universität verliebte. Es war tatsächlich eine sehr gutaussehende, aber kalte, kritische und herrschsüchtige Frau – eine Egozentrikerin wie seine Mutter. Sie blieben die vier Jahre im College zusammen und planten dann zu heiraten. Das Phänomen der Übertragung stellte sich auch hier ein, und Jack tat alles, um von seiner egozentrischen Verlobten jene Liebe zu bekommen, die ihm bei seiner Mutter immer versagt geblieben war. Doch im tiefsten Innern spürte er schon, daß etwas nicht stimmte.

Während Jacks Freundin für längere Zeit mit ihren Eltern verreist war, hatte er die Gelegenheit, sich locker mit einem anderen Mädchen zu befreunden. Es war ein wirklich nettes, freundliches und liebevolles junges Mädchen. Als dann aber seine herrschsüchtige Freundin heimkehrte, erfuhr sie von der Beziehung. Und ohne noch ein Wort zu sagen, kehrte sie ihm den Rücken. Jack war gekränkt, aber anstatt auf seine kühle und berechnende Freundin wütend zu werden, nahm er es sich selber übel, daß er sich mit dem netten Mädchen getroffen und dadurch die Freundin verloren hatte, die ihm – wie er glaubte – die ersehnte Liebe gegeben hätte.

Jack ließ sich aber nicht unterkriegen, und er lebte so weiter wie bisher. Ein ganzes Jahr lang war er mit jener netten jungen Dame befreundet, wodurch sich ihre Beziehung immer mehr vertiefte. Die Romantik stellte sich nur ganz allmählich ein, weil es wirkliche Liebe war und keine blinde Verliebtheit, durch Übertragung motiviert. Schließlich verlobten sich die beiden. Doch von dem Augenblick an, da er ihr den Verlobungsring ansteckte, gingen Jack merkwürdige Dinge im Kopf herum. Noch immer hatte er nämlich jenes große Loch in seiner Seele, das der Umgang mit seiner Mutter dort hinterlassen hatte. Er war im Begriff, sich an eine Frau zu binden, die kaum Ähnlichkeit mit seiner Mutter hatte. Es brach der zweite Weltkrieg aus in seiner Seele. Sein bewußtes Denken und Fühlen focht gegen sein Unterbewußtsein.

In den drei Monaten nach seiner Verlobung unternahm Jack zwei Selbstmordversuche. Doch seine herzensgute Verlobte hielt weiterhin zu ihm. Nach seinem ersten Suizidversuch verbrachte er zwei Monate in der psychiatrischen Abteilung eines Krankenhauses. Dort behandelte man ihn lediglich mit Medikamenten und befragte ihn oberflächlich, so daß sich sein Zustand nicht verbesserte. Ein paar Wochen nach seiner Entlassung versuchte er noch einmal, sich zu töten. Glücklicherweise überlebte er und wurde anschließend in eins unserer Krankenhäuser gebracht, wo unsere Therapeuten sofort anfingen, sein Übertragungsproblem ausfindig zu machen.

Schon bald konnten wir ihm Hoffnung machen. Er mußte nur zur Kooperation bereit sein und sich nicht mehr der Wahrheit über seine Mutter verschließen. Er mußte bereit sein, sich einzugestehen, daß er insgeheim einer kranken Beziehung nachtrauerte. Allmählich gelang es uns, die Kräfte zu neutralisieren, die Jacks unbewußtes, von der Mutter hinterlassenes Vakuum verursachte. Wir konnten beobachten, wie sich Jacks Angst vor Nähe verflüchtigte, während er lernte, die seelisch gesunde junge Frau zu lieben und von ihr geliebt zu werden. Sie jedenfalls hielt mit ihm durch.

Jack fand sich schließlich damit ab, daß seine Mutter ihn niemals lieben würde, vergab ihr, betrauerte den Verlust und wandte sich dem Leben zu, indem er jene warmherzige und hilfsbereite junge Frau liebte und sich von ihr lieben ließ, die nichts mehr mit jenem Mädchen zu tun hatte, das Papa einst heiratete.

Autofahren, Sex und Geld

Erinnern Sie sich, wie wir im zweiten Kapitel den Autofahrer beschrieben haben, der als Egoist ersten Grades die Straßen unsicher macht? Er fährt gedankenlos seinen Stil, gefährdet dabei hier und da auch andere, aber denkt darüber nicht groß nach. Wenn andere Autofahrer hupen oder den Vogel zeigen, dann zuckt jener „nette Mensch" zusammen und fragt sich, was manche Leute sich so herausnehmen.

Die Egoisten zweiten Grades hinter dem Steuer sind schon wesentlich aggressiver. Sie fahren bewußt schneller als erlaubt. Sie machen sich zum Anführer der Meute. Sie sind die Lückenspringer, die aber selber absichtlich beschleunigen, um andere nicht in ihre Spur zu lassen. Sie tun so, als gehöre die Straße ihnen, sind aber empört, wenn andere es ihnen gleichtun.

Wenn diese Egoisten der Straße einen Strafzettel bekommen oder andere Autofahrer die Scheibe herunterkurbeln, um sie zu beschimpfen, dann sind sie vielleicht einen Augenblick verunsichert, doch schon kurze Zeit später verhalten sie sich wieder genauso schlitzohrig.

Es wird wohl niemand überraschen, daß auch die Sexualität und das liebe Geld zu den Problembereichen der Egoisten zweiten Grades gehören. Diese Menschen benutzen die Sexualität, um sich andere gefügig zu machen, und sie fordern Praktiken, bei denen sie sich wie kleine Könige fühlen. Dabei ist es ihnen völlig gleichgültig, wenn ihr Partner das alles ganz abstoßend findet. Was das Geld angeht, so werfen sie es oft genug bedenkenlos zum Fenster hinaus. Vom Kaufrausch erfaßt, erwerben sie die exklusivsten Geschenke für Menschen, die sie beeindrucken und manipulieren wollen. Merkwürdig ist nur, daß sie im Restaurant oft geduldig warten können, bis ein anderer am Tisch bezahlt hat. Zu diesem Lebensstil gehört auch oft die Spielleidenschaft, weil die Auffassung, es stehe einem alles zu, völlig überzogene Erwartungen weckt.

Diese Schlitzohren zweiten Grades mogeln natürlich bei der Steuererklärung, indem sie Belastungen übertreiben oder Einkünfte verschweigen. Und im Geschäftsleben nehmen sie es mit der Wahrheit auch nicht sehr genau, wenn sie sicher sind, nicht erwischt zu werden.

Wer hatte ihn nicht – den selbstherrlichen Lehrer?

Nur wenige von uns sind durch die Schulzeit gekommen, ohne mindestens einmal einen dieser selbstherrlichen und von sich eingenommenen Lehrer gehabt zu haben. Sie kanzeln Schüler ab und haben keine Hemmungen, dies vor der ganzen Klasse zu tun. Sie haben ihre Lieblingsschüler, die es verstehen, sich einzuschmeicheln, während sie jene, die ihnen nicht nach dem Munde reden, mit drakonischen Maßnahmen strafen.

Diese Lehrer – Egoisten zweiten Grades – erwarten von ihren Schülern, daß sie alles tun, um sie vor der Schulleitung in einem guten Licht dastehen zu lassen. Sie setzen ihre Klassen unter Druck, damit die Durchschnittsnoten der Arbeiten positiv auffallen. Und es ist nichts wichtiger für sie, als daß die Kinder „fleißig lernen“, weil sie dann in einem positiven Licht dastehen.

Die Charakterschulung ihrer Schüler ist ihnen weit weniger wichtig.

Ich hatte einmal einen Patienten – wir wollen ihn Burt nennen –, der an einem College studierte. Es war ein netter junger Mann. Er kam zu mir in die Seelsorge, weil er unter Depressionen litt. Diese hatten sich derart verschlimmert, daß er in den letzten zwei Jahren kaum zu irgendwelchen Unterrichtsveranstaltungen gehen konnte. Er blieb untätig im Haus, fühlte sich bedrückt und unmotiviert und litt unter Schlaflosigkeit – alles Anzeichen einer behandlungsbedürftigen Depression. Ich wußte nun, wie es ihm ergangen war, und ich sagte: „Dann wollen wir der Sache auf den Grund gehen. Seit zwei Jahren sind Sie damit belastet?“

„Ja, seit ungefähr zwei Jahren. Ich war damals im zweiten Jahr auf dem College.“

„Haben Sie eine Vorstellung, was die Ursache gewesen sein könnte?“

„Nein, eigentlich nicht.“

„Wissen Sie vielleicht noch, was eine oder zwei Wochen vor Ihrer ersten großen Depression vorgefallen war? Gab es z. B. etwas, was Sie furchtbar wütend gemacht hat?“

„Ja, da war etwas. Wir hatten eine fürchterlich strenge Dozentin für Geschichte. Sie verteilte immer Spitzen und behauptete, wir alle hätten nicht einen Funken Ahnung von Geschichte. Es passierte, als ich das Abschlußexamen für das Semester schrieb. Während der Prüfung kam sie plötzlich auf mich zu, schnappte sich meine beschriebenen Blätter, zerriß sie und beschuldigte mich vor der ganze Klasse, abgeschrieben zu haben."

„Hatten Sie denn abgeschrieben?"

„Überhaupt nicht. Ich habe keine Ahnung, wie sie darauf gekommen ist. Sie hat mich gedemütigt und dann auch noch durchfallen lassen. Ich habe noch heute eine solche Wut auf diese Frau. Und ich weiß manchmal nicht, wie ich damit umgehen soll."

„Sie sind sich also im klaren darüber, daß viel von dem Groll, der in Ihnen steckt, mit dieser Dozentin zu tun hat?"

„Das ist mir vollkommen klar."

„Und manchmal möchten Sie es ihr heimzahlen?"

„Na, was meinen Sie?"

Ich wußte die Antwort: „In Gedanken bestrafen Sie sie also noch heute. Ich glaube, wir haben Ihr Problem gefunden. Entweder Sie vergeben dieser Dozentin, oder Sie werden Ihre Depressionen nie los."

„Ihr vergeben? Ich werde dieser alten Ziege niemals vergeben, denn das verdient sie nicht!"

„Da haben Sie allerdings recht: verdienen tut sie es nicht! Aber Sie bestrafen sich nur selber, weil ein anderer gemein zu Ihnen war. Sie müssen ihr einfach vergeben, damit Sie wieder Ihr eigenes Leben führen können. Was haben Sie denn in den letzten zwei Jahren getan? Sie lungern nur so herum, haben schwere Depressionen, und das alles nur, weil Sie den Racheengel für jemanden spielen wollen, der gemein zu Ihnen gewesen ist."

„Ich glaube aber nicht, daß ich ihr vergeben kann."

„Aber ich bin fest davon überzeugt. Stellen Sie sich der Situation. Die Frau ist es nicht wert. Für sie sollten Sie nicht so viel Leid auf sich nehmen. Vergeben Sie ihr, und führen Sie wieder Ihr eigenes Leben."

Durch dieses Gespräch bekam Burt eine neue Perspektive. Es gelang ihm nicht von heute auf morgen, den Schritt zur Vergebung zu tun. Ich half ihm, indem ich mich einer Technik aus der Gestalttherapie bediente. Burt saß auf einem Stuhl, und ich stellte einen leeren Stuhl ihm gegenüber. Nun sollte er sich vorstellen, jene Dozentin säße auf diesem Stuhl. Zunächst sollte Burt seinen ganzen Zorn dieser Person ins Gesicht schleudern. Dann wies ich ihn an, ihr zu sagen, daß er ihr vergeben habe, selbst wenn sie es nicht verdiene.

Auch wenn diese Technik Burt eine Hilfe war, so mußte er seiner Dozentin noch mehrmals neu vergeben, wenn er gerade an sie dachte. Und eines Tages betete er dann: „Gott, du weißt am besten, wie man dieser Frau gerecht wird. Ich selber weiß nur eins, was ich tun kann: Ich werde ihr vergeben und die Vergeltung dir überlassen."

Auch wenn es einige Mühe gekostet hat, so gelang es Burt schließlich doch, seiner unsympathischen Dozentin zu vergeben. Und im darauffolgenden Herbstsemester war er wieder auf dem College.

Hat auch die Gemeinde ihre Egoisten?

Bemerkenswert ist, daß gerade die Egoisten zweiten Grades oft ausgesprochen charismatische Persönlichkeiten sind. Sie sind in der Nachbarschaft und in der Gemeinde sehr beliebt. So sind mir in der Seelsorge schon Pastoren, Älteste oder andere Christen in leitenden Positionen begegnet, die richtige Schlitzohren waren. Diese Menschen sind charmant, und jeder hält sie für tief gläubig. Aber in Wirklichkeit sind sie Egozentriker, die sich der Menschen ihrer Umgebung bedienen, die gern manipulieren und dominieren, aber gleichzeitig für ihre Frömmigkeit gepriesen werden möchten.

So hatte ich Pastoren bei mir in der Seelsorge, die sich nicht zum ersten Mal einen Seitensprung geleistet hatten. Sie fühlten sich zwar auch schuldig, aber sie brachten offenbar nicht die Kraft auf, aus eigenem Antrieb und ohne Therapie eine Veränderung ihrer Lebensgewohnheiten herbeizuführen. Andererseits habe ich auch mit zahllosen Menschen therapeutisch arbeiten müssen, die Probleme hatten, weil sie in einer Gemeinde waren mit einem herrschsüchtigen Diktator als Pastor. Solche Pastoren neigen dazu, nach Gutdünken zu entscheiden, was recht und was falsch ist, und dann ihre eigenen Gesetze den ihnen anvertrauten Menschen aufzuzwingen.

Man merkt meist sehr schnell, wenn man es mit solchen Pastoren zu tun hat. Als meine Eltern vor ein paar Jahren nach Dallas zogen, begaben sie sich auf die Suche nach einer Gemeinde. Eines Tages besuchten sie dann eine Kirche, die ganz in ihrer Nähe lag. Noch vor seiner Predigt stand der Pastor auf und fragte die Gemeinde: „Wer letzten Donnerstag abend zur evangelistischen Telefonaktion nicht hier war, der soll mal aufstehen."

Über die Hälfte der Gemeinde erhob sich von ihren Plätzen, und meine Eltern natürlich auch.

„Ihr seid die Dummen!" schimpfte er. „Die Bibel sagt, es ist derjenige weise, der Seelen gewinnt. Und wenn ihr am Donnerstag abend nicht hier wart, um per Telefon Seelen zu gewinnen, dann seid ihr eben Narren! Setzt euch wieder."

Trotz ihrer strengen Erziehung und ihrer Erfahrungen mit einigen sehr gesetzlichen Gemeinden war es für meine Eltern doch zuviel, vom Pastor als Narren bezeichnet zu werden. Diese Gemeinde betraten sie nicht noch einmal. Schließlich fanden sie doch noch eine Gemeinde, in der sie Mitglieder wurden. Hier fanden sie eine gesunde Lehre, und der Pastor war ein freundlicher Mann, der in sich ruhte und im Grunde zur Kategorie der „gereiften Persönlichkeiten" zählte.

Wie man einen Egoisten zweiten Grades erkennt

Es folgt nun eine Auflistung von Einstellungen und Verhaltensweisen, die man bei den Egoisten zweiten Grades häufig beobachten kann. Wenn Sie sich damit selbst testen wollen, dann können Sie das gern tun. Der eigentliche Zweck dieser Aufstellung ist es allerdings, die Egozentriker ausfindig zu machen, die in Ihrem Leben irgendeine Rolle spielen. Wenn Ihnen jemand einfällt, mit dem Sie Ihre liebe Not haben, dann können Sie die Liste durchgehen, um festzustellen, wie viele Aussagen auf diese Person zutreffen.

Sie werden feststellen, daß die Einstellungen und Verhaltensweisen, die hier genannt werden, bereits beim Test für die „netten Leute", die Egoisten ersten Grades, auftauchen. Aber dort sind sie längst noch nicht so ausgeprägt. In der Regel gilt, daß Egoisten ersten Grades egoistisch sind, ohne es selbst zu merken. Die Egoisten zweiten Grades dagegen überschreiten bereits Grenzen des Anstands. Sie werden zu menschlichen Raubtieren, die *ganz bewußt* Schaden anrichten. Zwar fühlen sie sich hinterher oft schuldig, aber diese Schuldgefühle sind selten intensiv genug, um eine Veränderung im Verhalten herbeizuführen.

Typische Einstellungen und Verhaltensweisen von Egoisten zweiten Grades

______ 1. Sie beherrschen eine Gesprächsrunde und tun alles, um im Mittelpunkt zu stehen.

______ 2. Sie sind immer schnell dabei, ihre eigenen Stärken herauszustellen.

______ 3. Sie vergessen kaum eine Kränkung, die ihnen widerfahren ist, und sinnen unter Umständen ein Leben lang auf Rache.

______ 4. Sie sind aufbrausend, und jeder, der ihnen etwas nachträgt – berechtigt oder unberechtigt –, muß mit ihrem Zorn rechnen.

______ 5. Sie streuen Gerüchte aus, tun aber gleichzeitig so, als sei ihnen das Wohlergehen ihres „Opfers“ ein Herzensanliegen.

______ 6. Äußerst selten – wenn überhaupt – hört man von ihnen eine Entschuldigung oder ein Schuldeingeständnis. Sie haben fast immer eine Erklärung parat, mit der sie einen anderen zum Sündenbock stempeln.

______ 7. Autoritätspersonen sind ihnen zuwider, weil diese ihren eigenen Herrschaftsanspruch bedrohen.

______ 8. Sie helfen zwar den Armen, Obdachlosen und Hungernden, aber nur, um die Aufmerksamkeit anderer zu erringen und dafür gelobt zu werden.

______ 9. Sie sind immer auf der Seite der Starken.

______ 10. Sie sprechen sich gegen Vorurteile und fromme Rechthaberei aus, praktizieren aber beides auf subtile Weise, so daß es „akzeptabel“ erscheint: ein versteckter Seitenhieb hier und da oder eine herablassende Bemerkung in einem „netten“ Witz verpackt.

______ 11. Sie übertreten die Verkehrsregeln, wenn sie glauben, nicht erwischt zu werden. Richtige Verkehrsrowdys sind sie allerdings nicht.

______ 12. Sie sind zwar im großen und ganzen ehrlich, aber sofern es der bequemere Weg ist, versuchen sie sich, ohne allzu sehr von Gewissensbissen geplagt zu werden, mit einer Notlüge aus der Affäre zu ziehen.

______ 13. Es sind nur Lippenbekenntnisse, wenn sie vom Engagement für die Familie reden. In Wirklichkeit benutzen sie ihren Übereifer bei der Arbeit und andere gesellschaftlich anerkannte Zwänge, um die Angehörigen nicht zu nahe an sich heranzulassen und um allzu große Nähe zu vermeiden.

______ 14. Was ihre Gedanken und Gefühle angeht, so sind sie nicht sehr gesprächig. Andere sollen ihre eigenen Schwächen nicht mitbekommen.

______ 15. Beim Sport ist ihnen der Sieg als Beleg ihrer Überlegenheit immer wichtiger als die Freude am Mitmachen.

______ 16. Bei kontroversen Gesprächsthemen werden sie niemals nachgeben. Die eigene Meinung ist immer die „richtige“.

______ 17. Sie meinen, für das andere Geschlecht besonders attraktiv zu sein. Es macht ihnen Spaß zu kokettieren.

______ 18. Sie flirten gern, selbst wenn sie verheiratet sind, ohne sich einer Schuld bewußt zu sein.

______ 19. Sie sind entschlossen, auf Lebenszeit mit einem Partner verheiratet zu bleiben, rechtfertigen aber trotzdem jede Affäre und jeden Seitensprung. Zwar bereuen sie es hinterher meistens, aber die Reue ist nicht tief genug, um eine Wiederholung auszuschließen.

______ 20. Die Sexualität mit dem Partner dient fast immer nur der eigenen Befriedigung.

______ 21. Sie sind charmant und zuvorkommend, aber irgendwann stellt sich heraus, daß sie nur an „dem einen" interessiert waren.

______ 22. Sie lesen gern Softpornos und schauen sich die Erotik-Filme im Nachtprogramm an. Sie mögen es, wenn man sie für Experten der Liebe hält.

______ 23. Sie legen selten Geld für schlechte Zeiten zurück und geben es lieber aus, um andere zu beeindrucken.

______ 24. Gibt ihnen jemand zuviel Wechselgeld heraus, sagen sie kein Wort, und wenn sie Geld finden, nehmen sie alles für sich als „Finderlohn".

______ 25. Sie leihen sich regelmäßig Geld von Freunden, zahlen es aber selten zurück oder zögern die Rückgabe mit allen möglichen Ausreden hinaus.

______ 26. Sie sind geizig ihren Angehörigen gegenüber und betrachten das eigene Einkommen als „Privatbesitz".

______ 27. Sie vergeben anderen nur, wenn diese sich förmlich entschuldigen und wenn etwas für sie selber dabei „herausspringt".

______ 28. Sie neigen zu Wutausbrüchen, fühlen sich aber hinterher schuldig, wenn jemand dabei zu Schaden gekommen ist.

______ 29. Sie beklagen sich darüber, daß sie der täglichen Tretmühle am Arbeitsplatz nicht entrinnen können, investieren aber trotzdem viel Zeit in ihre Karriere, weil sie sich damit „wichtig" machen können.

______ 30. Sie wissen, daß bestimmte Verhaltensweisen oder Einstellungen nicht richtig sind, aber sie denken gar nicht daran, sich zu ändern.

______ 31. Unter Umständen suchen sie einen Therapeuten auf. Der soll aber möglichst nur dem Partner und den Kindern die Leviten lesen, denn die so Zurechtgewiesenen lassen sich hinterher besser manipulieren und beherrschen. Aber jeder Therapeut oder gemeindliche Seelsorger macht sie wütend, der ihnen die Wahrheit über ihr narzißtisches Verhalten vorhält.

_______ 32. Sie mißachten ohne Skrupel all die als „unfair" empfundenen Gesetze des Landes (Geschwindigkeitsbegrenzungen, Steuergesetze) und fühlen sich über gesellschaftliche Regeln erhaben, solange sie keine Strafe zu fürchten haben.

_______ 33. Sie haben immer ihre ganz persönliche Auslegung der Bibel parat, um andere damit unter Druck zu setzen und zu manipulieren (das gilt manchmal sogar für Pastoren, Priester und Fernsehevangelisten).

Sie werden sich vielleicht fragen, wie viele dieser Punkte auf jemand zutreffen müssen, um ihn als Egoisten zweiten Grades zu qualifizieren. Es gibt keine Mindestzahl! Selbst wenn nur ein oder zwei Punkte bei jemand zutreffen, so ist er in dem entsprechenden Bereich ein Egoist zweiten Grades und damit darauf aus, auf Kosten anderer seinen eigenen Vorteil zu suchen.

Wie schützt man sich vor diesen Menschen?

Im Idealfall hat man keinen Egoisten zweiten Grades in seiner Umgebung. Aber dieser Glücksfall tritt höchst selten ein. Im folgenden wollen wir deshalb ein paar Ratschläge geben, was Sie tun können, um sich vor den Übergriffen dieser ausgemachten Schlitzohren zu schützen, ohne dabei selber schlitzohrig zu werden. Es sind eigentlich ganz einfache Rezepte, aber viele Menschen fallen trotzdem diesen Egozentrikern zum Opfer, weil sie gar nicht auf die kleinen Schritte kommen, die nötig sind, um Übergriffe erfolgreich abzuwehren.

1. Prüfen Sie, wie Sie mit den Egoisten zweiten Grades in Ihrem Leben zurechtkommen. Wie sieht Ihr täglicher Umgang mit ihnen aus? Fragen Sie sich: „Wann bin ich in den letzten Monaten von jemand aufs Kreuz gelegt worden?" Wenn es Ihnen schwerfällt, sich an solche Einzelheiten zu erinnern, dann sollten Sie einen Monat lang eine Art Tagebuch führen und anhand dieser Aufzeichnungen feststellen, ob Sie Opfer von allzu dreist auftretenden Mitmenschen geworden sind. Notieren Sie auch scheinbare

Nebensächlichkeiten, wenn Sie dabei das Gefühl hatten, jemand habe Ihnen geschadet. Sie brauchen sich dabei nicht komisch vorzukommen. Sie wollen mit dieser Übersicht doch nur herausbekommen, welche Angewohnheiten Sie haben und nach welchen Grundregeln Ihr Leben verläuft.

Wenn Sie tatsächlich immer wiederkehrende Verhaltensweisen entdecken, die Schlitzohrigkeiten anderer geradezu herausfordern, dann sollten Sie sich fragen: „Gibt es Situationen dieser Art, die ich vermeiden könnte?“ Wahrscheinlich können Sie nicht allen aus dem Weg gehen, besonders, wenn Sie mit einem echten Egozentriker verheiratet sind oder für ihn arbeiten müssen. Aber einiges werden Sie sich durchaus ersparen können, und das bedeutet für Sie weniger Streß und Aufregung.

In den vergangenen Monaten hat man mir auf verschiedene Weise übel mitgespielt oder hat sich mir gegenüber ungebührlich verhalten (z. B. anzügliche Bemerkungen oder sexuelle Belästigungen am Arbeitsplatz; ich wurde im Geschäft herablassend behandelt oder regelmäßig beim Sport von Mitspielern hereingelegt):

____

____

Wer ist oft unfreundlich zu mir und tut mir etwas an? Werden Sie konkret, und nennen Sie bestimmte Personen:

____

____

Was kann ich tun, um Konfrontationen zu vermeiden? (z. B. die unverschämte Person zur Rede stellen, woanders einkaufen, sich einen anderen Partner für den Sport suchen):

____

____

2. Lassen Sie es nicht zu, daß Bemerkungen, Meinungen oder Verhaltensweisen von selbstherrlichen Mitmenschen Ihre Einstellung zu sich selbst beeinflussen. Machen Sie sich immer wieder klar, daß Ihr Wert als Mensch allein davon abhängt, was Gott über Sie sagt. Und hören Sie auf das, was liebesfähige Menschen Ihnen sagen. Die Zeitgenossen, die sich immer nur ihrer Ellenbogen bedienen, haben es nämlich darauf abgesehen, Sie klein zu machen und so zu tun, als seien Sie nichts wert. Gott aber spricht Ihnen zu, daß Sie als Mensch tatsächlich von Bedeutung sind und einen Wert für ihn darstellen (s. Psalm 139, mit dem wir uns eingehend in Kapitel 10 beschäftigen). Wem wollen Sie glauben?

Nennen Sie Personen, die Ihnen ganz regelmäßig das Gefühl geben, Sie seien nichts wert:

____

____

Welche konkreten Bemerkungen, Spitzen oder Meinungsäußerungen tragen dazu bei, Ihr Selbstwertgefühl zu untergraben?
(„Dir fehlt wohl das nötige Kleingeld, um dir was Neues zum Anziehen zu kaufen." – „*Diesen Fummel* trägst du wohl zu gerne!" – „Mit *deiner* Ausbildung willst du diese Arbeit annehmen?")

____

____

Das nächste Mal, wenn ich eine abfällige Bemerkung höre, die mein Selbstwertgefühl beschädigt, werde ich Widerstand leisten und mir sagen:

______ Mein Wert als Mensch hängt nicht von seiner/ihrer Meinung ab.
______ Mein Wert als Mensch hängt nicht davon ab, daß ich perfekt bin und daß jedem gefällt, was ich tue.
______ Gott erschafft nichts Unwertes.
______ Schreiben Sie noch Bemerkungen auf, die Ihnen selber einfallen:

____

____

3. Führen Sie Buch darüber, wie Sie sich oft in Gedanken selbst beurteilen, um festzustellen, ob nicht sogar Sie selbst Ihr eigenes Selbstwertgefühl untergraben und sich damit empfänglich für die Sticheleien Ihrer nur aufs eigene Wohl bedachten Mitmenschen machen. Wir sind in der Lage, pro Minute 1.500 Worte zu denken. Wie denken Sie über sich selbst den ganzen Tag über, daß Sie eine so leichte Beute für die Selbstgerechten werden? Es folgen einige typische Beispiele dafür, wie man sich etwas einreden kann, was das eigene Selbstwertgefühl solange unterminiert, bis man selber schlecht von sich denkt.

Fragen Sie sich, ob Sie einige der folgenden Beispiele vielleicht selber gebrauchen:

______ „Ich habe ein schlechtes Namensgedächtnis."
______ „Das bringt doch nichts, ich vermassel es ja doch."
______ „Es wird nicht klappen. Das schaffe ich nie."
______ „Schwein gehabt! Ein blindes Huhn findet auch mal ein Korn."
______ „Ich bin der geborene Tolpatsch."
______ „Ich bin ein Chaot. Ich bekomme keine Ordnung in mein Leben."
______ „Wenn einer zu spät kommt, dann bin ich es."
______ „Warum habe ich Blödmann mir wieder den Mund verbrannt?"
______ „Bei mir geht immer alles schief."
______ „Bei mir scheint immer Ebbe im Portemonnaie zu sein."
______ „Da habe ich mich ja wieder zu blöd angestellt."
______ „Wenn meine Arbeit doch nur nicht so öde wäre."
______ „Wenn ich wenigstens eine Arbeit hätte, bei der man ordentlich verdient."

Schreiben Sie nun noch ein paar Selbstbezichtigungen aus Ihrem eigenen Repertoire auf. Vielleicht fallen Ihnen einige „Wenn doch nur . . . "-Sätze ein, die Sie oft verwenden:

____

____

____

Nachdem Sie sich nun bewußt gemacht haben, was Sie regelmäßig an sich selbst kritisieren, sollten Sie darüber nachdenken, wie Sie zu einer positiven Ausrichtung Ihrer Selbstkritik kommen. Mehr darüber finden Sie in Kapitel 10.

4. *Denken Sie darüber nach, welche Stärken und Schwächen Sie haben.* Versuchen Sie, all die Schwachpunkte herauszubekommen, die es den Egoisten zweiten Grades leicht machen, Sie zu manipulieren oder zu mißbrauchen.

Vielleicht sprechen Sie stark auf Schmeicheleien an. Oder Sie reagieren gleich mit Schuldgefühlen, wenn jemand es versteht, zur rechten Zeit auf die Tränendrüse zu drücken, oder Ihnen vorwirft, lieblos und gemein zu sein. Lernen Sie es, solche Manipulationen sofort zu erkennen, und überlegen Sie sich die passende Antwort darauf, statt sich – wie Sie es bisher tun – ins Schneckenhaus zurückzuziehen.

Meine Stärken sind: ____________________________

____

Meine Schwächen sind: __________________________

____

Das nächste Mal, wenn mich jemand zu manipulieren versucht, indem er mir schmeichelt, mich ungerechtfertigt anklagt oder hintergeht, werde ich mich wehren, indem ich: ____________________

____

5. *Stellen Sie jeden, der Ihnen Unrecht tun will, sofort zur Rede.* Sagen Sie der Person, die versucht, sich in Ihr Leben einzumischen, Sie zu manipulieren, zu beherrschen oder zu mißbrauchen, was in Ihnen vorgeht. Lassen Sie selbst sich nicht zum Befehlston verleiten: „Du solltest und du solltest nicht!" Teilen Sie dem Betreffenden ganz einfach mit, was Sie empfinden. Treten Sie dabei höflich, aber bestimmt auf. Denken Sie immer daran, *daß es letztlich an Ihnen liegt, ob Sie sich gegen die Übergriffe anderer wehren oder nicht.*

Erwarten Sie nicht von anderen, daß sie sich für Ihr Wohlergehen einsetzen. Ziehen Sie sich nicht in Ihr Schneckenhaus zurück, wo Sie wehleidig klagen: „Das sollten sie mir nicht antun!" oder „Ich weiß gar nicht, warum sie so gemein zu mir sind." Der Grund ist ganz einfach: „Sie" sind Egoisten zweiten Grades. Und Sie selber sind von ihnen als Beute erkannt worden. Sie werden ein Opfer dieser Schlitzohren bleiben, bis Sie Ihren Mund auftun, ein klares Wort reden und Schritte unternehmen, die dem Ganzen ein Ende bereiten.

Das nächste Mal, wenn ______________________ (Name) wieder gemein zu mir ist, werde ich ihn/sie zur Rede stellen und sagen:

____

____

____

____

____

Wenn Sie einiges an Selbstvertrauen besitzen, werden diese Anregungen ausreichen, um Ihnen beizubringen, wie man mit den Egoisten zweiten Grades richtig umgeht. Aller Wahrscheinlichkeit nach werden Sie allerdings noch mehr über die Gründe erfahren müssen, warum Ihnen rücksichtslose Zeitgenossen das Leben so schwer machen können. Es könnte z. B. sein, daß Sie unter einem Schuldkomplex leiden (Schuldgefühle aus der Vergangenheit aus verschiedensten Gründen), und dieser Schuldkomplex muß ausgeräumt werden. Oder bei Ihnen hat sich etwas eingestellt, was wir „Löcher in der Seele“ nennen, die ihrerseits auch wieder die verschiedensten Gründe haben können. Vielleicht haben bei Ihnen der Vater oder die Mutter ein Vakuum hinterlassen, und Sie versuchen nun, dieses Loch in der Seele zu stopfen, indem Sie anderen gestatten, Sie auf unterschiedliche Weise zu mißbrauchen.

Es ist durchaus möglich, daß Sie ein Mensch sind, der das Leiden mehr oder weniger intensiv sucht (ausführlich behandelt in Kapitel 5). Im Teil II dieses Buches (Kapitel 6-11) werden wir nach einer Strategie Ausschau halten, wie man mit so tiefsitzenden Problemen wie den „Löchern in der Seele“ fertig wird. Diese nämlich können die Gründe dafür sein, daß Sie sich von selbstherrlichen Mitmenschen herumstoßen lassen.

Die Egoisten zweiten Grades sind schon schlimm genug, aber es gibt eine kleine Gruppe von Menschen, die noch gefährlichere Seelenräuber sind – die Egoisten x-ten Grades. Im vierten Kapitel wollen wir sie uns anschauen und uns fragen, was sie zu ihrem Verhalten treibt, warum sie so gefährlich sind und wie man sich davor schützen kann, von ihnen verletzt zu werden.

Wenn der Freund ein Schlitzohr ist

Ein Freund borgt sich immer kleine Geldbeträge von Ihnen, um sich Kaffee, Zeitungen oder ein Brot zu kaufen. Er zahlt es aber nie zurück. Statt sich nun mit seinem rücksichtslosen Verhalten abzufinden, könnten Sie zu ihm sagen: „Hör mal, Peter, ich möchte dir kein Geld mehr leihen. Du schuldest mir sowieso schon eine Stange Geld. Es geht mir allerdings nicht so sehr ums Geld, als vielmehr ums Prinzip. Ich fühle mich einfach ausgenutzt."

* * *

Stellen Sie sich vor, Ihre Nachbarin ruft an und bittet Sie, auf ihre Kinder aufzupassen, damit sie einkaufen gehen kann. Sie sind vollzeitig berufstätig und haben zwei Kinder, während die Nachbarin Hausfrau ist. Sie könnten sagen: „Nein, Frau Schulz, das geht leider nicht. Ich habe heute einen vollen Terminkalender, und ich muß zusehen, daß ich meine eigenen Kinder betreut bekomme, um alles zu schaffen."

Beachte: Wenn Sie es anderen nicht mehr gestatten, Sie auszunutzen, dann werden die Egoisten ersten Grades, die ja relativ vernünftige Menschen sind, Ihnen mit Respekt begegnen, weil Sie Ihre eigenen Interessen vertreten. Die Egoisten zweiten Grades werden Ihnen allerdings daraufhin meist aus dem Weg gehen. Seien Sie in einem solchen Fall aber nicht allzu traurig, sondern freuen Sie sich, denn nun ist es Ihnen gelungen, einen weiteren gefährlichen Egozentriker aus Ihrem Leben zu verbannen.

Wenn Ihr Chef ein Schlitzohr ist

Wenn er sagt: „Sie müssen an diesem Wochenende Überstunden machen, weil der Auftrag noch raus muß ... ", **könnten Sie entgegnen:** „Das tut mir sehr leid, aber ich habe das Wochenende schon mit meiner Familie verplant. Fragen Sie doch mal Herrn Schmidt oder Herrn Schulz, die haben schon mindestens einen Monat keine Überstunden gemacht."

* * *

Die Chefin sagt: „Frau Gruber, ich habe da eine Aufgabe für Sie. Sie kommen doch sonst mit Ihrer Arbeit gut klar. Da werden Sie das bißchen auch noch schaffen. Sie machen es doch, oder?" **Sie könnten antworten:** „Ich bin leider voll ausgelastet. Und wenn ich mein jetziges Pensum gut schaffen will, kann ich im Augenblick keine zusätzliche Arbeit übernehmen."

* * *

Wenn Ihr Chef sagt: „Bei mir geht immer die Firma vor, dann erst kommt meine Familie. Aber letztlich arbeite ich ja nur für die Familie so hart", **dann könnten Sie antworten:** „Das akzeptiere ich durchaus, aber ich bin trotzdem anderer Meinung. Ich gebe bei der Arbeit mein Bestes, ich glaube aber auch, daß es wichtig ist, die Familie ganz obenan zu stellen."

4. Die Egoisten x-ten Grades – Psychopathen der Gesellschaft

In all unseren Minirth-Meier Kliniken begegnen wir bei der Ehe- und Familienseelsorge vielen Egoisten ersten und zweiten Grades. Es ist vor allem der Egoismus zweiten Grades, der schließlich zu ernsten Eheproblemen führt. Wer fast immer nur an sich selbst zuerst denkt, hat *keine Skrupel*, sich einen Seitensprung nach dem andern zu leisten, und der betrogene Partner wird sich irgendwie rächen. Aber auch ausgeprägt egoistische Eltern können ihre Kinder auf unterschiedlichste Weise ins Unglück stürzen.

Ab und zu haben wir es dann aber auch mit Menschen zu tun, die die Grenzen des normalen Egoismus überschreiten und einen Defekt aufweisen, den wir als „destruktive Störung der Persönlichkeit" bezeichnen. Das sind die Egoisten x-ten Grades, die ungefähr 10 % der Bevölkerung ausmachen. Was diese Menschen von allen anderen unterscheidet, ist ihre Fähigkeit, andere zu mißbrauchen und auszubeuten, *ohne daß sich dabei ein Schuldbewußtsein einstellt.* Ich werde zwei typische Fälle vorstellen. Bei dem einen geht es um einen Mann, dessen Name in den vergangenen Jahren in aller Munde war. Beim zweiten Fall – auch dies ist eine wahre Geschichte – muß der richtige Name aus verständlichen Gründen anonym bleiben.

Der mißhandelte Junge, der zum Schreckgespenst wurde

Dies ist die wahre Geschichte von einem kleinen Jungen, dessen Vater kurz vor seiner Geburt starb. Seine Mutter erlebte eine Zeit tiefster Armut. Schließlich heiratete sie den Bruder ihres verstorbenen Mannes. Bald stellte es sich allerdings heraus, daß dieser Mann ein ziemlich rücksichtsloser Egoist war. Der kleine Junge haßte seinen Stiefvater, und die Beziehung zu seiner Mutter war auch nicht viel besser. Beide Eltern warteten nur darauf, daß er sich für sie durch Arbeit und Betteln nützlich machen konnte.

Als er zehn Jahre alt war, meldeten die Eltern den Jungen von der Schule ab und zwangen ihn, vollzeitig zu arbeiten. Er lief daraufhin von zu Hause fort und fand Unterschlupf bei seinem Onkel mütterlicherseits. Doch unglücklicherweise kam er vom Regen in die Traufe. Es stellte sich bald heraus, daß dieser Onkel ein jähzorniger Freund der Nazis war, der seine Arbeit nach einem versuchten Attentat auf einen Politiker verlor. Und wieder lief der Junge fort.

Aus dem Jungen war inzwischen ein junger Mann geworden, der Jahre des Zorns, der Erniedrigung, der Einsamkeit und Traurigkeit hinter sich hatte. Er war nun allein und kämpfte ums Überleben, indem er auf den Straßen einer großen Stadt Kaugummi und Getränke verkaufte. Ihm gelang es, noch einmal die Schule zu besuchen, und bald war er der gefürchtetste Rowdy dort. Oft hatte er eine Pistole bei sich, zur Selbstverteidigung und um sich andere Schüler gefügig zu machen.

Als er älter wurde, galt sein Zorn nicht mehr so sehr den Angehörigen, die ihn gequält hatten, sondern mehr und mehr bestimmten Autoritätspersonen in seiner unmittelbaren Umgebung. Sein Minderwertigkeitskomplex und ein Gefühl der Schutzlosigkeit trieben ihn dazu, sich ohne Rücksicht auf Verluste unentbehrlich zu machen. Er wurde süchtig nach der Macht und nach Rache an seinen Feinden – wirklichen und eingebildeten.

Können Sie sich schon denken, wer dieser Junge von damals heute ist? Wenn dieser kleine Kerl von Mutter und Stiefvater wirklich geliebt und umsorgt worden wäre, hätten Hunderttausende nicht sterben müssen, und der Krieg am Persischen Golf hätte nicht stattgefunden. Aus dem unschuldigen Säugling, dessen Bezugspersonen extreme Egozentriker zweiten Grades waren, wurde der Führer Iraks, Saddam Hussein, ein Bösewicht und Egoist x-ten Grades.

Saddam wurde wie sein Onkel ein politisch motivierter Attentäter, der eines Tages die Macht im Irak an sich riß. Innerhalb weniger Tage nach seiner Machtergreifung brachte er jeden um, von dem er irgendeine Form der Opposition befürchten mußte.

Als ein Mann ihn darauf zur Rede stellte, drückte Saddam ihm seine brennende Zigarre ins Auge. Und als sich einmal eine Frau in Bagdads Straßen bei ihm beschwerte, drückte er ihr mit dem Daumen ein Auge aus dem Kopf!

Bei einer Kabinettssitzung war ein General mit einer Entscheidung Saddams nicht einverstanden. Darauf zog der irakische Präsident seine Pistole und schoß dem Mann in den Kopf. Dann fragte er in die Runde, als sei nichts gewesen, ob noch jemand etwas einzuwenden habe (was natürlich keiner hatte).

Einmal brachte Saddam einen schwer an Krebs erkrankten Angehörigen zum besten Arzt in Bagdad, weil er von ihm die Heilung erwartete. Als der Arzt dann doch nicht mehr helfen konnte, ließ ihn Saddam an den Deckenventilator hängen und zehn Tage lang mit Elektroschocks foltern. Der Arzt konnte irgendwann doch noch entkommen, und er lebt heute in England.[1]

* * *

Vor Tausenden von Jahren hatte Mose schon erkannt, daß die Sünden der Eltern häufig noch die dritte oder vierte Generation danach in Mitleidenschaft ziehen. Die Situation in der Familie Hussein bestätigt diese Beobachtung augenfällig. Auch Adolf Hitler litt als Junge unter seinem überstrengen Vater, und wir alle wissen, was aus ihm geworden ist.

Saddam Hussein und Adolf Hitler sind nur zwei besonders markante Beispiele für Egozentriker x-ten Grades. Aber hunderttausend andere leben noch immer ungeniert unter uns – vom Drogendealer im Kietz bis zur angesehenen Persönlichkeit des öffentlichen Lebens. Unter ihnen findet man sowohl Magnate der Finanzwelt als auch Vorstandsvorsitzende und Geschäftsführer großer Firmen. Und einige sind leider auch Pastoren und Evangelisten. Vielleicht sind Sie mit einem solchen Egoisten x-ten Grades sogar verwandt. Ich glaube allerdings nicht, daß Sie selbst einer sind, denn dann würden Sie sich sicher nicht die Zeit nehmen, ein Buch wie dieses zu lesen.

Die bedrückende Geschichte von Edward und Jane

Nun wollen wir die Geschichte von einem wohlhabenden Rechtsanwalt und seiner Frau erzählen. Ihre Tochter war meine Patientin, ein Opfer ihrer Eltern. Wenn Sie erfahren, was ihr alles widerfahren ist, werden Sie verstehen, daß ich auch nicht den kleinsten Hinweis auf ihre wahre Identität geben durfte. Zeitlich spannen wir einen Bogen von den sechziger

Jahren bis in unsere Gegenwart. Dabei habe ich Namen, bestimmte Umstände und Orte verändert. Doch die sonstigen Einzelheiten entsprechen leider den Tatsachen. Und dieses Paar treibt noch heute, da dieses Buch erscheint, sein Unwesen.

Die sechziger Jahre waren eine Zeit der Umbrüche. Es gab politische Unruhen, Protestbewegungen aller Art und den Vietnam-Krieg. Doch an einem wunderschönen Tag im Juni gingen Edward und Jane ausnahmsweise einmal nicht zu einer ihrer Demonstrationen, denn sie wollten sich trauen lassen. Der feierliche Empfang anläßlich ihrer Hochzeit fand in den Räumen eines exklusiven Privatklubs statt, in dem fast alle Mitglieder beider Familien ein- und ausgingen. Die Sonne schimmerte durch die Zweige der Bäume, und die Rotkehlchen sangen aus voller Kehle, während sie zwischen den in voller Blüte stehenden Apfelbäumen Fangen spielten. All die Schönen und Reichen aus der Nachbarschaft waren gekommen. Jeder lächelte den andern an, denn niemand wollte Gefahr laufen, seine Chancen beim gesellschaftlichen Aufstieg zu verpassen.

Edward und Jane machten gute Miene zum bösen Spiel und taten so, als hätten sie keinerlei Probleme mit ihren steinreichen und ultrakonservativen Eltern. In Wahrheit jedoch verabscheuten sie sie. Und während all die Schwager und Schwägerinnen mit aufgesetzt freundlicher Miene umhergingen und sich in die Arme fielen, litten sie doch Höllenqualen, denn sie alle waren leergebrannt und schuldbeladen.

Edwards und Janes Blicke trafen sich, und er sah in ihre schönen, blauen Augen. Sie ermunterten sich gegenseitig zum Durchhalten. Beide hatten sie Eliteuniversitäten besucht und dort auch ihre Abschlüsse gemacht. Edward war inzwischen Jurist. Sie hatten, solange sie studierten, immer versucht, es allen recht zu machen, nur um sich schließlich ihren Lebenstraum zu erfüllen. Sie wollten endlich frei sein, um gegen die kranke Werteordnung ihrer Eltern aufzubegehren, ohne jedoch dabei auf die angenehmen Seiten des Lebens verzichten zu müssen. Noch eine Stunde, und sie würden diese Versammlung scheinheiliger Snobs verlassen können. Aber es hatte sich auch für sie gelohnt, Wohlanständigkeit zu mimen, denn nun konnten sie getrost mit der finanziellen Unterstützung beider Familien für den Karrierestart rechnen.

Viel lieber allerdings hätten Edward und Jane den Versammelten die Wahrheit ins Gesicht geschleudert. Jane hätte schreien mögen: „Meine Eltern sind Heuchler! Mein Vater hat mich jahrelang sexuell mißbraucht, und meine Mutter hat es geschehen lassen."

Und Edward hätte am liebsten in die Menge gerufen: „Meine Eltern sind auch nicht viel besser! Sie haben mich als Kind beide sexuell mißbraucht und mir lange Zeit vorgaukeln können, so etwas täte jeder in unseren Kreisen. Um dem Ganzen noch die Krone aufzusetzen, verhielt sich meine Mutter egoistisch und herrschsüchtig mir gegenüber. Mein Vater hat mich oft verprügelt und mir ins Gesicht geschlagen! Ich hasse sie dafür!"

Schließlich war alles überstanden, und das junge Paar schaute sich triumphierend an, als sie unter einem Hagel von Reiskörnern ihren Jaguar bestiegen. Sie starteten in ein ganz neues Leben. Im Rechtswesen und in der Politik, so glaubten sie, würden sie etwas gegen die Ungerechtigkeit in dieser schrecklichen Welt tun können. Keiner von beiden hatte dem andern je erzählt, daß er in der Kindheit sexuell mißbraucht worden war. Es war offenkundig ein so schreckliches Geheimnis, daß man darüber nicht sprechen konnte.

Edward und Jane behandelten ihre Tochter wie ihr Eigentum

Wenn es in einer Familie erst einmal zu unschönen Sitten gekommen ist, lassen sich diese meist schwer wieder ausmerzen. Zorn, mangelnde Geborgenheit und Rachegelüste sind mächtige Gefühlsregungen. Und nur wer massiv verdrängt, glaubt, diese Emotionen ohne Therapie und übernatürliche Hilfe bewältigen zu können. Edward und Jane jedenfalls suchten schon bald einen Psychologen auf, weil sie mit ihrer Sexualität nicht zurecht kamen. Er empfahl ihnen, sich mit Pornographie zu beschäftigen und ab und zu auch einmal eine Prostituierte oder einen Strichjungen mit einzubeziehen – mit Gummischutz, versteht sich. Später versuchten sie es dann mit Partnertausch.

Als ihre Tochter Jennifer zur Welt kam, waren sie genauso mit tausend anderen Dingen beschäftigt, wie ihre eigenen Eltern es damals gewesen waren. Der einzige Unterschied bestand darin, daß die konservativen Konventionen durch liberalere ersetzt worden waren. Jane und Edward gaben ihre Tochter tagsüber in die Obhut anderer, während sie selbst Geld scheffelten und die „verkehrte Welt" ihrer Eltern beklagten.

Pornographie ist eine Sucht. Was heute noch als aufregend empfunden wird, ist morgen schon ein alter Hut. So kam es, daß sich bei Edward und Jane eines Tages die große Langeweile einstellte. Die Art, wie ihre Eltern mit ihnen umgegangen waren, hatte bei beiden ein „Loch in der Seele" hinterlassen, und so unternahmen sie den aberwitzigen Versuch, es mit Lust statt mit Liebe zu stopfen.

Als Jennifer in die Grundschule kam, meinten ihre Eltern, es könne doch sehr amüsant sein, sie in ihr Sexualleben mit einzubeziehen. Schließlich waren sie liberal gesinnte, intelligente Menschen, und Jennifer war ein Kind, das nicht sehr aufbegehrte, wenn es nur die Zuneigung seiner Eltern erhielt. Das kleine Mädchen glaubte der Aussage seiner Eltern, solches Tun sei ganz normal für moderne Familien.

Edward und Jane waren allerdings vorsichtig genug, Jennifer zu erzählen, daß die Menschen oft ziemlich engherzig seien, so wie Oma und Opa. Man würde Mama und Papa deshalb ins Gefängnis stecken und aus ihr ein Waisenkind machen, wenn sie irgend jemand von ihrem Geheimnis erzähle. Jennifer mußte schwören, daß sie *niemandem*, nicht einmal ihrer besten Freundin davon erzählen durfte.

Je älter Jennifer wurde, desto unerträglicher empfand sie die sexuellen Übergriffe der Eltern. Sie versuchte immer wieder, sich von dieser Fessel zu befreien. Aber ihre Eltern drohten, manipulierten und bestachen sie mit anderen Zugeständnissen, um immer noch weitere inzestuöse Aktivitäten zu erzwingen. Hin und wieder drohte sie, alles zu erzählen, aber dann wurde sie jedesmal brutal zusammengeschlagen. Papa war schließlich in der Zwischenzeit Politiker geworden, und seine Karriere wäre sofort beendet gewesen, wenn jemand davon erfahren hätte.

Der Sport stärkte Jennifers Selbstbewußtsein

Je mehr Jennifer ihre Selbstachtung verlor, desto verbissener klammerte sie sich an den Sport. Mit sechs hatte sie angefangen, Gymnastik zu machen. Manchmal trainierte sie vier Stunden am Tag, und immer wieder war sie die Beste in verschiedenen Disziplinen.

Der Sport hatte mehrere Funktionen für Jennifer: Sie war nicht mehr so oft in der Nähe ihrer Eltern; sie bekam die Herrschaft über ihren Körper zurück, wo sie sexuell alle Kontrolle darüber verloren hatte; und er stärkte ihr Selbstwertgefühl, wo sie sich sonst nur als Objekt empfinden konnte, das man gebrauchte und mißbrauchte und wie ein Stück Dreck behandelte.

Als Jennifer die zwölfte Klasse besuchte, wurde sie von einer ihrer Freundinnen aus der Gymnastikgruppe zu einer Veranstaltung der christlichen Vereinigung „Junges Leben" eingeladen. Jennifers Eltern versuchten zwar, diesen Kontakt zu unterbinden, aber nun ging sie erst recht dorthin, denn es gab ihr die Möglichkeit, gegen die Herrschaft ihrer Eltern aufzubegehren. Jennifer machten die Veranstaltungen vom Jungen Leben großen Spaß, denn dort trafen sich junge Leute, lachten, sangen und machten Spiele. Andererseits sprach man auch ganz offen über Themen, die sonst eher verpönt waren. Und – sie konnte es kaum glauben – man *betete* füreinander. Die jungen Leute hier waren irgendwie anders als all die verkorksten Typen, die Jennifer von der High-School kannte. Einige der jungen Männer waren tatsächlich an ihr als Person interessiert und nicht nur an ihrem Körper!

Nach einigen Monaten, in denen Jennifer viel Spaß gehabt, viel geredet und intensiv die Bibel gelesen hatte, entschloß sie sich, ihr Leben Jesus zu geben und ihn zu bitten, ihr alle Sünden zu vergeben, vor allem aber ihr Familiengeheimnis. Noch immer wagte sie es nicht, es außer Gott jemand anders zu verraten. Aber eins nahm sie sich fest vor: Niemals wieder würde sie ihren Körper den Eltern für sexuelle Handlungen zur Verfügung stellen.

„Ich sage nichts, wenn ihr mich in Ruhe laßt."

Jennifer hatte natürlich Angst, wußte sie doch, wie zornig ihre Eltern werden konnten. Würden sie sie wieder schlagen? Aber ihr Körper gehörte nun Gott, und so betete sie um seinen Schutz. Ein paar Tage konnte Jennifer die Aussprache mit ihren Eltern noch hinausschieben, weil ein großes Sportfest bevorstand. Doch danach wollte sie ihnen alles sagen. Dabei konnte sie nur hoffen, daß sie ihre Entscheidung respektieren würden. Sie war ja immerhin schon fast 18 Jahre alt.

Doch das, wovor sie am meisten Angst gehabt hatte, trat auch tatsächlich ein. Noch am Abend vor dem Wettkampf traten die Eltern zu ihr ins Zimmer. Jennifer versuchte, ihnen verständlich zu machen, daß sie nun an Gott glaube und mit dem Sex bis zur Ehe warten wolle. Sie machte ihnen ein Angebot:

„Ich bin bereit, unser Familiengeheimnis zu bewahren, wenn ihr bereit seid, mich von nun an in Ruhe zu lassen."

Jennifers Hoffnungen auf einen Waffenstillstand schwanden sofort, denn Edward und Jane waren außer sich vor Wut. Und sie begannen, auf sie einzuschlagen. Jennifer hatte inzwischen genug Selbstbewußtsein, daß sie sich wehrte, und sie versuchte zu entkommen. Aber ihre Eltern packten sie, drückten sie nieder, schlugen sie und befahlen ihr, sich auszuziehen. Als Jennifer sich beharrlich weigerte, hielt ihre Mutter sie fest, während der Vater ihr den Arm auf den Rücken drehte und immer fester zog, bis sie aufgeben würde. Plötzlich brach ein Knochen im Handgelenk, und Blut floß aus einer Wunde, die, wie sich später herausstellte, durch einen komplizierten Bruch verursacht wurde.

Edward und Jane begriffen, daß sie zu weit gegangen waren. Edwards Karriere war plötzlich aufs höchste gefährdet. Was sollten sie jetzt tun?

Sie sagten Jennifer, daß sie zusammen zur chirurgischen Ambulanz fahren würden, daß sie sie aber umbrächten, wenn sie die Wahrheit sagen würde. Jennifer wußte genau, daß ihre Eltern nicht blufften und schlau genug wären, ihre Tat zu verschleiern.

Edward und Jane hatten für alles eine Erklärung in der Ambulanz, während Jennifer kein Wort dazu sagte. Sie weinte nur vor Schmerz.

Es standen zwar die besten und teuersten Knochenchirurgen für die Behandlung zur Verfügung, doch auch sie konnten die tragischen Folgen nicht verhindern. Es waren Nerven dauerhaft geschädigt worden, und Jennifer mußte für immer ihr geliebtes Hobby an den Nagel hängen. Wohin sollte sie nun noch fliehen? Die Ärzte teilten ihr mit, daß sie in Zukunft den rechten Arm mit Hand und Fingern nur noch eingeschränkt benutzen könne.

Edward und Jane hatten den Ärzten erzählt, Jennifer sei beim Training vor dem Wettkampf vom Schwebebalken gestürzt. Und Jennifer hatte dazu geschwiegen. Jetzt aber wußte sie, daß sie die Wahrheit nicht länger zurückhalten konnte, koste es, was es wolle. Sie betete zu Gott, daß Gott sie beschützen möge, aber gleichzeitig fragte sie sich doch, wie *er das alles zulassen konnte, wo sie doch versprochen hatte, ihre turnerische Begabung zu seiner Ehre einsetzen zu wollen.*

Jennifers Eltern planten ihren Tod

Als Ron und Sharon, die Jugendleiter vom Jungen Leben, die Jennifer unter ihre Fittiche genommen hatten, wieder zu Besuch im Krankenhaus waren, platzte Jennifer mit ihrer Geschichte heraus. Ron und Sharon waren entsetzt, aber sie wußten, daß Jennifer so etwas nicht erfunden haben konnte. Über eine Stunde lang besprachen sie die Situation. Schließlich kam man überein, sich an die richtigen Stellen zu wenden.

Ron und Sharon begleiteten Jennifer, als sie bei der Schutzorganisation für mißhandelte Kinder vorsprach und auch bei der Kriminalpolizei ihre Geschichte erzählte. Als Edward von den Beschuldigungen seiner Tochter erfuhr, rief er sofort seinen Freund an, der als Politiker die richtigen Verbindungen hatte. Es wurde Druck auf die entsprechenden Stellen ausgeübt, und prompt schwiegen der mit dem Fall betraute Sozialarbeiter und der zuständige Sheriff. Sie trafen sich mit Edward zu einer privaten Unterredung. Edward behauptete, Jennifer habe in der letzten Zeit sehr unter Druck gestanden, und offensichtlich drehe sie nun völlig durch. Wie käme sie sonst auf so absurde Behauptungen? Edward und seine Frau waren damit einverstanden, sich einem Test mit dem Lügendetektor zu unterziehen, um ihren guten Ruf wiederherzustellen. Dann würde es auch jedem klar werden, daß es ihre Tochter sei, die psychiatrischer Hilfe bedürfe. Der Sozialarbeiter und der Sheriff versprachen, sich im Gegenzug nicht weiter über den Fall zu äußern.

Edward und Jane wußten gleich, an wen sie sich wegen des Tests mit dem Lügendetektor wenden mußten, und so überstanden sie ihn natürlich ohne Probleme. Gleichzeitig waren sie der Meinung, Jennifer sei für sie ein unkalkulierbares Risiko geworden, weshalb sie nicht länger leben dürfe. Sie dachten daran, Jennifer nach Hause zu locken, sie zu erschießen und ihre Unterschrift unter einem Abschiedsbrief zu fälschen, mit dem sie bekennen würde, ohne ihren Sport nicht länger leben zu wollen. Zwar würde Edwards politische Karriere Schaden leiden, aber sie würden auch das überstehen. Dann würden sie eine Tochter adoptieren und sie diesmal von allen religiösen Fanatikern fernhalten.

Um alles noch weiter zu verschleiern, brachte Edward seinen alten Freund, den Psychiater Dr. Jaxford, dazu, sich umgehend um Jennifer zu kümmern. Edward hatte mehr als einmal Dr. Jaxford aus der Klemme geholfen, weil dieser sich schon öfter seinen Patientinnen unsittlich genähert hatte. „Dr. Jax" stand also in Edwards Schuld und war froh, ihm seine Dienste anbieten zu können.

Inzest? Das ist ja lächerlich!

Schon ein paar Stunden später trafen sich alle zu einer Aussprache – der Sozialarbeiter, der Sheriff, Dr. Jaxford, Ron, Sharon und Jennifers Eltern. Edward und seine Frau dankten Ron und Sharon dafür, daß sie sich so rührend um Jennifer bemüht hätten. Edward hob ihre Umsicht hervor, mit der sie die Krise bewältigt hätten. Und sie hätten genau das Richtige getan, als sie den Inzestverdacht den Behörden mitteilten.

Dann ergriff der Sheriff das Wort. Er teile Ron und Sharon mit, daß ein Inzest niemals stattgefunden habe. Der Test mit dem Lügendetektor habe dies eindeutig belegt. Der Sozialarbeiter nickte zustimmend. Und Dr. Jaxford erzählte den beiden, daß er Jennifer wegen ihrer Depressionen behandle. Sie leide zeitweilig unter Wahnvorstellungen aufgrund all der Belastungen.

Der Sheriff, dem Edward zu seinem Posten verholfen hatte, ergriff abschließend das Wort. Mit ernster Miene wandte er sich an Ron und Sharon: „Wenn Sie weiterhin Jennifers Wahnvorstellungen für wahr halten und glauben, entsprechende Maßnahmen ergreifen zu müssen, dann schaden Sie nicht nur ihr, sondern Sie werden auch wegen übler Nachrede an diesem unbescholtenen Diener unseres Staates und seiner Frau schuldig!“

Ron und Sharon bedankten sich bei allen. Als sie das Zimmer verlassen hatten, schauten sie sich verdutzt an. Waren sie selbst jetzt ein bißchen übergeschnappt? Konnten es denn wirklich Wahnvorstellungen gewesen sein?

Jennifers Entscheidung – Flucht oder Tod

Die jungen Leute begaben sich noch einmal ins Krankenhaus zu Jennifer. Als sie ankamen, verließ gerade der Arzt das Zimmer. Jennifer erzählte, daß man sie am nächsten Tag entlassen würde und daß der Arzt ihr empfohlen habe, nun regelmäßig Dr. Jaxford zur Therapie aufzusuchen.

Jennifer ergriff Sharons Hand. Mit Mühe brachte sie die Worte hervor: „Ich traue mich nicht mehr nach Hause zu meinen Eltern. Als meine Mutter mich heute besuchte, war sie kurze Zeit nicht im Zimmer. Ich schaute kurz in ihre Tasche. Es steckte ein Abschiedsbrief mit meinem Namen darin. Jetzt weiß ich, daß sie mich umbringen wollen. Ich habe den Zettel wieder in die Tasche getan. Sie ahnt also nicht, daß ich weiß, was sie vorhaben.“

Ron und Sharon erzählten Jennifer von ihrer Zusammenkunft, wo man ihr Wahnvorstellungen unterstellt habe. Jennifer sah sehr besorgt aus, als sie murmelte: „Ich hätte wissen sollen, daß sie alles vertuschen. Das ist doch ein abgekartetes Spiel. Aber ihr glaubt mir doch wenigstens, oder?“

Sharon kamen die Tränen, und sie drückte Jennifer an sich. Auch Ron konnte seine Rührung kaum verbergen. Sie beide befanden sich in einer schrecklichen Zwickmühle: Würden Sie Jennifer zur Flucht verhelfen, so wäre dies gesetzeswidrig. Rieten sie ihr aber, nach Hause zu gehen, so würde man sie möglicherweise umbringen.

Ron zog seine Brieftasche hervor und gab Jennifer 300 Dollar. Und er war klug genug, sich mit seinem Rat nicht festzulegen: „Das Geld ist ein Geschenk. Du kannst es behalten, ob du nach Hause gehst oder nicht. Ob du aber fortläufst, mußt allein du entscheiden. Du bist jetzt fast 18. Ich weiß also nicht, ob du noch von der Polizei gesucht werden wirst. Wenn du dich aber aus dem Staub machen willst, würde ich dir raten, dich bei Reverend Tom Davis telefonisch zu melden." Er gab ihr ein Kärtchen, auf dem die Anschrift und Telefonnummer des Reverend stand. Er und seine Frau Elaine sind sehr gute Freunde von uns, und sie werden uns immer berichten können, wie es dir geht."

Jennifer stellte ihren Reisewecker und verließ heimlich noch vor Morgengrauen das Krankenhaus. Als die Schwestern ihren ersten Rundgang machten und Jennifers Bett verlassen vorfanden, war diese schon über alle Berge. Drei Tage später meldete sie sich bei Reverend Davis, der ein paar hundert Kilometer weit entfernt wohnte. Ron hatte sie schon angerufen und ihnen die ganze Geschichte erzählt, so daß Tom und Elaine Jennifer mit offenen Armen aufnahmen.

Gerettet, aber seelisch krank

Jennifer wohnte einige Monate bei Familie Davis. Tom und Elaine kümmerten sich rührend um sie und versorgten sie mit allem Notwendigen. Sie gaben ihr all ihre Liebe, sorgten für einen Job und kümmerten sich um ihr geistiges Wohl. Jennifer konnte ein College besuchen. Sie traf sich mit netten Jungen und schloß Freundschaften mit Mädchen, und doch war sie immer noch so depressiv, daß sie selbstmordgefährdet blieb. Ihr Selbsthaß war abgrundtief. Zuweilen nahm sie eine Sicherheitsnadel zur Hand und ritzte sich mit der offenen Spitze die Haut am Handgelenk auf. Der Schmerz brachte ihr Erleichterung. Er bewies ihr, daß sie noch existierte, und beschwichtigte gleichzeitig all ihre Schuldgefühle. Tom und Elaine taten ihr Bestes, um Jennifer seelsorgerlich zu begleiten, aber es wollte ihnen nicht gelingen, Jennifer aus ihrer Depression und Selbstmordneigung zu befreien.

Schließlich überwiesen sie Jennifer an eine unserer Minirth-Meier-Kliniken. Da sie inzwischen 18 war, kam sie auch gleich auf die Erwachsenenstation der Psychiatrie. Ein befähigter Therapeut sprach mit ihr an vier Tagen der Woche jeweils eine Stunde lang. Einer unserer Psychologen nahm sie in die Gruppentherapie auf. Und jeden Tag besuchten Dr. Minirth und ich sie abwechselnd eine halbe Stunde lang, um immer auf dem neuesten Stand der Entwicklung sein zu können. Wir alle zusammen versuchten, sie von ihrem Seelenschmerz und ihren unberechtigten Schuldgefühlen zu befreien. Am Ende gelang es uns, sie so zu beeinflussen, daß sie sich selbst so sah, wie Gott sie beurteilte.

Jennifer mußte auch ihren Zorn auf Gott besiegen lernen. Wie konnte ein Gott der Liebe es zulassen, daß sie durch so viel Leid gehen mußte? Wir versicherten ihr, daß niemand von uns die Antwort kannte. Es sei auch ein Rätsel für uns alle, warum Gott seinem eigenen Sohn soviel Leid zumutete. Die Antworten darauf würden wir erst bekommen, wenn wir eines Tages unseren Studienplatz an der Himmelsuniversität einnehmen.

Nachdem ich sie ermuntert hatte, ihren Gefühlen freien Lauf zu lassen, sagte ich ihr noch: „Ich glaube nicht, daß es Gott sonderlich interessiert, wie gut du deine Gymnastik machst oder irgend etwas dergleichen. Gott ist viel mehr daran interessiert, was aus deinem Seelenleben wird. Deine persönliche Ausstrahlung wird mit jedem Tag, an dem du wieder ein Stückchen heiler geworden bist, immer positiver werden."

Bei Jennifer war in der Tat vieles zu heilen. Ihre zahlreichen Wunden, die ausgerechnet in den Jahren geschlagen worden waren, die die Persönlichkeit am meisten formen, hatten sich zu schwer heilenden Geschwüren entwickelt. Neben ihrer Depression litt sie an Ängsten vor jeder Form persönlicher Nähe, sowohl zu Männern als auch zu Frauen. Noch tiefer saß ihr Mißtrauen allen Autoritätspersonen gegenüber, Gott eingeschlossen. Und dann war da ja noch das dauerhaft geschädigte Handgelenk, durch das ihre Karriere im Sport beendet worden war.

Als Jennifer zu uns in die Klinik kam, war sie aufgrund ihres stark ausgeprägten Perfektionismus noch ängstlich darauf bedacht, nirgends die Kontrolle zu verlieren. Die Angst davor war so groß, daß die Nebenwirkungen der ihr verabreichten Antidepressiva beträchtlich waren. Die Angstsymptome waren schuld, daß ihr Körper sich gegen die Medikamente wehrte. Ihre Angst aber, die sich in schweren Panikattacken manifestierte, war deshalb da, weil sie sich selber vor all dem Zorn fürchtete, der sich bei ihr in den prägenden Jahren der Kindheit aufgestaut hatte.

Jennifers Zweifel

Jennifer mußte sich mit der Furcht auseinandersetzen, Gott könne sie im Grunde gar nicht lieben. Ihr Gottesbild war vom Verstand geprägt und durch eine gefärbte Brille verzerrt, die ihr die Eltern schon in der Kindheit aufgezwungen hatten. Schon die sechsjährige Jennifer betete zwar:

„Lieber Vater im Himmel", doch vor Augen hatte sie dabei die himmlische Version ihres irdischen Vaters. Das ist ein Phänomen, das die Psychologen „Projektion" nennen.

Während ihres Aufenthalts bei uns in der Klinik konnten wir Jennifer klarmachen, daß sie ihren charakterlich verkommenen Eltern hörig war, obgleich sie von ihnen so fürchterlich mißhandelt wurde.

Ich erklärte ihr: „Wenn du dich nicht eindeutig dafür entscheidest, eigenverantwortlich dein Leben zu gestalten, wirst du immer wieder von Menschen mit ähnlichen Wesenszügen angezogen werden. Du verletzt dich so häufig selber, weil es für dich zur Gewohnheit geworden ist zu leiden. Deshalb wirst du dich auch immer wieder in solche Psychopathen verlieben, die deinem Vater ähnlich sind. So etwas nennen wir Psychologen ‚Übertragung'. Du überträgst dein Verlangen nach der Liebe deines Vaters auf alle möglichen verantwortungslosen Gesellen. Und ich vermute einmal, daß du ordentliche und angepaßte junge Männer langweilig findest."

Jennifer schaute mich ganz überrascht an und gab dann zu, daß dies genau so der Fall sei.

Ich bereitete Jennifer darauf vor, daß sie zunächst Schuldgefühle bekommen könnte, wenn sie lerne, glücklich zu werden und Liebe anzunehmen. Sie werde dann versucht sein, unbewußt nach subtilen Möglichkeiten zu suchen, zu ihrer Leidenssehnsucht der Vergangenheit zurückzukehren. Genauso müsse sie – falls sie irgendwann einmal Kinder habe – darauf gefaßt sein, in die Versuchung zu geraten, sich ihnen sexuell zu nähern oder sie mit allzu großer Strenge beherrschen zu wollen. Dies gelte besonders für die älteste Tochter, die sie einmal haben könnte. Denn gerade die älteste Tochter würde sie am stärksten an ihre problematische Vergangenheit erinnern und deshalb zur Zielscheibe möglicher Projektionen werden.

Warum Jennifer Vergebung lernen mußte

Als ich Jennifer sagte, die größte Herausforderung für sie werde es wohl sein, ihren Eltern zu vergeben, bäumte sie sich zunächst innerlich dagegen auf. Der Schmerz aus all den Jahren, in denen man sich an ihr vergangen hatte, war einfach zu groß. Ich sagte ihr, daß ich durchaus verstehen könne, wenn es ihr schwerfiele, ihren Eltern zu vergeben. Wenn es ihr aber gelänge, würde sie auch ihre Depression überwinden.

„Wie kann ich meinen Eltern all das vergeben, was sie getan haben?" wollte sie wissen.

Ich erklärte ihr: „Weil du so depressiv bist, leidest du auch gleichzeitig an Antriebslosigkeit, Gereiztheit, Schlaflosigkeit, Konzentrationsschwäche, Kopfschmerzen und Appetitlosigkeit. All das ist auf einen Seretoninmangel im Gehirn zurückzuführen. Und Ursache für diesen Seretoninmangel ist wiederum der Zorn, dieser unsägliche Groll gegen deine Eltern. Solange du deine Rachegelüste nicht loswirst und den beiden nicht vergibst, so lange wirst du auch deine Depressionen nicht los."

„Aber es waren doch meine *Eltern*!" sagte sie voll Bitterkeit. „Wie konnten sie all das ihrer eigenen Tochter antun?"

„Schau mal, Jennifer, da draußen gibt es fast sechs Milliarden Menschen auf diesem Planeten. Viele davon sind krankhafte Egoisten x-ten Grades, und viele sind nette, liebenswerte Mitmenschen. Deine Eltern sind nur zwei von diesen sechs Milliarden. Sie zählen so viel wie zwei Sandkörnchen am Strand. Warum solltest du den Rest deines Lebens damit vergeuden, immer nur auf diese zwei Körnchen zu starren und auf Rache zu sinnen? Gründe doch dein Selbstwertgefühl darauf, was Gott über dich denkt, und kümmere dich nicht um das Urteil dieser zwei Menschen. Warum willst du dich mit der Ungewißheit plagen, ob sie sich jemals ändern werden und dir Liebe entgegenbringen? Es ist erst einmal ganz normal, daß du glaubst, ohne sie nicht auskommen zu können. Aber du kannst es! Betrauere den Verlust, und dann kehre ihnen den Rücken. Bete für sie, aber überlasse es Gott, sich um sie zu kümmern. Dann gestalte dein Leben selber, und tu, was deinem Empfinden nach Gott von dir will."

„Die Rache ist mein", spricht der Herr – und er führt Buch

Es dauerte zwar eine Weile, aber schließlich war Jennifer doch dazu fähig, all ihren Groll gegen die Eltern fahrenzulassen. Es war ihr klar geworden, daß sie es richtig gemacht hatte, ihre Eltern anzuzeigen, obgleich die entsprechenden Stellen wegen der politischen Verbindungen ihres Vaters dann doch nichts unternommen hatten (Illusionen ade!). Aber sie war schließlich doch imstande, die Verantwortung für einen gerechten Ausgleich Gott zu überlassen. Der hat immerhin im Römerbrief versprochen, sich dieser Dinge anzunehmen[2]. Uns fällt es dann allerdings oft schwer, seine Entscheidung über den Zeitpunkt und die Art des gerechten Ausgleichs zu verstehen.

Um Jennifer zu helfen, ihre Ängste und Panikattacken loszuwerden, konfrontierten wir sie mit ihren Haßgefühlen. Wir bedienten uns dabei bestimmter Techniken der Gestalttherapie, die ihre Ängste lösen sollten. So stellte ich z. B. bei einer Sitzung ihr gegenüber zwei Stühle hin, und sie sollte sich vorstellen, ihre Eltern würden darauf sitzen. Nun sollte sie ihre Wut und Aufgewühltheit in konkrete Worte fassen und sie persönlich an ihre Eltern richten. Nach einer anderen Technik sollte sie ihren Eltern einen ausführlichen Brief schreiben, in dem sie sich für immer von ihnen verabschiedete. Darauf verbrannten wir diesen Brief.

Der große Dichter Alexander Pope hat einmal weise bemerkt: „Irren ist menschlich, aber vergeben ist göttlich." Und damit hat er vollkommen recht.

Ich selber bin voller Zorn, wenn ich daran denke, daß Jennifers Eltern immer noch, während ich dies schreibe, ungestört in einflußreichen Kreisen ihr Unwesen treiben können. Aber der Groll im Herzen schadet nur einem selber und nicht dem eigentlichen Übeltäter. Jennifer bat um göttliche Hilfe, um ihren so außergewöhnlich eigensüchtigen Eltern vergeben zu können. Aber sie tat es letztlich für sich selber und Gott zuliebe.

Als Jennifer ihren Eltern vergab, verschwand auch das Verlangen, sich selbst Schaden zuzufügen. Diese Aggression gegen sich selbst war im Grunde nur ihr eigener, fehlgeleiteter Zorn. Ihr Gefühl sagte ihr, daß soviel Wut auf die eigenen Eltern nicht anständig sei, daß sie damit ein Tabu breche, und sie hatte weniger Gewissensbisse, wenn sie ihre Wut auf sich selber lenkte.

Mißbrauchte Kinder neigen dazu, sich selbst die Schuld zu geben und sich wie Verstoßene zu fühlen. Haben sie am Ende die Gewalt verdient? Jennifer tat das einzig Richtige: Sie gestand sich ihren Zorn auf die seelisch kranken Eltern ein und vergab ihnen dann.

Nach sechs Wochen intensiver Therapie, bei der wir sehr auf ihre eigene Einsicht setzten, erholte sich Jennifer zusehends, und fast alle Symptome verschwanden. Wir führten die Behandlung in einer unserer Kliniken durch. Hätten wir sie ambulant behandelt, hätte es möglicherweise Jahre gedauert, bis Besserung eingetreten wäre. Jennifer wird natürlich all die Mißhandlungen, die sie in ihrer Kindheit und Jugend erfahren mußte, niemals vergessen, aber durch eine gute Therapie ist sie nun seelisch gestärkter als so manch ein junger Mensch ihres Alters, der eine schöne Kindheit verlebt hat und aus einer heilen Familie kommt.

Nicht immer erkennt man sie sofort

Bisher haben wir besonders extreme Beispiele für psychopathische Egoisten x-ten Grades kennengelernt – Saddam Hussein, Adolf Hitler oder auch Jennifers Eltern. Aber diese rücksichtslosen Zeitgenossen können auch derart verkleidet daherkommen, daß man sie gar nicht sofort erkennt. Der graduelle Unterschied zwischen den Egoisten zweiten und x-ten Grades besteht darin, daß sich bei den einen *Gewissensbisse* einstellen, während die anderen ohne Schuldgefühle manipulieren, beherrschen und mißbrauchen.

Denken wir an die Personengruppen, die wir schon bei den gemäßigten Egoisten als Beispiele angeführt haben. Unter den Autofahrern, Lehrern und Pastoren werden wir aber immer auch Egoisten x-ten Grades begegnen.

Der Autofahrer mit dieser Lebenseinstellung wird den Wettstreit auf den Straßen geradezu herausfordern. Er wird die Straße beherrschen wollen und sich kaum um allgemeine Regeln kümmern. Es ist ihm egal, ob andere Schaden erleiden oder gar getötet werden, solange er selber nicht für die Folgen einzustehen hat. Ich bin oft gefragt worden, ob die Mehrzahl der wegen Trunkenheit am Steuer belangten Autofahrer zu den extremen Egoisten zählen. Wir dürfen hier nicht verallgemeinern, aber man kann wohl davon ausgehen, daß viele von ihnen völlig gewissenlos handeln. Am Anfang wird das sicher nicht so gewesen sein. Aber chronischer Alkoholmißbrauch zerstört die Bereiche im Gehirn, die eine Enthemmung des Menschen verhindern. So kommt es, daß allmählich das Gewissen regelrecht abgetötet wird.

Beim egozentrischen Vorgesetzten ist es genauso: Auch hier bestimmt die Gewissenlosigkeit den Grad. Ein besonderes Merkmal des egoistischen Vorgesetzten x-ten Grades ist der Lustgewinn, den er aus seiner Machtstellung zieht.

Der Lehrer mit einer solch extrem egoistischen Haltung genießt seine Machtfülle wie schon der gemäßigte Egoist, aber er bedient sich ihrer viel unverfrorener. Ich kannte einen dieser ausgekochten Pädagogen. Er lehrte nicht nur Soziologie, sondern war auch gleichzeitig Trainer einer Mädchenmannschaft im Basketball. Nachdem er das Vertrauen und die Zuneigung seiner Spielerinnen gewonnen hatte – viele schwärmten für ihn –, wählte er sich eine der stillen und schüchternen aus und war fortan besonders „nett“ zu ihr, indem er sie tätschelte und drückte. Wenn das Mädchen ihn nicht entrüstet abwies, wurde er zudringlicher, und am Ende versuchte er, es ins Bett zu bekommen.

Dieser Trainer war ausgesprochen erfolgreich, und durch seine Arbeit gelang es der Schule, eine Reihe von Landestournieren zu gewinnen. Schließlich zeigten ihn einige Mädchen an. Offenbar wußten aber der Schulleiter und ein paar Kollegen bereits von seinen Übergriffen durch frühere Beschwerden. Niemand war bereit, diesen Lehrer vom Dienst zu suspendieren. Man versuchte, alles unter den Teppich zu kehren, denn er war es, der der Schule die Siege bescherte. Aber die Schüler und ihre Eltern wollten nicht einlenken. Sie drohten, ihn wegen Unzucht mit Minderjährigen anzuzeigen, und als ihm klar wurde, daß er mit dem Rücken zur Wand stand, kündigte er und verließ die Gegend.

Selbst unter den Pastoren und Pfarrern findet man die Egoisten x-ten Grades. Ich habe viele – ja, *viele* – Pastoren kennengelernt, die sich mit weiblichen Gemeindegliedern einließen oder sich sonst sexuell unmoralisch verhielten, *ohne auch nur eine Spur von Schuld* dabei zu empfinden. Solche Pastoren meinen oft, das Recht auf ihrer Seite zu haben und nach Gutdünken handeln zu können, weil sie überzeugt sind, unter Gottes besonderem Schutz zu stehen. Das gilt vor allem dann, wenn sie gute Prediger mit beachtlichen „Resultaten“ in der Evangelisation sind und Menschen vom christlichen Lebenswandel überzeugen können.

Ich kenne einen Pastor – ein exzellenter Redner –, der Sonntagabend predigte und anschließend joggen ging. Seiner Frau erzählte er, er sei auf dem Trimmpfad. In Wahrheit fuhr er dann aber ans andere Ende der Stadt, wo er sich besonders vor jungen Mädchen entblößte, die aus dem Kino kamen. Am Montagmorgen stand er auf, als sei nichts gewesen, und hielt in der Kirche die Bibelstunde.

Irgendwann erwischte man ihn doch. Aber er zeigte keinerlei Reue. Er verbrachte einige Zeit im Gefängnis und wurde verpflichtet, sich einer Therapie zu unterziehen. Erst in deren Verlauf erkannte er, was er angerichtet hatte. Nun fühlte er sich wirklich schuldig. Doch er konnte diese Schuld aufarbeiten, so daß er am Ende seine krankhafte Veranlagung loswurde. Er kehrte allerdings nicht in sein Pfarramt zurück, sondern suchte sich eine Arbeit in der freien Wirtschaft.

In einem anderen Fall mietete sich der Pastor einer riesigen Gemeinde mit Tausenden von Mitgliedern ein Appartement, von dem nicht einmal seine Frau etwas wußte. Dieser Mann, der eigentlich ein begnadeter Prediger war, lud Frauen aus der Gemeinde zum Schäferstündchen dorthin ein. Als man ihm endlich auf die Schliche kam und von der Kanzel verbannte, gründete er einfach in einer anderen Gegend eine neue Gemeinde, und viele seiner ehemaligen Gemeindemitglieder folgten ihm. Jene, die sein Verhalten einfach hinnahmen, meinten nur: „Wir wissen, was er treibt, aber er predigt nun mal so herrlich. Deshalb sehen wir darüber hinweg." Es fällt Ihnen vielleicht schwer zu glauben, daß Pastoren so etwas tun können, ohne Schuld dabei zu empfinden. Sie können es aber, weil sie von ihrer besonderen Berufung überzeugt sind. Zu Anfang wollen sie Vorbild für alle sein, aber irgendwann versuchen sie Gott zu erklären, sie seien die Ausnahme seiner Regeln.

Woran erkennt man den gewissenlosen Egoisten?

Man kann wohl davon ausgehen, daß viele Leser dieses Buches solchen Egoisten x-ten Grades in die Hände gefallen sind. Gehen Sie die folgende Auflistung von Einstellungen und Praktiken einmal durch, um klarer erkennen zu können, wer in Ihrer Umgebung – zu Hause, in der Nachbarschaft oder gar in der Gemeinde – zu diesen unerfreulichen Mitmenschen gehört. Es ist geradezu unmoralisch, sich einem solchen Egomanen zu unterwerfen. Um sich zu schützen, müssen Sie seelische Selbstverteidigung lernen. Und dazu gehört es, daß Sie Ihren Gegner überhaupt erkennen können. Wenn Sie die Aussagen durchlesen, werden Sie feststellen, daß Sie viele schon von den Egoisten zweiten Grades kennen. Die Verhaltensweisen ähneln sich auch oft. Der Unterschied besteht nur darin, daß die einen sich hinterher schuldig fühlen und die anderen nicht. Allerdings wird so mancher Egoist x-ten Grades so tun, als fühle er sich schuldig. Den gewissenlosen Egomanen erkennt man also oft nur an seiner Zügellosigkeit in Wort und Tat. Erst das weist dann unmißverständlich auf einen Mangel an Schuldbewußtsein hin.

Wie schon bei den Egoisten zweiten Grades kann man nicht sagen, erst eine bestimmte Anzahl von zutreffenden Aussagen qualifiziere einen Menschen zum gewissenlosen Egozentriker. Bereits einige wenige der aufgeführten Eigenschaften können einen Menschen zu einem Schädling für seine Umwelt machen, der Gefahr bedeutet für die, die ihm nahestehen.

Einstellungen und Verhaltensweisen von Egoisten x-ten Grades

______ 1. Sie beherrschen eine Gesprächsrunde und tun alles, um im Mittelpunkt zu stehen. Was andere dabei fühlen und denken, ist ihnen völlig gleichgültig.

______ 2. Sie brüsten sich damit, was sie alles wissen und leisten. Das soll nicht nur Eindruck machen, sondern auch andere einschüchtern und gefügig machen.

______ 3. Sie sind extrem nachtragend und setzen alles daran, es dem andern heimzuzahlen – möglichst auf gemeine Art und oft mit tragischen Folgen.

______ 4. Sobald sie sich von jemand angegriffen fühlen, gehen sie zum Gegenangriff über, wobei sie in der Wahl der Mittel nicht zimperlich sind und vor Gewalttätigkeit nicht zurückschrecken.

______ 5. Sie streuen Gerüchte aus, ohne darüber nachzudenken, welchen Schaden sie anrichten können und wie sehr das Ansehen des Betreffenden darunter leidet. Es macht ihnen geradezu Spaß, den guten Namen eines anderen in den Schmutz zu ziehen.

______ 6. Sie sagen niemals: „Das war meine Schuld. Tut mir leid." Immer finden sie einen Grund, die Schuld beim andern zu suchen.

______ 7. Sie machen keinen Hehl aus ihrer Abneigung gegen Autoritätspersonen, denn diese empfinden sie als Bedrohung und Konkurrenz. Sie versuchen deshalb um jeden Preis, Machtpositionen zu erringen.

______ 8. Sie setzen sich kaum für Schwächere ein, wenn nichts dabei für sie herausspringt.

______ 9. Sie setzen sich gern für die Starken ein und erwarten den entsprechenden Lohn dafür.

______ 10. Sie gebärden sich großspurig und bilden sich etwas auf ihre „Überlegenheit" ein, wobei sie auf Vertreter des anderen Geschlechts, anderer Rassen und sozialer Gruppen herabschauen.

______ 11. Sie übertreten ständig die Verkehrsregeln, und wenn sie erwischt werden, zeigen sie keinerlei Reue. Sie sammeln Strafzettel wie andere Briefmarken.

______ 12. Sie sind notorische Lügner. Sie verbreiten die Unwahrheit, ohne mit der Wimper zu zucken. Sie versuchen, sich durch ihre Schwindelei durchs Leben zu mogeln.

______ 13. Sie sind arbeitswütig, ohne Rücksicht auf die Familie zu nehmen. Oft benutzen sie ihre Arbeit als Flucht vor der Verantwortung in der Familie.

______ 14. Sie sind verschwiegen und verschlossen und sind noch stolz darauf, als unverwundbar zu gelten. Schwächen geben sie niemals zu.

______ 15. Im Sport zählt für sie allein der Sieg. Sie mogeln oder setzen ihre Ellenbogen ein, nur um Gewinner zu sein.

______ 16. Bei einem Streitgespräch geben sie niemals nach. Sie haben immer recht. Basta!

______ 17. Sie empfinden sich als unwiderstehlich für das andere Geschlecht. Sie tun alles, um Aufmerksamkeit zu erregen. Dabei geht es ihnen in erster Linie darum, die betreffende Person ins Bett zu bekommen.

______ 18. Es macht ihnen besonders Spaß, mit Verheirateten zu flirten, wobei sie es darauf anlegen, gerade sie zu einem Seitensprung zu verführen.

______ 19. Sie beabsichtigen erst gar nicht, eine Ehe auf Lebenszeit zu führen. Sie werden immer wieder ein Verhältnis haben.

______ 20. Die Sexualität mit dem Partner dient allein der eigenen Befriedigung.

______ 21. Als Männer machen sie den Frauen anzügliche Komplimente.

______ 22. Sie interessieren sich für Pornographie jeglicher Abstufung.

______ 23. Sie geben das Geld mit vollen Händen aus, besonders, wenn es nicht ihr eigenes ist.

______ 24. Sie haben keine Scheu, andere übers Ohr zu hauen. Im Geschäft behaupten sie plötzlich, einen größeren Schein zum Wechseln hingegeben zu haben, als dies tatsächlich der Fall war.

______ 25. Sie leihen sich bei Freunden und bei jedem, den sie beschwatzen können, Geldbeträge, und denken später überhaupt nicht daran, es zurückzuzahlen.

______ 26. Wenn aber Angehörige in finanzieller Not sind, geben sie unter keinen Umständen etwas heraus. Dafür nutzen sie selbst im Familienkreis jede Gelegenheit, Geld zu unterschlagen, um es dann zum eigenen Vergnügen auszugeben.

______ 27. Sie sind nachtragend und vergessen nichts.

______ 28. Ihnen reißt sehr schnell der Geduldsfaden. Dann werden sie gewalttätig – verbal oder auch körperlich.

______ 29. Oft sind sie aber auch das ganze Gegenteil von einem Workaholic und verachten jeden, der hart arbeitet. Solche Menschen sind für sie Streber, die nicht richtig im Kopf sind.

_____ 30. Was immer sie anstellen, sie kennen keine Schuldgefühle. Und deshalb denken sie nicht im Traum daran, sich zu ändern.

_____ 31. Von Seelsorge oder Therapie halten sie gar nichts.

_____ 32. Sie wollen sich nicht einfügen und tun immer, was sie für richtig halten.
Verkehrsregeln, Steuergesetze oder die Gepflogenheiten am Arbeitsplatz interessieren sie nicht. Sie meinen, Regeln und Gesetze seien immer nur für die andern gemacht. Auch wenn sie sich andererseits vor Strafe fürchten, so gehen sie dennoch große Risiken ein, um ihre „Überlegenheit" zu demonstrieren.

_____ 33. Sie legen die Bibel nach Gutdünken aus, um jede ihrer Handlungen zu rechtfertigen. Sie glauben, von Gott mit Sonderrechten ausgestattet zu sein und genau das tun zu dürfen, wogegen sich sonst ihre Predigten richten.

Wenn Sie diese Aufstellung nun durchgegangen sind und den einen oder anderen Punkt angekreuzt haben, weil Ihnen eine konkrete Person dazu einfiel, dann fragen Sie sich vielleicht, wie weit sich der Betreffende seiner Schuld bewußt ist. Das ist natürlich von außen immer schwer nachvollziehbar. Selbst uns in unseren Kliniken fällt es oft sehr schwer, eindeutig zwischen Egozentrikern zweiten und x-ten Grades zu unterscheiden.

Diese Aufstellung soll Ihnen helfen, sich im täglichen Leben besser schützen zu können. Wenn Sie wissen, worauf Sie achten müssen, werden Sie die gewissenlosen Egoisten schneller identifizieren, so daß Sie Ihr Verhalten eher darauf einstellen können. Es gibt Situationen, in denen man diesen unangenehmen Mitmenschen am besten dadurch begegnet, daß man sie *zur Rede stellt.* Zeigen sie sich dann völlig uneinsichtig, so sollte man das Weite suchen und jeden Kontakt meiden.

Ich habe diesen Rat absichtlich auf bestimmte Situationen beschränkt. Denn nicht immer ist diese Vorgehensweise gut. Es kann auch sehr gefährlich werden, einen gewissenlosen Egoisten zur Rede zu stellen. Deshalb ist in bestimmten Fällen die *Flucht* der beste Weg, um nicht noch verletzt zu werden.

Nehmen wir als Beispiel die Situation, daß Sie mit jemand verheiratet sind, der verschiedene der genannten Merkmale aufweist. Vielleicht haben Sie sich schon vor Jahren damit abgefunden, aber Sie wissen nicht recht, was Sie grundsätzlich dagegen tun können. Haben Sie doch einmal gewagt, sich zu beschweren, so hat man Sie gleich handfest zum Schweigen gebracht. Sie können durchaus auch weiterhin den Sandsack für die Boxhiebe Ihres gewissenlosen Partners spielen; Sie können aber auch die Übergriffe abwehren. Stellen Sie Ihren Ehepartner zur Rede, und sagen Sie ihm, daß Sie sich zum eigenen Schutz und zum Schutz der gegebenenfalls beteiligten Kinder von ihm trennen müßten, wenn er nicht bereit ist, mit Ihnen zusammen zur Seelsorge zu gehen.

Das ist sicher kein leichter Schritt. Sie selbst brauchen wahrscheinlich zuvor den Rat eines Pastors, Seelsorgers oder Therapeuten. Was allein zählt, ist aber, daß Sie sich den Übergriffen eines gewissenlosen Egoisten entziehen.

Wenn Ihr Ehepartner um keinen Preis bereit ist, eine Therapie zu beginnen oder seelsorgerlichen Rat einzuholen, dann bleibt Ihnen keine andere Wahl, als sich von ihm zu trennen. Solch ein Schritt erfordert sehr viel Mut und Opferbereitschaft, aber es lohnt sich allemal.

Wenn Sie sich von anderen gemeinen Egoisten unter Druck gesetzt fühlen (vom Chef z. B.), dann sollten Sie entsprechend vorgehen und notfalls die Flucht ergreifen (sich eine andere Arbeitsstelle suchen). Auch das ist oft leichter gesagt als getan. Es gibt viele neue Probleme, und etwas investieren muß man auch. Die Frage ist aber, ob Sie sich weiter so mißbrauchen lassen wollen oder ob Sie Manns oder Frau genug sind, sich das nicht länger gefallen zu lassen.

Diese Frage stellt für recht viele Menschen ein Problem dar, weil die masochistische Bereitschaft zum Leiden ihr Leben bestimmt. Über diesen Masochismus wollen wir im nächsten Kapitel ausführlicher sprechen. Bei vielen von uns, die ein anständiges Leben führen und dem Nächsten zugetan sein wollen, kann man eindeutig masochistische Tendenzen feststellen, die auf schlechte Erfahrungen in der Kindheit zurückzuführen sind. Und diese masochistischen Tendenzen sorgen dafür, daß wir eine so leichte Beute für die Schlitzohren dieser Welt werden.

Man kann es lernen, sich gegen die eingefleischten Egoisten zur Wehr zu setzen. Dafür gibt es bestimmte Verhaltensregeln – wie man nein sagt, wie man seine Gefühle ausdrückt, wie man für seine Rechte eintritt und deutlich sagt, was man möchte. Diese Verhaltensregeln sind oft in einer bestimmten Situation sehr hilfreich. Aber das ist immer nur ein Kratzen an der Oberfläche des Problems. Und dieses Problem sind wir selber: Wir müssen herausfinden, wie und warum wir zu solch einem Masochisten geworden sind. Und das wollen wir im folgenden Kapitel tun.

5. Warum sind wir solche Leisetreter?

Nun wissen wir, was Egoisten x-ten Grades sind: Es sind die Psychopathen unserer Gesellschaft, die lügen, betrügen, mißbrauchen und umbringen, ohne Schuld und Reue dabei zu empfinden. Glücklicherweise gibt es nicht allzu viele von ihnen – ungefähr 10 % der Bevölkerung. Aber es sind die gefährlichen Zeitgenossen, die vielen Menschen Kummer und Leid bereiten.

Auch die Egoisten zweiten Grades haben wir näher kennengelernt. Es ist eine viel größere Gruppe in der Bevölkerung. Sie suchen immer ihren eigenen Vorteil. Auch sie beherrschen andere, lügen und mogeln, wenn sie sicher sind, ungeschoren davonzukommen. Manchmal bekommen sie Gewissensbisse, aber diese schmerzen nicht genug, um einen Sinneswandel zu bewirken. Aufgrund unserer Arbeit mit Tausenden von Betroffenen schätzen wir bei uns in den Minirth-Meier-Kliniken, daß in dieser Zeit, in der der „Egotrip" zum Lebensstil geworden ist, ungefähr 40 % der Bevölkerung zu dieser Gruppe gehört.

Diese eingefleischten Egoisten zweiten und x-ten Grades sind die „Raubritter" unserer Gesellschaft, die Beute machen unter den „netten Leuten". Wir, die wir zuweilen etwas schlitzohrig mit unseren Mitmenschen umgehen, meinen es im Grunde ja nicht böse. Wir machen unsere Fehler, benutzen auch hin und wieder unsere Ellenbogen und „bügeln" gedankenlos über jemanden hinweg. Doch dann meldet sich das Gewissen zu unserer Schlitzohrigkeit, und wir versuchen es von nun an besser zu machen. Dabei fragen wir uns, warum es im Leben oft so ungerecht zugeht. Weshalb sind die wahren Egoisten imstande, unentwegt zu manipulieren, zu beherrschen, zu betrügen und andere zu mißbrauchen?

Ist uns selber eine Schwäche angeboren, die uns zur willfährigen Beute dieser räuberischen Zeitgenossen macht?

Es ist tatsächlich so: Viele von uns *leben* mit einer Schwäche, die ich als Masochismus bezeichne. Wir haben das Thema bereits in Kapitel eins angeschnitten. Schon dort habe ich darauf hingewiesen, daß ich mit diesem Begriff nicht die sexuelle Abartigkeit meine. Vielmehr geht es um die Neigung, uns freiwillig in Situationen zu begeben, wo man uns Schaden zufügen, zum Opfer machen und ausnutzen kann. Menschen, die trotz Zeitnot nicht nein sagen können, gehören zu diesen Masochisten. Und dieser Masochismus ist letztlich sogar ein Selbstverteidigungsmechanismus, weil wir uns ducken und alles über uns ergehen lassen.

Ich habe mit Absicht immer von „uns" gesprochen. Was ich auf den folgenden Seiten schreibe, ist autobiographischer Natur, weil ich am eigenen Beispiel vor Augen führen will, wie man zu solch einem leidensbereiten Menschen wird. Meist geschieht es durch den Einfluß der Eltern und anderer Angehöriger. Ich möchte meine eigenen Erkenntnisse darüber mitteilen, warum ich am Anfang meiner Ehe ein ziemlich ausgeprägter Egoist ersten Grades war, der zu so unerhörten Rüpelhaftigkeiten wie die Sodadusche für die jungen Damen imstande war und damit die Grenze zu den Egoisten zweiten Grades zuweilen überschritt. Masochistische Tendenzen wurzeln meistens tief. Und sie können gewöhnlich auf unser Elternhaus zurückgeführt werden.

Unterwürfig von Kindheit an

Soweit ich mich erinnern kann, neigte ich schon immer dazu, mir alles gefallen zu lassen. Schon immer konnte ich nicht nein sagen, und so wurde ich ausgenutzt – besonders in finanziellen Dingen.

Während meines Medizinstudiums und auch noch in der Anfangszeit meiner praktischen Arbeit war ich, wenn es um Geld ging, viel zu nachgiebig. Ich lud auch immer ausgerechnet die schlitzohrigen Freunde ein, gemeinsam essen zu gehen. Gerade sie bemühten sich um mich, weil sie wußten, daß am Ende ich alles bezahlen würde. Das tue ich heute nicht mehr. Wenn ich jetzt mit Freunden essen gehe, dann bezahlt jeder für sich, wenn nicht besondere Umstände eine andere Regelung verlangen.

Lange Zeit aber konnte ich gar nicht genug schlitzohrige Freunde um mich haben. Es war fast wie eine Sucht. Die „schweren Jungs" unter den Egoisten hatten es mir nie angetan, dafür aber die so liebenswürdig auftretenden Egoisten zweiten Grades umso mehr. Ich war in gewisser

Weise sogar unbewußt auf sie angewiesen, denn über den Zorn auf sie lebte ich mein mir bis dahin unbewußtes rebellisches Wesen aus. Erst als ich selber therapeutische Hilfe in Anspruch nahm, wurde mir dies bewußt.

Erstaunlicherweise bin ich gar nicht in einem Elternhaus aufgewachsen, in dem viel geschlagen wurde oder man die Kinder links liegenließ. Meine deutschen Eltern waren herzensgute Menschen, die ihrerseits aus Familien stammten, in denen es liebevoll, aber auch sehr streng und religiös konservativ zuging. Bei uns verging kein Tag ohne gemeinsame Familienandacht. Das ist etwas, wofür ich noch heute dankbar bin. Andererseits besuchten wir eine ausgesprochen gesetzlich geprägte Gemeinde, was bedeutete, daß wir uns an viele Verhaltensregeln halten mußten, die in dieser Gemeinschaft üblich waren. Allerdings hatten viele Regeln wenig mit dem zu tun, was die Bibel tatsächlich verkündet.

Mein Vater war aber nicht nur sehr gesetzlich und ausgesprochen streng. Ihm ging auch die Arbeit über alles, so daß er wenig Zeit für mich hatte. Niemals schaute er zu, wenn ich Basketball, Fußball oder Baseball spielte. Und das gab mir das Gefühl, daß ich seiner Liebe nicht wert sei. Noch als junger Erwachsener bemühte ich mich verzweifelt, seine Aufmerksamkeit und sein Wohlwollen zu erringen. Mein Vater war Zimmermann, und er tat seine Arbeit mit Fleiß und Ausdauer. Er glaubte, mir und dem Rest der Familie dadurch seine Liebe zeigen zu können, daß er zwölf Stunden am Tag arbeitete.

Heute sind meine Eltern beide über achtzig, und sie sehen inzwischen alles viel lockerer als damals. Wir tun heute zusammen Dinge, die vor Jahren in unserer gesetzlichen Gemeinde als Sünde empfunden worden waren.

Es war z. B. eine Übertretung des Gesetzes, wenn ich an einem Sonntag eine Schere benutzte (Sabbat). Auch durfte man nicht ins Kino gehen. Selbst Kinderfilme von Disney waren verboten. Es war nicht erlaubt, Karten zu spielen, weil man in ihnen ein Werkzeug des Bösen sah. Quartett durften wir spielen, aber die regulären Karten waren verpönt.

Ja, selbst wenn wir in der Schule einmal tanzten, durfte ich nicht teilnehmen. Ich erinnere mich noch, wie wir in der dritten Klasse einen Squaredance einübten, während ich am Rande sitzen und zuschauen mußte. Ich fühlte mich abgeschoben und ausgesondert, und das machte mich zornig. Unser Pastor hatte nämlich an meinen Lehrer geschrieben, Gott habe 14.000 Juden getötet, die getanzt hatten. (Er hatte allerdings vergessen zu erwähnen, daß die 14.000 deswegen für ihren Tanz getötet wurden, weil er Teil der Götzenanbetung Baals war. Und das hatte Gott ausdrücklich verboten.)

Schon früh wurde mir das Neinsagen ausgetrieben

Man könnte sagen, daß ich in meiner Kindheit religiös mißhandelt worden bin. Dadurch aber bin ich ein sehr ängstlicher Mensch geworden, der sehr leicht zu verunsichern war. Es fiel mir so unsäglich schwer, nein zu sagen, weil ich immer dachte, ich müßte es allen recht machen. In unserer Gemeinde wurden die Aussagen Jesu aus dem Zusammenhang gerissen verkündigt und dann zu falschen Dogmen erhoben. So sagte man uns, daß wir unter allen Umständen die eine Wange hinhalten müßten, wenn jemand uns auf die andere schlüge. Oder wenn jemand die „Extrameile" mit uns gehen wolle, so hätten wir dem Folge zu leisten, ohne über die Motive nachdenken zu dürfen.

Erst Jahre später habe ich begriffen, daß der Christ nur dann die andere Wange hinhalten und die Extrameile gehen soll, wenn er *um seines Christseins willen* derart traktiert und genötigt wird. Der biblische Text lehrt keinesfalls, daß wir Masochisten werden sollen, die es anderen erlauben, sie zu schlagen, wenn es ihnen in den Fingern juckt. Als Junge aber glaubte ich das: Halte unter allen Umständen die andere Wange hin, und geh eine Meile mehr. Wen wundert es da noch, daß ich zur Zielscheibe vieler Schlitzohren wurde, die mich nur ausnutzen wollten.

Ich ging noch zur Grundschule, da half ich meinem Vater beim Bau unserer Garage. Das machte mir großen Spaß. Sechzig Stunden arbeitete ich mit, und für jede Stunde bekam ich 50 Cent. Plötzlich war ich steinreich. Ich besaß 30 Dollar. Für einen Grundschüler war das eine Menge Geld. Ich beging allerdings den Fehler, es zur Schule mitzunehmen und dort meinen Freunden zu zeigen. Urplötzlich hatte ich viel mehr Freunde als früher. Und alle wollten nach der Schule mit mir zum Kiosk gehen. Diese neuen Freundschaften hielten dann allerdings auch nur ein paar Tage, bis meine dreißig Dollar ausgegeben waren. Mit dem Geld waren dann auch meine neuen „Freunde" verschwunden. Das ganze Geld hatte ich zum Fenster hinausgeworfen, weil ich dachte, mir damit Freundschaft und Zuneigung erkaufen zu können.

Während meiner ganzen Oberschulzeit und während ich auf dem College studierte, hatte ich immer gute Freunde, die mich niemals auszunutzen versuchten. Aber es gab eben immer auch genug andere, die wie Haie lauernd ihre Beute umkreisten. Wenn wir zusammen essen gingen, erwarteten sie, daß ich bezahlte. Und ich war dumm genug, es auch noch zu tun. Dabei war ich noch nicht einmal besonders wohlhabend. Uns ging es finanziell nie besonders gut. Deshalb verdiente ich mir in der Schulzeit und während des Studiums immer Geld nebenher. Und obwohl ich mir mein Geld immer selber verdiente, war ich oft derjenige, der seinen Kommilitonen etwas spendierte, den Egoisten zweiten Grades, die genau wußten, daß sie mit mir leichtes Spiel hatten.

Auf jedes „Schnäppchen" fiel ich herein

Als ich mit meiner Ausbildung fertig war, ging es mir plötzlich finanziell sehr gut, denn die ersten Bücher, die ich selber schrieb oder an denen ich mitgearbeitet hatte, waren recht erfolgreich auf dem Markt. Aber meine masochistischen Neigungen plagten mich noch immer. Wie ein Trottel mußte ich auf jene gewirkt haben, die mich ständig überredeten, in ihre „ganz sichere Sache" zu investieren. Da gab es Vorschläge, die geradezu maßgeschneidert waren für die gutverdienenden Ärzte mit dem vertrauensseligen Gemüt, die jedem Zeitgenossen auf den Leim gehen. Einmal investierte ich in eine Windmühle, die gar nicht mehr stand. Ein andermal gab ich Geld aus für eine Ölquelle, die tonnenweise Salzwasser hervorbrachte, aber keinen Tropfen Öl.

Dabei war ich gar nicht so sehr der unbedarfte Tölpel. Ich war vielmehr getrieben von dem Impuls, den Finanzexperten unter meinen Freunden einen Gefallen zu tun. Ich konnte – oder besser – *ich wollte* nicht nein sagen, weil ich ihr Wohlwollen und ihre Freundschaft suchte.

Im Laufe der Jahre investierte ich in zahlreiche Projekte und verlor eine beträchtliche Summe Geld dabei. Schließlich sollte ich sogar noch ans Finanzamt Strafe zahlen. Die Mitarbeiter dort konnten es einfach nicht fassen, daß jemand so dumm war, eine gar nicht existierende Windmühle zu kaufen. Sie hatten gedacht, daß ich nur Steuern hinterziehen wollte; dabei war ich doch der Betrogene!

Einmal übernahm ich Bürgschaften für verschiedene Grundstücksverkäufe, nur um ein paar Freunden einen Gefallen zu tun, die alle in einer Investmentgesellschaft tätig waren. Normalerweise erhält der Bürge bei solchen Transaktionen einen größeren Geldbetrag als Sicherheit dafür, daß er ein größeres finanzielles Risiko eingeht. Ich aber verzichtete auf das Geld, (a) weil ich meine finanziellen Mittel dazu einsetzen wollte, meinen Freunden einen Gefallen zu tun, und (b) weil ich die Wertschätzung und Bewunderung genoß, die ich als ein so freigiebiger Mensch erntete.

Leider zog sich jene Investmentgesellschaft bald aus dem Geschäft zurück, so daß ich mit meinen Bürgschaften auf mehreren großen Grundstücken sitzen blieb.

Als ich begriff, was ich da angerichtet hatte, fühlte ich mich wie ein begossener Pudel, der in der Ecke kauerte und seinen Schwanz einzog. Aber es kam noch schlimmer. Nicht nur, daß ich für die Bürgschaften einstehen mußte, einer dieser „Freunde" bediente sich auch meines Namens, um Geschäfte abzuschließen, von denen ich gar nichts wußte. Als Schuljunge wollte ich mir Freunde für 30 Dollar kaufen. Nun fast dreißig Jahre später versuchte ich aus den gleichen masochistischen Motiven heraus erneut, mir die Zuneigung meiner im Geldgeschäft tätigen Freunde zu erkaufen.

Meine Frau Jan ging daraufhin zur Polizei, und man versuchte mit der Bank eine Klärung der Angelegenheit herbeizuführen. (Ihr gelang es zumindest, die Leute dort wissen zu lassen, daß ich kein Betrüger war.)

Als Jan mit den Beamten sprach, fragte sie: „Wie kann ich Paul helfen?" Und einer der Beamten antwortete: „Binden Sie ihm die Hände fest, daß er solche windigen Geschäfte nicht mehr abschließen kann."

Wenn ich auf mein Leben zurückblicke, dann ist mir schon klar, daß ich bei so mancher Freundschaft Lehrgeld bezahlen mußte. Dabei bin ich aber zu wertvollen Erkenntnissen gelangt. Ich habe mit Kollegen gesprochen – Psychologen und Psychiatern – und habe ihnen von meinen Problemen erzählt. Dabei ist mir vieles klar geworden über meine Leidensbereitschaft und meine Art, mich zum Selbstschutz anzubiedern.

Schließlich traf ich ein paar wichtige Entscheidungen. Nun suchte ich mir neue Freunde, aber nur noch solche, die nicht mehr mit mir „Schlitten fahren" würden. Es sind aber gerade diese schlimmen Erfahrungen, die mich dazu getrieben haben, dieses Buch zu schreiben. Ich möchte all jenen helfen, die sich genauso verkehrt verhalten, wie ich es für so lange Zeit tat. Vielleicht kann ich auch verhindern, daß Sie gutgläubig in den finanziellen Ruin geraten oder auf andere Weise mißbraucht werden.

Eine tief verwurzelte Scham raubt uns unser Selbstwertgefühl

Schon mehrfach habe ich in den vorausgehenden Kapiteln davon gesprochen, daß Patienten „Löcher in ihrer Seele“ haben. Diese Löcher sind meist durch Mißhandlungen jedweder Art entstanden, und sie sind der fruchtbare Boden für das, was wir die „tief verwurzelte Scham“ nennen. Sie ist verantwortlich dafür, daß unberechtigte Schuldgefühle uns jedes Selbstwertgefühl rauben. So fühlen wir uns wertlos und unwürdig, das Grundrecht auf ein erfülltes Leben auch für uns einzufordern – das Recht, begründet Zorn zu empfinden, das Recht auf eine gute Ehe, das Recht auf Glück und Zufriedenheit, das Recht, auf die eigenen Arbeitsergebnisse stolz zu sein, und das Recht, ja und besonders nein zu sagen.

Wenn wir mit solchen leidenssüchtigen Patienten reden, erleben wir immer wieder, daß ihnen diese Grundrechte völlig fremd sind. Sie wenden z. B. ein: „Vielleicht haben ja andere ein Recht auf Glück. Ich aber nicht. Ich verdiene es einfach nicht.“

Dieses Buch soll Ihnen helfen, sich vor den verletzenden Übergriffen der rücksichtslosen Egoisten zu schützen. Es soll zwar kein Buch über Kindererziehung sein, aber es ist von entscheidender Bedeutung, daß wir eins verstehen: Die Wurzeln unserer masochistischen Neigungen gehen normalerweise auf traumatische Erlebnisse in unserer Kindheit zurück. Wenn Sie sich heute allzu leidensbereit geben, dann ist dies zumindest teilweise darauf zurückzuführen, wie sie von Ihren Eltern erzogen wurden.

Manchmal machen die Fehler der Eltern leidenssüchtig

Eine krankhafte Leidensbereitschaft wird zwar häufig durch eine mangelhafte Erziehung verursacht, doch will ich damit nicht behaupten, alle Eltern seien ausnahmslos unfähig und ihren Kindern gegenüber rücksichtslos. Viele Kinder werden von ihren Eltern sehr liebevoll erzogen, doch eines Tages treffen sie falsche Entscheidungen oder erleben Einbrüche in ihr Leben, die dieselben Folgen haben wie traumatische Erlebnisse der Kindheit. Meine eigenen Eltern waren eigentlich großartige Menschen. Und doch litt ich darunter, daß sie mich religiös so traktierten. Irgendwann waren es dann aber auch meine eigenen Entscheidungen, die mich zu einem so willfährigen Handlanger der Interessen anderer machten.

Es sind so viele Bücher zum Thema Kindesmißbrauch geschrieben worden. Und unzählige Formen sind bekanntgeworden. Mal sind es gravierende Taten, mal sind es leichte Formen. Mit den Folgen müssen wir uns dann in unseren Kliniken befassen. Für unsere Zwecke wird es im Augenblick genügen, wenn wir uns in diesem Kapitel nur mit den wichtigsten und nicht so folgenschweren Formen der Kindesmißhandlung beschäftigen, die aber trotzdem schon ein bestimmtes Maß an krankhafter Duldsamkeit zur Folge haben.

Zuweilen haben wir es allerdings auch mit Patienten zu tun, die extreme Formen des Mißbrauchs erleben mußten – unsittliche Berührungen, Inzest, Vergewaltigung und Prostitution mit den eigenen Kindern. Tagtäglich erleben wir in unseren Kliniken, wie folgenschwer solche sexuellen Handlungen für die Betroffenen sind. Ich habe mich mit vielen Fallstudien über sexuellen Kindesmißbrauch beschäftigt, und eine sehr vorsichtige Schätzung ergab, daß eins von 25 Mädchen Opfer von inzestuösen Handlungen mit Geschlechtsverkehr wird. Und weitere 25 % aller Frauen in Amerika haben Erfahrungen mit anderen Formen sexuellen Mißbrauchs. Aber auch einer von fünfzig Jungen hat Geschlechtsverkehr mit seiner Mutter oder Stiefmutter gehabt. Und viele Jungen werden von homosexuellen Männern verführt.

Jedes dieser traumatischen Erlebnisse kann und wird gewöhnlich auch dazu führen, daß sich der Betreffende zutiefst schämt, was wiederum Schuldgefühle auslöst. Und tatsächlich neigen viele Opfer von rücksichtslosen Egoisten dazu, sich selber die Schuld zu geben. Sie meinen gar, es am Ende verdient zu haben.

Dieses Denken ist besonders ausgeprägt beim acht- bis zehnjährigen Kind. Da stirbt z. B. der Vater einer Zehnjährigen bei einem Autounfall oder bei einem Flugzeugabsturz, und das Kind meint, es selber trage auf die eine oder andere Weise Schuld daran. Es selber sei dafür verantwortlich, daß der Vater nun tot ist. Gott werde es für eine schlimme Tat bestraft und ihm den Vater genommen haben. Es denkt: *„Mein Vater ist gestorben, weil ich nicht artig war."*

Es gibt viele Gründe für masochistische Neigungen: grundlose Schuldgefühle, Scham, Wut nach körperlichen Übergriffen, verbale Attacken, Liebesentzug und eine zu strenge oder zu nachgiebige Erziehung. Wir können aber auch noch grundlegendere Faktoren ausmachen. Wenn Kinder bestimmte Grundbedürfnisse wie Sättigung, Körperkontakte, Zuwendung und Zärtlichkeiten nicht erfüllt bekommen – besonders in den ersten Jahren –, dann wachsen sie mit dem Irrglauben auf, daß sie nicht einmal auf diese Grundbedürfnisse ein Anrecht haben.

Vieles, was als „gute Erziehung" empfunden wird, ist in Wirklichkeit Kindesmißbrauch. Die Eltern müssen den goldenen Mittelweg zwischen der autoritären starken Hand und der alles duldenden Gleichgültigkeit suchen. Wenn ein Kind überhaupt keine Erziehung spürt, so sinkt sein Selbstwertgefühl. Disziplin im rechten Maß und gesetzte Grenzen vermitteln dem Kind das Gefühl, den Eltern etwas wert zu sein, denn sie bemühen sich und setzen sich ja schließlich ein. Eine zu strenge Erziehung aber tötet vieles von der uns in die Wiege gelegten Wißbegier und Kreativität.

Strenge hat oft Schwarz-weiß-Denken und Engstirnigkeit zur Folge. Viele Eltern täten besser daran, ihr Haus *kindersicher* zu machen, anstatt ihr Kind *haussicher* zu erziehen. Statt dem Kind auf die Finger zu schlagen, weil es seine natürliche Neugier befriedigt, sollten wir lieber unsere wertvollen Nippsachen aus seiner Reichweite in Sicherheit bringen.

Eine allzu strenge und lieblose Erziehung kann auch Schaden anrichten, weil sie Kindern jeden Mut nimmt, offen über ihre Gefühle und Aggressionen zu sprechen. Die meisten Dreijährigen haben noch längst nicht in dem Maße den Kontakt zu ihrer Gefühlswelt verloren, wie dies bei den meisten Erwachsenen der Fall ist. Wenn die Kleinen uns lieben, so kommen sie gerannt, lachen und umklammern unser Bein, bis wir sie aufnehmen und ihre Gefühle erwidern. Sind sie aber betrübt, so weinen sie, sollten sie einmal wütend sein, so haben sie keine Hemmungen, es Ihnen zu zeigen.

Wenn Eltern ihren Kindern auf die eine oder andere Weise beibringen, ihre wahren Gefühle zu verleugnen oder zu unterdrücken, so tun sie ihnen bewußt oder unbewußt Gewalt an. Menschen, die in ihrer Kindheit immer nur zu hören bekamen: „Nimm dich zusammen! Es gehört sich nicht, so ausfallend zu werden" oder: „Hör auf zu heulen! Große Jungs (oder Mädchen) weinen nicht", dann kann man damit rechnen, daß sie als Erwachsene eines Tages seelsorgerlichen Beistand brauchen, um wieder zur ihrer wahren Gefühlswelt Kontakt aufnehmen zu können. Ich habe mit vielen intelligenten und perfektionistischen Patienten gesprochen, die keine Ahnung hatten, wieviel Zorn sich in ihrem tiefsten Innern verbarg. Weil der Zorn ein so heikles Thema ist, werden wir uns mit ihm im ganzen neunten Kapitel beschäftigen und dabei lernen, mit ihm richtig umzugehen.

Auch Nachgiebigkeit ist eine Form von Gewalt

Nicht nur der übt Gewalt gegen seine Kinder aus, der sie autoritär erzieht, sonder auch jeder, der zu nachgiebig ist.

Mein Sohn – der liebenswerte Masochist

Vielleicht ist es noch ein bißchen früh, um genau abschätzen zu können, wie sehr auch unsere Erziehungsfehler zu masochistischen Neigungen bei unseren Kindern führen werden. Jedes unserer Kinder hat seine ganz individuelle Persönlichkeit, aber wir können jetzt schon beobachten, daß jedes von ihnen gewisse masochistische Tendenzen zeigt, die wir ihnen unbewußt vermittelt haben oder die sie durch den täglichen Umgang mit uns verinnerlicht haben.

Gerade in der Woche, in der ich das letzte Kapitel beendete, geschah etwas sehr Bezeichnendes: Einer meiner Söhne kam gerade aus einem Supermarkt, als er den Aufschrei einer Frau auf dem Parkplatz hörte. Ein Mann hatte ihr das Portemonnaie entrissen und war in einem kleinen Lieferwagen entkommen. Sie stand da und weinte bitterlich.

Mein Sohn ging zu ihr, um sie zu trösten. Sie erzählte ihm, daß sie gerade ihre Sozialhilfe abgeholt und der Mann ihr ganzes Geld genommen habe. Sie könne nun nichts mehr einkaufen und auch ihre Miete nicht mehr bezahlen. Da die Bank meines Sohnes gerade einen Häuserblock entfernt war, bat er die Frau zu warten, ging zu seiner Bank, plünderte sein Konto (mehrere hundert Dollar), kehrte zum Parkplatz zurück und gab der dankbaren Frau all sein Geld.

Auch wenn wir es unserem Sohn hoch anrechneten, daß er soviel Mitleid für einen anderen Menschen in Not aufbrachte, so waren wir doch etwas besorgt darüber, daß er so wenig Umsicht im Hinblick auf seine eigene finanzielle Situation bewies. Dadurch, daß er der beraubten Frau so generös half, brachte er sich selber in eine Notlage, denn nun konnte er im kommenden Monat seine Rechnungen nicht bezahlen. Genausogut könnte es aber auch ein hinterhältiger Trick von ein paar ausgekochten Gaunern gewesen sein. Als wir versuchten, ihm unser Unbehagen über seine großzügige Tat verständlich zu machen, zuckte er nur mit den Achseln. Es war ja doch nur Geld, und die Frau war eben in Not.

Wie die Süchte aus Menschen Masochisten machen

Es ist das Suchtverhalten der Eltern, das aus so vielen Menschen Masochisten macht. Alle Süchte aber sind auf Scham und Verletztheit zurückzuführen. Und so setzt sich der Suchtkreislauf von Generation zu Generation fort (mehr darüber in Kapitel 8). Wenn die Mütter und Väter während ihrer Kindheit traumatisierende Erlebnisse hatten, dann schämen sie sich dafür, und ihr Selbstwertgefühl leidet. Ein Mangel an Selbstwertgefühl wiederum macht jedem zu schaffen. Die größten Ängste, die Amerikaner nennen, sind:

(1) *Versagensangst.* Sie schwächt das Selbstwertgefühl.
(2) *Angst, nicht geliebt zu werden.* Auch durch sie leidet das Selbstwertgefühl.
(3) *Angst vor dem Tod.* Das ist die letzte große Bedrohung für unser Selbstwertgefühl, besonders für die, die keinen Glauben an Gott haben.

Das geschwächte Selbstwertgefühl erzeugt einen Leidensdruck, und dem versuchen sich Eltern zu entziehen, indem sie Zuflucht in irgendeiner Sucht suchen. Das kann die Sucht nach Alkohol, Sex, Sport oder Geldverschwendung sein. Selbst die Gemeinde mit ihren Aktivitäten kann zur Sucht werden. Und das sind nur ein paar Beispiele von vielen Möglichkeiten. „Gemeindesüchtig" ist nach unserer Definition derjenige, der so viel Zeit jede Woche in der Gemeinde verbringt, daß er Gottes Mißfallen erregt, weil er eine wichtige biblische Lehre nicht beachtet: Wer die Belange seiner eigenen Familie nicht sieht, der ist in den Augen des Herrn schlimmer als ein Ungläubiger.

Es wäre also so wichtig, daß Mütter und Väter seelsorgerlichen Rat suchen, ihre tiefsitzenden Probleme lösen, die daraus resultierende Seelenqual loswerden und sich dann ohne krankmachende Süchte ihres Lebens freuen. Halten sie aber an ihrem Suchtverhalten fest, während die Kinder heranwachsen, dann bekommen die Kinder das Gefühl, ihren immer anderweitig beschäftigten Eltern wenig wert zu sein.

Eltern können so beschäftigt sein mit ihren mannigfachen Süchten, daß die Kinder sich bald vernachlässigt fühlen. Und eines Tages stellt sich bei ihnen tiefe Niedergeschlagenheit ein und das Gefühl, völlig wertlos zu sein. Es müsse diese Nichtachtung wohl verdienen – so folgert das Kind –, und deshalb den Eltern weniger wert sein als deren Sucht. Es sagt sich dann immer wieder: „Du verdienst ja dein Leid."

Irgendwann verinnerlicht der junge Mensch all diese Lügen seiner Selbstgespräche, und das ist der fruchtbare Boden für viel unnötiges Leid im Erwachsenenalter. Oft übernimmt er die Sucht der Eltern, oder er entwickelt sein eigenes, individuelles Suchtverhalten.

Die unbewußte Macht von Scham und Schuldgefühlen

Alle von uns beschriebenen Formen des Mißbrauchs – ob mild oder schwer – tragen dazu bei, daß die tief in unserer Seele verwurzelte Scham zunehmend an Einfluß gewinnt. Allerdings verläuft dieser Prozeß weitgehend unbewußt. Es ist wichtig, sich klarzumachen, daß die aus dieser tiefsitzenden Scham erwachsenden Schuldgefühle alle unsere Bewußtseinsebenen durchdringen.

Wenn wir vom *Bewußtsein* sprechen, so ist damit die gegenwärtige Gedankenwelt gemeint. *Vorbewußt* sind die Gedanken, Gefühle, Motive oder Erinnerungen, die wir jederzeit ins Bewußtsein rufen können. Das *Unterbewußtsein* jedoch, das ein Reservoir für fast 80 % unserer Gedanken, Gefühle und Motive darstellt, enthält jenen Speicherinhalt unseres Gehirns, den man sich nicht nach Belieben vergegenwärtigen *kann.*

Interessant ist, daß wir bei der Arbeit mit unseren Patienten eins feststellen konnten: Je traumatischer und belasteter die Kindheit eines Menschen war, desto weniger kann er sich an Einzelheiten erinnern. Trotzdem ist da tief im Verborgenen alles noch vorhanden und wirkt in unserem Leben, ohne daß wir es verstehen. Die meisten unserer vielen Entscheidungen, die wir täglich treffen, sind zu 80 % unbewußt motiviert, und nur 20 % sind bewußt gesteuert. Es ist ein Wunder, daß wir unter diesen Umständen nicht noch mehr falsche Entscheidungen treffen, als wir es ohnehin schon tun.

Um sich ein grobes Bild davon zu machen, in welchem Verhältnis Bewußtsein, Vorbewußtsein und Unterbewußtsein zueinander stehen, kann man einen Eisberg zum Vergleich heranziehen. Ein Achtel des Eisbergs ist oberhalb der Wasserlinie sichtbar. Dieser Teil stellt das Bewußtsein dar. Das Vorbewußtsein entspräche dann dem Viertel, das sich nahe der Oberfläche befindet. Der verbleibende Teil des Eisbergs, der sich tief im Wasser befindet, entspricht dem Unterbewußtsein. Mit der Psychotherapie wollen wir den Menschen helfen, indem wir versuchen, Gedanken und Gefühle aus dem Unterbewußtsein ins Vorbewußtsein zu verlegen, um sie schließlich ganz bewußt zu machen.

Meine persönliche Therapeutin hat mir viele meiner unterdrückten

Gedanken ins Bewußtsein gerufen. Und das ist jedesmal ein wichtiges Aha-Erlebnis. Sonderbarerweise betreffen einige dieser interessanten Offenbarungen Dinge, die mir meine Frau Jan schon seit Jahren vorhält, die ich aber nie wahrhaben wollte!

Es ist diese tiefsitzende Scham im Unterbewußtsein mit den daraus entstehenden Schuldgefühlen, die zur krankhaften Leidensbereitschaft und einem persönlichen Suchtverhalten führt. So kann man ohne weiteres süchtig nach rücksichtslosen Zeitgenossen werden, die einem das Leben schwer machen. Dafür gibt es leider noch keinen Begriff. Ich war einmal süchtig nach solchen Menschen, die sich rücksichtslos durchsetzen, bis mir manches klar wurde und ich erkannte, daß ich versuchte, mir die Liebe und Zuneigung von Menschen zu erkaufen, indem ich mich zum Schwächling und zur leichten Beute machte.

Bei der Seelsorge mit Tausenden von Patienten in unseren Minirth-Meier-Kliniken haben wir feststellen können, daß bei vielen Menschen vom Unterbewußtsein eine ganz bestimmte hemmende Kraft ausgeht, die ihr Urteilsvermögen beeinflußt und ihnen die Chance nimmt, wirklich frei zu entscheiden. Doch dies wird oft gar nicht bewußt wahrgenommen. Die Fachleute sprechen von Abhängigkeit und meinen damit im weitesten Sinne ein Suchtverhalten, das auf bestimmte Menschen, Verhaltensweisen oder Dinge zielt.

Die Abhängigkeit von Menschen, die einem das Leben schwer machen, ist nicht anders einzustufen als Alkoholabhängigkeit, Eßsucht oder jede andere Sucht. Es handelt sich dabei um eine gegenseitige Abhängigkeit, denn auch das notorische Schlitzohr steht in einem Abhängigkeitsverhältnis zu seinen leidenssüchtigen Opfern. In meinem Fall waren also diejenigen, die mich ausnutzten, abhängig von mir, wie auch ich abhängig von ihnen war, um angenommen, bestätigt und gemocht zu werden.

Masochisten – die geborenen Retter

Bei meinen masochistischen Neigungen hatte ich noch das große Glück, eine sehr befähigte Familientherapeutin zu heiraten, die sehr bald erkannte, was mir fehlte. Zusätzlich standen mir bei der Bewältigung meines Problems ausgezeichnete Psychologen zur Seite, darunter auch mein späterer Partner, Dr. Frank Minirth. Sie konfrontierten mich mit Erkenntnissen, durch die es mir gelang, von meiner schwach bis mäßig ausgeprägten Sucht nach dominanten Menschen freizukommen. Ich mußte vor allem meinen Zwang loswerden, im Bekanntenkreis immer den „Retter“ spielen zu wollen, denn bestimmte Freunde nutzten meine Großzügigkeit aus und nahmen mir oft genug das letzte Hemd. Diese persönliche Therapie war ein Geschenk des Himmels, das ich dankbar annahm.

Retternaturen sind fast immer Masochisten, weil sie bei keinem Hilfeersuchen nein sagen können, auch wenn dadurch sie selbst oder ihre Angehörigen in Mitleidenschaft gezogen werden. Alle Hilfeleistungen, die nur dazu dienen, die eigenen masochistischen Neigungen zu befriedigen, sind letztlich wenig sinnvoll. Doch genau das war es, was ich lange Zeit immer wieder tat. So stellte ich Leute ein, die wir gar nicht brauchten, weil sie mir leid taten und ich der irrigen Meinung war, ich sei der einzige, der ihnen helfen könne.

Gerade all jene, die das Helfen und Retten zu ihrem Beruf gemacht haben – Psychologen, Pastoren und Missionare –, tun gut daran, ihre eigenen masochistischen Neigungen zu identifizieren. Dadurch, daß ich selber von meiner Sucht, mich von andern finanziell ausnutzen zu lassen, befreit worden bin, kann ich mit sehr viel mehr Einfühlungsvermögen meinen Klienten begegnen, die von denselben Problemen befreit werden wollen. Ich weiß aus eigener Erfahrung, was es heißt, im Teufelskreis einer Sucht zu stecken, und vor allem, wie man diesen Teufelskreis durchbricht und frei wird.

Als Sie von meinen selbstverschuldeten Mißgeschicken lasen, haben Sie vielleicht versucht, sich in meine Lage zu versetzen, mußten dann aber feststellen, daß es Ihnen gar nicht so recht gelang. Vielleicht hat man Sie ja gar nicht so betrogen wie mich. Trotzdem müssen Sie sich eingestehen, daß es immer eine ganze Schar von Leuten gibt, die Sie auf die eine oder andere Weise ausnutzen. Und nun fragen Sie sich: *Bin ich denn wirklich solch ein Masochist? Habe ich masochistische Neigungen, die mich geradezu abhängig machen von gewissen Schlitzohren, denen ich imponieren will? Woher weiß ich das?*

Auch wenn ich riskiere, Ihnen zuviel zu versprechen, wage ich einmal zu behaupten, daß ich die Antwort für Sie habe! Die folgenden fünfzig Fragen habe ich zusammengestellt, nachdem ich mich mit vielen der über 300 Therapeuten unterhalten hatte, die in unseren Kliniken arbeiten. Ich wollte von ihnen wissen, was ihnen an der Vorgeschichte und dem gegenwärtigen Verhalten all der Patienten aufgefallen ist, die wegen unterschiedlicher masochistischer Neigungen behandelt wurden. Anhand dieser Beobachtungen haben wir den „Minirth-Meier-Masochismus-Test“ entwickelt, mit dem wir die Frage beantworten wollen:

Wie anfällig sind Sie für die Gemeinheiten rücksichtsloser Mitmenschen?

Bevor Sie sich nun diesem Test zuwenden, sollten Sie sich klarmachen, daß manche Menschen als Kind mehr oder weniger schwer mißbraucht worden sind, aber trotzdem in der Lage sind, sich selbstbewußt allen masochistischen Neigungen zu widersetzen. Vielleicht kommen Sie beim folgenden Test auf eine geringe Punktzahl, dann freuen Sie sich. Sie haben auf jeden Fall eine interessante Erfahrung gemacht. Allgemein kann man sagen: je höher die Punktzahl beim Masochismus-Test ist, desto größer die Wahrscheinlichkeit, daß Sie bewußt oder unbewußt Gefallen am eigenen Leid finden.

Testen Sie sich zunächst einmal selbst. Dann können Sie die Fragen wiederholt durchgehen und dabei jeweils an eine bestimmte Person aus Ihrem persönlichen Umfeld denken – z. B. an Ihren Ehepartner. Sie können bei jeder Frage maximal drei Punkte vergeben: Null Punkte für „niemals“, einen Punkt für „selten“, zwei Punkte für „manchmal“ und drei Punkte für „oft“.

Minirth-Meier-Masochismus-Test

	ich	andere
1. Ich habe das Gefühl, in ganz bestimmten Situationen immer nur Opfer gewesen zu sein.	1	
2. Ich frage meine Freunde zwar um Rat, wenn sie dann aber konkrete Vorschläge machen, wie ich mich besser vor Übergriffen schützen könnte, antworte ich mit: „Ja, aber . . . “, um doch nicht tun zu müssen, was sie vorschlagen.	1	
3. Ich komme zu spät zu Veranstaltungen oder Verabredungen.	2	
4. Wenn ich gekränkt worden bin, neige ich dazu, mich in den Schmollwinkel zurückzuziehen.	2	
5. Ich neige dazu, Dinge auf die lange Bank zu schieben.	2	
6. Wenn andere mich um etwas bitten, wozu ich absolut keine Lust habe, dann stelle ich mich		

	ich	andere
absichtlich ungeschickt an, damit ich nicht ein zweites Mal gebeten werde.	1	
7. Ich tue so viel für mein Fortkommen, daß niemand mir das Wasser reichen kann.	2	
8. Es fällt mir schwer, nein zu sagen, wenn jemand mich um einen Gefallen bittet.	3	
9. Ich glaube, daß andere mich ablehnen würden, wenn sie meine Gedanken lesen könnten.	2	
10. Ich bekomme durch meine innere Anspannung Kopfschmerzen oder Migräne.	1	
11. Ich fühle mich krank.	0	
12. Ich lade mir freiwillig zuviel auf (Fahrdienste, Gemeindeämter, Ehrenämter, Mitgliedschaften).	1	
13. Mich quälen Schuldgefühle.	2	
14. Wenn wir essen gehen, überlasse ich den anderen die Wahl des Restaurants, auch wenn ich das dort angebotene Essen gar nicht mag.	1	
15. Im Restaurant gebe ich mich beim Bezahlen immer besonders großzügig. Unter Umständen bezahle ich für alle, ohne daß es verabredet worden wäre.	0	
16. Ich neige zu zwanghaften Handlungen – hemmungsloses Essen und Kaufen, übertriebene Hilfsbereitschaft, Waschzwänge, sportliche Betätigung bis zur Erschöpfung, übertriebener Fernsehkonsum, Tablettensucht, krankhafter Sammeltrieb, zwanghaftes Gemeindeengagement, sexuelle Zwänge.	1	
17. Ich bin in der letzten Zeit körperlich mißbraucht oder mißhandelt worden, ohne daß ich zur Polizei gegangen wäre.	0	
18. Ich bin in letzter Zeit Opfer sexueller Belästigungen oder sexuellen Mißbrauchs geworden. Für den Täter hat dies jeweils keine Konsequenzen gehabt.	2	
19. Ich bin in der letzten Woche verbal von anderen herabgewürdigt und verletzt worden,		

	ich	andere
ohne dem Betreffenden zu sagen, wie wütend mich das gemacht hat.	0	
20. Ich tue mir selber leid, wenn ich daran denke, wie ich im Moment leide oder in der Vergangenheit gelitten habe.	1	
21. In meiner Kindheit und Jugend äußerte sich mein Vater (Mädchen) bzw. meine Mutter (Junge) herablassend über das andere Geschlecht. Er bzw. sie war voller Vorurteile.	1	
22. Vater oder Mutter oder auch beide Eltern schenkten mir statt ihrer Liebe nur Süßigkeiten und Geld.	0	
23. Ich strenge mich sehr an, um die Aufmerksamkeit anderer zu erwecken.	3	
24. Mir fehlte die Beziehung zum Vater (und deshalb suche ich die Zuwendung von Männern), oder ich hatte keine rechte Beziehung zur Mutter (und deshalb suche ich die Zuwendung von Frauen).	3	
25. Ich hatte das Gefühl, daß ich „artig" sein mußte, um von meinen Eltern angenommen zu werden.	2	
26. Bevor ich zur Schule ging, wurde ich von meinen Eltern irgendwo untergebracht, damit ich nicht im Weg war.	0	
27. Meine Eltern hielten nicht, was sie mir versprachen.	1	
28. Meine Eltern benutzten mich als Schlichter bei ihren Streitigkeiten.	0	
29. Ich fühle mich einsam und verlassen.	1	
30. Man hat mir meine Geschwister oder Freunde als gutes Beispiel vorgehalten.	1	
31. Meine Eltern haben mich mit Aufgaben und Pflichten eingedeckt, als sei ich schon erwachsen.	1	
32. Meine Eltern sorgten dafür, daß ich mich an strenge Verhaltensregeln hielt.	1	
33. Meine Eltern kritisierten sich gegenseitig in meiner Gegenwart.	2	

	ich	andere
34. Als ich älter wurde, nahmen mir meine Eltern immer noch Entscheidungen ab, die ich längst hätte selber treffen können.	1	
35. Vater oder Mutter oder auch beide Eltern kränkten mich, indem sie mir meinen schlechten Charakter vorhielten.	1	
36. Ich wurde von meinen Eltern geschlagen.	1	
37. Vater oder Mutter oder beide Eltern vergingen sich an mir sexuell. Es kam zu Geschlechtsverkehr oder sexuellen Anspielungen. Oder ich wurde auf subtile Weise als Ersatzpartner mißbraucht.	0	
38. Meine Eltern waren nicht in der Lage oder nicht bereit, für meine Aktivitäten und Hobbys Interesse zu zeigen (Sportveranstaltungen, künstlerische Darbietungen, Geburtstagsfeiern, Elterninitiativen oder Examensfeiern).	0	
39. Meine Eltern waren unfähig oder nicht bereit, nach Wegen zu suchen, einander ihre Zuneigung und Liebe zu zeigen.	0	
40. Meine Eltern waren unfähig oder nicht bereit, miteinander in einer klaren, aber rücksichtsvollen Sprache über ihre Gefühle zu sprechen.	0	
41. Beide Eltern oder nur einer von ihnen waren unzufrieden mit ihrem Leben.	2	
42. Einer meiner Eltern zeigte sich ungewöhnlich leidensbereit. Und ich selber verhalte mich genauso.	1	
43. Vater oder Mutter oder beide Eltern erwarteten von mir, daß ich in dem Bereich ganz außergewöhnliche Leistungen zeigte (in Schule und Beruf, im Sport, in der Beherrschung eines Instruments oder im Bemühen, sich besonders beliebt bei anderen zu machen), indem er oder sie selber einmal eher schwache Leistungen gebracht hatten.	1	
44. Meine Eltern haben mir klar oder zwischen		

	ich	andere
den Zeilen zu verstehen gegeben, daß ich es wohl zu nichts im Leben bringen würde.	0	
45. Meine Eltern waren unfähig oder nicht bereit, sich die Zeit zu nehmen, um mit mir ausführlich über Glaubensfragen zu reden oder mit mir gemeinsam Gebetszeiten und Andachten zu haben.	0	
46. Ich habe große Probleme, Gott als freundliches und wohlwollendes Gegenüber zu empfinden.	~~0~~ 1	
47. Ich habe mich in meiner Familie als Sündenbock gefühlt, als wollten meine Eltern an mir ihre Wut auslassen.	0	
48. Meine Eltern haben mir das Gefühl gegeben, ich sei ein „Betriebsunfall“ gewesen. Sie ließen mich auf ganz unterschiedliche Weise spüren, daß ich ihnen „im Weg“ war.	0	
49. Ich kann mich kaum an meine Kindheit erinnern. Besonders was sich vor meinem zehnten Lebensjahr ereignet hat, ist mir kaum noch gegenwärtig.	1	
50. Ich bin von anderen Personen verletzt, sexuell mißbraucht oder ausgenutzt worden – von Geschwistern, Freunden, Trainern, Lehrern, Pastoren, Nachbarn, Fremden, Seelsorgern, Baby-Sittern oder Angehörigen.	0	
SUMME	50	

Zählen Sie nun Ihre Punkte zusammen, damit Sie ablesen können, wie stark Ihre masochistischen Neigungen sind:

0 – 30 Punkte – gar nicht oder kaum masochistisch
31 – 70 Punkte – etwas masochistisch
71 – 100 Punkte – mäßig masochistisch
101 oder mehr Punkte – sehr ausgeprägte masochistische Neigungen

Nun können Sie den Test noch einmal durchgehen und dabei an eine Person denken, die Ihnen besonders nahesteht oder eine wichtige Rolle in Ihrem Leben spielt.

Wenn Sie durch Ihre Erziehung ein leidenssüchtiger Mensch geworden sind, dann sollte Sie das nicht in Verzweiflung stürzen. Meine Frau und ich sind lebendige Beweise dafür, daß Masochisten sich ändern können!

Im zweiten Teil dieses Buches möchte ich Ihnen einen Sechs- Stufen-Plan vorstellen, der Ihnen helfen soll, sich von Ihrer selbstzerstörerischen masochistischen Grundhaltung zu befreien und ein gereifter, erwachsener Mensch zu werden. Ich hoffe, daß dazu nichts weiter nötig sein wird, als daß Sie dieses Buch durchlesen und die empfohlenen Übungen machen. Es kann aber auch sein, daß Sie beim Durchgang durch unseren Sechs-Stufen-Plan zu der Überzeugung kommen, die Hilfe eines Seelsorgers oder Therapeuten sei in Ihrem Fall unumgänglich.

In regelmäßigen Abständen suchen Jan und ich immer noch eine Therapeutin auf, die über ein sehr großes Einfühlungsvermögen verfügt und uns damit geholfen hat, auf dem Weg zu bleiben. Es ist der Weg der Wiederherstellung aus unserer masochistischen Niederlage hin zum großen Ziel – dem heiligen Gral echter persönlicher Reife. Jan spricht gern davon, daß sie am Anfang unserer Ehe die Philosophie vertreten habe: Große Männer haben große Fehler. Und große Frauen lernen, sich damit abzufinden. Inzwischen vertritt sie eine ganz andere Philosophie: Große Männer haben große Fehler. Und große Frauen legen den Finger darauf – taktvoll und ohne Hintergedanken natürlich!

Geld und Geldgeschäfte ohne Masochismus

Nachdem ich eine Reihe von Geldgeschäften getätigt hatte, die mich fast ruiniert hätten, mußte ich mir ein paar grundlegende Regeln für den Umgang mit Geld aneignen. Heute verwalte ich meine Finanzen so wenig masochistisch wie möglich. Dadurch bleibe ich vor den Schlitzohrigkeiten von Mitmenschen bewahrt, die mich gern ausnutzen würden.
Es folgen nun einige Verhaltensregeln für den Umgang mit Ihrem Geld, die sich als vernünftig und praktisch erwiesen haben. Sie schützen Sie vor unerwarteten Geldnöten und den Schlichen windiger Gesellen, die mit Ihrem Geld ihr Schäfchen ins Trockene bringen wollen. Prüfen Sie einmal, wie viele dieser Ratschläge Sie bereits beherzigen.

___ 1. Ich gebe zehn oder mehr Prozent meines Einkommens meiner Gemeinde und/oder vertrauenswürdigen Wohltätigkeitsvereinen, weil es wahr ist: Geben ist besser als nehmen. Ich habe mehr Achtung vor mir selber, wenn ich auch Opfer bringe, damit es andern besser geht. Ich bleibe dabei aber immer im Rahmen einer normalen Hilfeleistung.

___ 2. Ich werde 10 % meines Nettoeinkommens auf ein Sparbuch bringen oder kurzfristig in Sparbriefen anlegen. Das tue ich solange, bis ich ein Jahresgehalt angespart habe, so daß ich immer im Notfall auf flüssige Mittel zurückgreifen kann.

___ 3. Ich rechne immer damit, in finanzielle Notlagen zu geraten. So könnte z. B. mein Auto plötzlich nicht mehr fahrbereit sein. Ich rechne immer damit, den Arzt oder den Psychiater aufsuchen zu müssen. Ich rechne immer damit, meine Arbeit zu verlieren. Schließlich passiert das so vielen Menschen heute. Dies sind durchaus realistische Erwartungen. Ich möchte vorbereitet sein. Und so sichere ich mich finanziell ab.

___ 4. Wenn ich mich an die oben genannten Ratschläge halte, muß ich mich mit der Vorstellung anfreunden, nur 80 % meines Nettoeinkommens zum Leben zur Verfügung zu haben. Das bedeutet ein bescheideneres Haus oder eine kleinere Wohnung, ein billigeres Auto, Kleidung ohne Markennamen, eine preisbewußte Freizeitgestaltung und preisgünstige Reisen. Aber daran gewöhnt man sich sehr schnell. Eine materialistische Einstellung vermittelt nur ein falsches Selbstwertgefühl, sie macht aber niemals wirklich frei. Ich lasse mich nicht von den Werbesprüchen verunsichern, denn ich weiß, daß ich auch mit weniger zufrieden bin.

___ 5. Ich werde nicht einmal für einen Freund eine Bürgschaft übernehmen, denn am Ende hat niemand etwas davon, wenn unweigerlich Abhängigkeitsverhältnisse entstehen. Wenn man mich nicht mehr leiden mag, weil ich höflich abgelehnt habe, dann bin ich von einem möglichen Schmarotzer befreit worden, und dafür danke ich Gott.

___ 6. Wenn ich eine Kreditkarte besitze, kaufe ich damit immer nur soviel, wie ich mit meinem Monatsgehalt bezahlen kann, und vermeide es dadurch, hohe Zinsen bezahlen zu müssen. Wenn ich mir Geld für ein Auto leihe, nehme ich nie mehr als den Wiederverkaufswert auf. Wenn ich im Notfall das Auto verkaufen muß, kann ich schnell zurückzahlen, was ich schulde.

___ 7. Ich werde nirgends mein Geld investieren, solange nicht mindestens ein Jahreseinkommen irgendwo kurzfristig angelegt ist und ich außer einer eventuellen Grundbuchbelastung keine Schulden habe. Wenn ich doch irgendwo Geld investiere, dann nur mit Beträgen, die ich wirklich erübrigen kann, so daß es keinen echten Verlust darstellt, wenn die ganze Sache schiefgeht.

___ 8. Es gibt zwei Arten von Finanzberatern. Die einen arbeiten auf Provisionsbasis, während die anderen nach Arbeitsaufwand bezahlt werden. Diese bevorzuge ich. Ich bin mir im klaren darüber, daß der Mensch immer Ausreden für sein schlitzohriges Verhalten findet. Deshalb darf niemand unkontrolliert mit meinem Geld arbeiten, auch wenn er ein noch so „brillanter" und vertrauenswürdiger Finanzexperte ist.

___ 9. Ich werde es niemals darauf anlegen, schnell reich zu werden. 99 % der „einmaligen Gelegenheiten", schnell zu Geld zu kommen, sind windige Geschäfte, und die restlichen 1 % sind nicht das Papier wert, auf dem sie angepriesen werden. Wenn all diese Geheimtips so erfolgversprechend sind, warum sind dann die Herren Investoren noch auf mein Geld angewiesen? Für mich kommen solche „todsicheren" Geschäfte nicht in Frage.

___10. Ich sorge dafür, daß meine Familie gut versichert ist. Dazu vergleiche ich die Angebote und lasse mich beraten. Ich bemühe mich um eine gute Altersversorgung.

___11. Ich stelle sicher, daß Frau und Kinder vor unnötig hohen Steuern und anderen Querelen bewahrt bleiben, indem ich ein rechtsgültiges Testament mache. Ich lasse mich in Detailfragen von einem Notar beraten.

Diese Ratschläge können nur Anregungen sein, wie Sie ein bißchen weniger übertrieben selbstlos und masochistisch mit Ihrem Geld umgehen.

Teil II

In sechs Schritten vom Masochisten zur gereiften Persönlichkeit

6. Der Feind in uns

Erster Schritt: Wir suchen das Schlitzohr in uns selbst

Sofern Sie irgendwelche masochistischen (selbstzerstörerischen) Neigungen bei sich beobachten, werden Ihnen die eingefleischten Egoisten in Ihrer Umgebung das Leben schwer machen und Sie auf unterschiedlichste Weise ausnutzen. Wenn Sie aber die Kunst der psychologischen und geistlichen Selbstverteidigung lernen und sich gegen die Schar Ihrer Belagerer wappnen wollen, dann sollten Sie den ersten Schritt auf Ihrer Reise zur persönlichen Reife tun:

Forschen Sie nach den Wurzeln Ihrer egoistischen bzw. masochistischen Neigungen, indem Sie gedanklich eine Reise weit zurück in Ihre Vergangenheit machen. So erfahren Sie, wie Sie zu dem Menschen wurden, der Sie heute sind.

* * *

Als Pogo, das Militärgenie aus der Comic-Serie, den berühmten Satz aussprach: „Wir haben den Feind gesehen. Er ist ja mitten unter uns!", hatte er den Nagel auf den Kopf getroffen. Der Feind, der „mitten unter uns" ist und uns die größte Pein bereitet, ist sicher das Schlitzohr, der Egozentriker in uns selber.

Und dieser Egozentriker in uns hat zwei Gesichter. Auf der einen Seite ist er der wehleidige Masochist und auf der anderen der Gernegroß, der meint, die Welt gehöre ihm. Der Egozentriker in uns ist der Narziß, den wir nicht wieder so leicht loswerden. Selbst wenn wir glauben, er sei nicht mehr da, so schlummert die tiefe Überzeugung, uns stehe alles zu, immer noch verborgen in unserem Unterbewußtsein. Doch immer wieder bahnt sie sich den Weg ins Vorbewußtsein, um schließlich in unserem bewußten Denken und Handeln ihr Unwesen zu treiben.

Wir alle kennen das: Plötzlich wird uns angst und bange, und wir wissen nicht warum. In solchen Augenblicken meldet sich die Angst, weil unsere verdrängten Gedanken, Gefühle und Motive aufzutauchen drohen und wir uns davor fürchten, sie bewußt wahrzunehmen. Ich glaube, daß dieser langwierige Prozeß, den die Christen „Heiligung“ nennen, dadurch gekennzeichnet ist, daß der Heilige Geist verborgene Gefühle und Gedanken an die Oberfläche befördern will, während wir selber immer wieder versuchen, sie hinabzudrücken. Wir wollen die schmerzliche Wahrheit einfach nicht zur Kenntnis nehmen. Die Spannung zwischen diesen beiden Kräften ist dann der eigentliche Angstauslöser.

Der Prophet Jeremia bemerkte dazu so treffend:

> *Trügerisch ist das Herz, mehr als alles, und unheilbar ist es. Wer kennt sich mit ihm aus? Ich, der HERR, bin es, der das Herz erforscht und die Nieren prüft.*[1]

Wenn der Herr das Herz erforscht, dann bringt er nie sehr viel auf einmal an die Oberfläche. Würde er gleich *alle* unsere verdrängten Gedanken, Gefühle und Motive auf einmal bewußt machen, so würden wir dies gar nicht ertagen.

Weil unser Gehirn so angelegt ist, daß es sich vor Schmerz und Entsetzen selber schützt, wird es fortwährend all das niederzudrücken versuchen, was der Heilige Geist aus der Tiefe nach oben befördern möchte. Statt sich der Wahrheit zu stellen, greifen wir lieber auf etwas zurück, was die Psychologen Abwehrmechanismen nennen, um den unansehnlichen Egozentriker in uns als netten Freund erscheinen zu lassen.

Damit wir verstehen, warum uns der Egozentriker in uns selbst zu einem guten Kameraden wird – so wie ein ausgetretener Schuh uns lieb und teuer ist –, wollen wir uns die verschiedenen Abwehrmechanismen, derer wir uns tagtäglich bedienen, einmal genauer und im einzelnen anschauen. Für das Examen müssen wir Psychologen uns viele Jahre mit über vierzig Abwehrmechanismen beschäftigen. Es sind die Versuche des Gehirns, sich vor der Erkenntnis schlimmer Wahrheiten zu schützen. Eine Standarddefinition für Abwehrmechanismen ist diese: „Verhaltensweisen, mit denen Menschen auf Frustration und Konflikte reagieren, indem sie sich selber über tatsächliche Wünsche und Ziele hinwegtäuschen, um ihre Selbstachtung nicht zu verlieren und Ängste zu vermeiden." Es ist keineswegs eine Übertreibung, wenn man sagt, die Tätigkeit der Psychologen und Psychiater bestehe weitestgehend darin, den Umgang mit den Abwehrmechanismen verständlich zu machen.

Verdrängung ist der Urvater aller Abwehrmechanismen

Verdrängung bedeutet, daß unakzeptable Vorstellungen, Gefühle, Impulse oder Motive aus dem Bewußtsein verbannt werden oder am Auftauchen aus dem Unterbewußtsein gehindert werden.

Nehmen wir ein Beispiel: Jemand, der von Kindheit an in der Gemeinde war, wird bald an Krebs sterben. Er ist voller Zorn, weil Gott es zugelassen hat, daß sich der Tumor entwickelt. Weil der Patient ein frommer Mann ist, ist der Zorn auf Gott nicht akzeptabel, und deshalb verdrängt er seine wahren Gefühle. Gleichzeitig aber hört er damit auf, zur Gemeinde zu gehen oder die Stille vor Gott zu suchen. Seinen Angehörigen und Freunden gegenüber tut er aber immer noch so, als erwarte er von Gott die Heilung.

Sollte ein enger Freund ihn durchschauen und ihn fragen, ob er zornig auf Gott sei, so wird er entrüstet reagieren und gekränkt sein, daß sein Freund ihm so etwas zutraut.

Verdrängung ist der Abwehrmechanismus, auf den alle anderen aufbauen. Er ist der „Patriarch" mit mindestens 39 Nachkommen. Es gibt allerdings auch Psychotherapeuten, die von noch viel mehr „Nachkommen" reden. Wir wollen uns nun einige der häufiger zu beobachtenden Abwehrmechanismen anschauen und sehen, ob wir dadurch nicht etwas besser krankhaft egoistisches oder masochistisches Verhalten erklären können.

Verleugnen beseitigt die Probleme nicht

Ein naher Verwandter der Verdrängung ist die Verleugnung. Bestimmte Gedanken, Gefühle, Wünsche oder Motive werden einfach nicht ins Bewußtsein vorgelassen. Wer sich zum Schutz der Verleugnung bedient, mag mit seinen Ansichten und Gefühlsäußerungen auf Unverständnis bei seinen Mitmenschen stoßen, aber er selber erkennt nicht, daß er auf dem Holzweg ist. Mindestens die Hälfte aller Alkoholiker in unserem Land bedienen sich der Verleugnung mit dem Selbstbetrug, sie könnten jederzeit aufhören, wenn sie es denn wollten.

Vor kurzem hatten Jan und ich uns mit zwei Freunden zum Essen verabredet, die wie wir Therapeuten waren. Im Laufe unseres Gesprächs erwähnte Jan einen Angestellten, der in einer unserer Kliniken arbeitete. Dieser würde mich ausnutzen, meinte sie. Ich lächelte nur und sagte: „Vielleicht, aber was er tut, ist noch hinnehmbar. Ich glaube nicht, daß man im Augenblick die Sache hochspielen sollte."

Darauf erwiderte die Frau, die mit uns am Tisch saß: „Wie gut, daß es die Verleugnung gibt."

Ich mußte lachen, denn ich fühlte mich ertappt. „Das stimmt, sie erspart mir zuweilen so manches Hickhack", scherzte ich.

Insgeheim erkannte ich natürlich, daß ich es mit meiner Leidensbereitschaft zugelassen hatte, von einem schlitzohrigen Angestellten aufs Kreuz gelegt zu werden. Ich wollte auf keinen Fall tun, was ich hätte tun müssen: diesen Mitarbeiter zur Rede stellen und die Sache bereinigen. Auf dem Heimweg gestand ich Jan, daß ich froh sei, mit meiner Verleugnung ertappt worden zu sein. Nun würde ich bei nächster Gelegenheit die Sache zur Sprache bringen. Ich hielt mein Versprechen auch und stellte den dreisten Mitarbeiter am folgenden Montag zur Rede.

Es gibt wohl kaum jemanden, der sich nicht der Verleugnung zum Selbstschutz bedient. Halten Sie einen Augenblick inne, und überlegen Sie, ob es nicht Situationen gibt, in denen auch Sie etwas nicht wahrhaben wollen, weil Sie die Konfrontation damit vermeiden wollen. Nachdem Sie sich ein paar Notizen gemacht haben, sollten Sie mit Ihrem Partner oder einem guten Freund darüber sprechen, um herauszufinden, ob er oder sie Ihre Einschätzung bestätigen.

Ich bin ________________ gegenüber gemein und egoistisch, weil ich mir nicht eingestehen will, daß ich ________________

____

____.

Ich stecke allzu schnell meinen Kopf in den Sand, wenn ________ ________, weil ich nicht zugeben will, daß ________________

____

____.

Projektion – die Fehler haben immer nur die anderen

Ein weiterer Abwehrmechanismus, den wir wohl alle kennen, ist die Projektion. Wir kritisieren eine Schwäche, eine schlechte Angewohnheit oder Einstellung bei jemand anders, obgleich es doch unsere eigene Schwäche, Angewohnheit oder Einstellung ist. Es gibt doch bestimmt Leute, die Ihnen „auf die Nerven gehen". Wenn Sie mit ihnen zusammen sind, gibt es dann nicht immer wieder Angewohnheiten und bestimmte Verhaltensweisen, die Ihnen zuwider sind und die Sie manchmal richtig wütend machen? Mit einiger Wahrscheinlichkeit ist aber gerade das Verhalten oder die Einstellung, die Sie da feststellen, genau das, was Sie selber tun oder denken. Anstatt sich das aber einzugestehen, projizieren Sie alles auf einen anderen Menschen.

Während meines Medizinstudiums wurde mir jedesmal übel, wenn ein bestimmter Kommilitone sich zum Lunch in der Cafeteria zu uns setzte. Ich fühlte mich einfach unwohl in seiner Gegenwart, wann immer wir uns auch begegneten.

Dann belegte ich einen Grundkurs in Psychiatrie und erfuhr einiges über Projektion. Eines Tages, als ich wieder einmal über meinen Büchern saß, schrieb ich Punkt für Punkt auf, was ich an jenem Kommilitonen nicht mochte. Auf meiner langen Liste gab es unter anderem folgende Punkte:

Er ißt zuviel.
Er redet zuviel.
Er ist ein Besserwisser.
Er glaubt, die Lösung für jedermanns Probleme zu kennen.

Als ich mit meiner Aufstellung fertig war und sie dann noch einmal durchlas, fiel es mir wie Schuppen von den Augen. Ich dachte: „Meier, du Idiot, du guckst ja geradewegs in einen Spiegel!"

Ich sprach darauf jenen Studenten an und erzählte ihm, daß mir in seiner Gegenwart immer übel geworden sei. Dann zeigte ich ihm auch meine Liste. Er schaute sie an und sagte: „Das ist ja interessant. Auch ich habe mich in deiner Gegenwart immer ziemlich unwohl gefühlt. Und es waren so ziemlich die gleichen Gründe!"

Durch dieses Ereignis sind wir aber keineswegs zu Feinden geworden. Wir gestanden uns all das ein, was wir bis dahin nicht wahrhaben wollten. Wir sind gute Freunde geworden und haben uns sogar ein ganzes Vierteljahr lang ein kleines Büro geteilt. Wir haben uns gut darin vertragen, weil wir uns Dinge gegenseitig eingestanden und sie nicht auf den anderen projizierten.

Bei der Arbeit mit den Patienten unserer Klinik haben wir beobachten können, daß ein Mensch um so intensiver in die Projektion flieht, je neurotischer er ist. Doch wir alle projizieren zuweilen unsere Gefühle, Motive und Gedanken auf andere.

So neigen z. B. viele Perfektionisten dazu, alles unter Kontrolle halten zu wollen. Deswegen können sie nicht delegieren. In Wahrheit trauen sie sich selber nicht zu, ihre Aufgaben gut genug zu erledigen, und so projizieren sie ihre eigene Unsicherheit auf andere Personen und sind der festen Überzeugung, niemand außer ihnen könne eine bestimmte Aufgabe meistern. Der Perfektionist, der immer alles in die Hand nehmen will, steckt in einem Dilemma: Er sagt sich (unbewußt): „Ich selber werde es sicher nicht gut genug machen, aber wenn ich jemand anders bitte, so wird der es schon gar nicht schaffen. Also mache ich es, und dann ist es wenigstens weniger falsch, als wenn er es täte."

Immer wenn ich in meinen Seminaren das Thema „Projektion" behandelt habe, bat ich meine Studenten, ein Blatt Papier zur Hand zu nehmen und sich vorzustellen, sie würden zu einer Party gehen. Nach und nach würden weitere Gäste eintreffen, und sie sollten sich nun drei Typen von Menschen vorstellen, die bei ihnen Unwohlsein, Angst und Unbehagen auslösen würden. Nun sollten die Studenten aufschreiben, was ihnen an diesen Menschen konkret zu schaffen macht.

Ich ließ ihnen Zeit zum Schreiben, und einige Studenten sollten anschließend ihre Liste vorlesen. Darauf eröffnete ich ihnen, worum es mir ging: „Was Sie da aufgeschrieben haben, das sind genau die Probleme, mit denen Sie sich tief im Innern herumschlagen. Es paßt natürlich nicht in jedem Fall ganz genau, aber eine Übereinstimmung der Grundeinstellungen ist schon meistens vorhanden. Mit einiger Wahrscheinlichkeit ist das, was Sie am andern stört, ihr eigenes, verborgenes Problem."

Nach dieser Übung hatten immer einige meiner Studenten ihre Vorbehalte, die sie dann auch äußerten. Es sei völlig absurd, daß sie irgend etwas gemein hätten mit den Personen, die auf ihrer Liste stünden. Ich entgegnete dann, daß ich Verständnis für ihre Zweifel hätte, daß sie aber doch eins bedenken sollten: „Wir können mit Menschen zusammen sein, die bestimmte Ticks haben oder Verhaltensweisen an den Tag legen, die eigentlich sehr nervtötend sind, und trotzdem stören sie uns nicht sonderlich. Wir bekommen kein unangenehmes Gefühl in der Magengrube, und wir fühlen uns nicht sonderlich unwohl. Wie kommt das? Es sind nicht unsere eigenen Probleme! Wenn wir aber Menschen begegnen, die uns durch ihr Verhalten etwas ins Bewußtsein rufen, was bis dahin unbewußt war, *dann* entsteht dieses Unbehagen – das flaue Gefühl in der Magengrube."

Und genau dieses Phänomen hatte Jesus im Auge, als er die Menschen davor warnte, andere zu richten (Matth. 7:1-5). Anstatt uns um den Zahnstocher im Auge des anderen zu sorgen, sollten wir lieber den Balken im eigenen wahrnehmen. Ich selber war dazu endlich in der Lage, nachdem unsere Tochter fortgelaufen war und wir uns alle im Büro des Seelsorgers wiederfanden. So wie damals bei meinem Kommilitonen hatte ich nun schon wieder meine eigenen Schwächen auf eine andere Person projiziert – auf meine Tochter diesmal –, und sie tat ihrerseits dasselbe (s. Kapitel 2).

Wie steht es mit möglichen „Balken" (oder vielleicht nur Zahnstochern) in Ihrem eigenen Auge? Versuchen Sie anhand folgender Fragen herauszubekommen, ob auch Sie schon eigene Probleme auf andere projiziert haben (auf Angehörige, Kollegen, Mitschüler oder Geschwister in der Gemeinde).

Zu den Menschen, die ich zutiefst unsympathisch finde und in deren Gegenwart ich mich *fast immer* unwohl fühle gehören:

Name: ______________________________

Fehler: ______________________________

Name: ______________________________

Fehler: ______________________________

Und nun wird es kompliziert. Sind Fehler oder Schwächen darunter, die Ihnen verdächtig bekannt vorkommen? Wie alle anderen Abwehrmechanismen ist die Projektion ein unbewußter Akt. Und so könnte es sein, daß Sie nicht bereit sind, auch nur einen dieser Fehler einzugestehen. Sprechen Sie mit Ihrem Lebensgefährten, mit guten Freunden oder sogar mit einem Seelsorger darüber, die Ihnen die Augen öffnen werden.

Rationalisierung – Vernunft als Ausrede

Ein weiterer verbreiteter Abwehrmechanismus ist die Rationalisierung. Wir rechtfertigen als unangemessen erkannte Einstellungen und Verhaltensweisen, indem wir irgendwelche vernünftig klingenden Beweggründe dafür erfinden. Wir rationalisieren fast ständig. Hier nun ein paar Beispiele dafür: „Ich mußte 80 fahren, sonst wäre ich nicht pünktlich zur Arbeit gekommen." – „Ich hätte ja eigentlich noch gestern abend die Überweisungen machen sollen, aber ich war so müde, und dann gab es noch so etwas Gutes im Fernsehen."

Der auf sein eigenes Wohl bedachte Chef rationalisiert vielleicht: „Es ist zu seinem eigenen Vorteil, wenn ich ihn jetzt so unter Druck setze; von allein aktiviert er sich ja nicht." Der wahre Grund für seine Härte ist dagegen seine eigene Strebsamkeit: Er möchte bei den Vorgesetzten gut angesehen sein.

Der rücksichtslose Autofahrer rationalisiert: „Ich mußte den Lieferwagen schneiden. Ich hätte sonst die Abfahrt von der Autobahn verpaßt, und das wäre eine Katastrophe gewesen." In Wahrheit wäre es dem Betreffenden nur lästig gewesen, bis zur nächsten Abfahrt zu fahren, die gleiche Strecke in der Gegenrichtung wieder zurücklegen zu müssen, um dann endlich abzufahren.

Die egoistischen Eltern verprügeln ihr Kind und sagen einfach, es sei zu seinem Besten, während sie es in Wahrheit nur taten, um ihre eigene Frustration und Wut abzureagieren.

Man kann mit einiger Sicherheit behaupten, daß die Rationalisierung eine der gängigsten Abwehrmechanismen der Egoisten zweiten Grades ist. Wir benutzen sie zwar alle irgendwann, aber die Egoisten zweiten Grades manipulieren, kontrollieren, mogeln und betrügen ja *ganz bewußt*, und dafür brauchen sie dann ihre guten Gründe, um ihre Gewissensbisse zu mildern. Mit Rationalisierung läßt sich alles bemänteln.

Die Masochisten andererseits bedienen sich der Rationalisierung, um zu rechtfertigen, daß sie sich von anderen ausnutzen lassen. Ich selber hatte immer gute Gründe dafür, im Restaurant für andere zu bezahlen. Ich wollte doch bei allen beliebt sein, und außerdem „gehen wahre Christen immer die Extrameile". Ich redete mir ein, Gott wolle, daß ich für die Schmarotzer zahlte, weil das eine gute Gelegenheit war, ihnen „ein Zeugnis" zu sein und ihnen zu zeigen, wie edel Christen handeln.

Denken Sie einmal darüber nach, ob Sie nicht auch bei sich solche Rationalisierungen entdecken können. Gehen Sie einmal die folgenden

Sätze durch, und fragen Sie sich, ob darunter nicht einige sind, die auch Sie selber benutzen, um Ihr egoistisches oder masochistisches Verhalten zu rechtfertigen:

______ „Es ist das Beste für ihn."
______ „Ich hatte keine andere Wahl."
______ „Es war die einzige Möglichkeit, mir darüber klar zu werden."
______ „Das macht doch jeder so."
______ „Das ging von meinem Partner aus, deshalb ..."
______ „Ich mußte einfach mal ausspannen. Ich brauchte Tapetenwechsel."
______ „Ich brauchte nur ... "
______ „Ich würde ja, wenn ... "
______ „Warum nicht?"
______ „Sie braucht meine Hilfe ... "
______ „Er braucht einen Ansprechpartner."

Wir alle bedienen uns dieser und vieler anderer Rationalisierungen. Kritisch wird es nur, wenn wir fortwährend bestimmte Verhaltensweisen zu entschuldigen suchen, die entweder anderen schaden oder andere dazu ermuntern, gemein und rücksichtslos uns gegenüber zu sein.

Wenn Sie irgendeinen dieser Schlüsselsätze bei sich entdecken, dann sollte er für Sie wie eine „rote Karte" sein. Sie wissen dann, daß Sie wieder einmal rationalisieren. Nun sind Sie ertappt und können entsprechend reagieren.

Autoaggression – Rebellion gegen Autoritäten

Ein Abwehrmechanismus, den wir eher bei sehr ausgeprägten Masochisten beobachten, ist die Autoaggression, die ein *passiv aggressives Verhalten* darstellt. Solche passiv aggressiven Menschen haben Feindseligkeiten gegen einen bestimmten Menschen verdrängt, von dem sie stark abhängig waren oder sind. Es kann sich dabei auch um einen bestimmten Personenkreis (Organisation) handeln. Aufgrund dieser Abhängigkeit wagen sie keine offene Konfrontation und äußern ihre Wut nicht. Mit der Zeit lernen sie aber, sich unbewußt auf indirektem Wege zu rächen.

Der passiv aggressive Mensch ist bei jeder Kleinigkeit beleidigt und gekränkt, er ist saumselig, vergeßlich und imstande, die betreffende Person, gegen die er aufbegehrt, völlig aus seinem Leben auszuklammern. Ein Beispiel hierfür ist der alkoholkranke Ehemann, dessen dominante und bemutternde Ehefrau alles tut, um ihm das Trinken abzugewöhnen. Dieser Mann ist völlig entnervt durch die Nörgelei seiner Frau. Weil er aber abhängig von ihr ist, wagt er es nicht, seine Wut zum Ausdruck zu bringen. (Tatsächlich hat er seine Wut längst verdrängt, so daß sie ihm gar nicht mehr bewußt ist.) Doch diese Wut bricht sich trotzdem Bahn, wenn er ständig erst spät abends nach Hause kommt oder sich rundweg weigert, auch nur einen Handschlag im Haus zu tun. Die letzte große Rache des passiv aggressiven Alkoholikers an seiner Frau ist schließlich sein früher Tod durch Leberkrebs.

Die drei weitverbreiteten passiv aggressiven Verhaltensweisen sind:

schmollen
sich gehenlassen
(unbewußt) auffällig viele Fehler machen.

Nehmen wir einmal an, ein Ehepaar ist zerstritten, und der Mann zieht sich in den Schmollwinkel zurück, statt das Problem anzugehen. Seiner Frau gegenüber ist er rücksichtslos, aber sich selbst gegenüber auch masochistisch, denn er muß die schlimmen Folgen seiner Entfremdung von der Ehefrau ja tragen. Und doch zieht er sich nur gekränkt zurück, um seinen eigenen masochistischen Lebensplan genau zu erfüllen. Darüber hinaus hat er noch eine sehr bequeme Rolle gewählt: Er schwelgt in Selbstmitleid und rächt sich gleichzeitig an seiner Frau (oder unbewußt an einem Elternteil, gegen das er früher nicht offen aufzubegehren gewagt hat).

Sich gehenlassen, trödeln und aufschieben kann reine Faulheit sein, aber man kann doch eher dahinter vermuten, daß ein passiv aggressiver Masochist aus irgendwelchen Gründen im Leben *versagen will.* Solch ein Mensch schiebt auf, was eigentlich getan werden müßte, indem er Ausrede auf Ausrede (Rationalisierung) sucht, um sein Verhalten zu erklären.

Ein Freund von mir hatte sein Wirtschaftsdiplom schon fast in der Tasche. Es fehlte nur noch ein einziges Referat zum Semesterabschluß. Das war keine besonders schwere Aufgabe. Es mußte nur ein paar Seiten lang sein, und ein paar Stunden Arbeit hätten gereicht, um es fertigzustellen. Doch dieser Freund ließ sich plötzlich treiben, und so gingen *fünf Jahre* ins Land, ohne daß er sich aufraffen konnte. Schließlich war der allerletzte Abgabetermin verstrichen. Nun konnte er diesen letzten kleinen Schritt nicht mehr tun. Das Studium wurde nicht angerechnet, und er erhielt sein Diplom nicht.

Was hielt meinen Freund davon ab, diese Niederlage zu verhindern? Das Diplom wäre für seine Karriere ein wichtiger Meilenstein gewesen. Und auch sein Vater wäre stolz gewesen, wenn er es bekommen hätte. Aber genau das war der Punkt. Der Vater hatte, so lange er denken konnte, kein gutes Haar an ihm gelassen, und oft war er herzlos und gemein zu ihm gewesen. Ich bin fest davon überzeugt, daß mein Freund *das Diplom unbewußt deswegen nicht haben wollte, weil er damit seinen Vater treffen konnte.*

Mein Freund hat niemals Anstalten gemacht, das Diplom doch noch anzustreben, was ihm möglich gewesen wäre, wenn er die entsprechenden Semester wiederholt hätte. Wem aber hat er sich dadurch letztlich geschadet? Sein Vater hat nur mit den Achseln gezuckt und gemeint: „Ich habe ja gleich gewußt, daß er es nicht schafft." Mein Freund hat sich also nur selber geschadet, und das ist typisch für einen Masochisten.

Ständig schlechte Leistungen und Saumseligkeit haben sehr viel miteinander zu tun. Man kann schlechte Leistungen aus purer Berechnung bringen. Sie können aber auch Ausdruck einer passiv aggressiven Rebellion gegen einen herrischen Ehepartner, einen alles fordernden Vorgesetzten oder – wie bei meinem Freund – gegen den Vater oder die Mutter sein.

Die krankhafte Säumigkeit hat unbewußte Gründe. Aber auch der Masochist, der ständig schlechte Leistungen bringt, tut dies unbewußt. Er wird felsenfest davon überzeugt sein, daß er sein Bestes gegeben hat. Aber in Wahrheit war er bereits innerlich auf die Niederlage eingestellt, um gegen eine Autoritätsperson aufzubegehren, der er sich nicht offen stellen will. Ein arbeitsloser Masochist z. B. geht zum Einstellungsgespräch und denkt: „Du wirst mich doch nicht etwa einstellen, oder?"

Wenn Sie masochistische Neigungen haben, dann sollten Sie sich auch fragen, ob Sie passiv aggressive Verhaltensweisen an sich beobachten. Jedesmal, wenn Sie sich beim Schmollen, beim Zaudern und Zögern oder bei auffallend schlechten Leistungen ertappen, sollten Sie sich folgende Fragen stellen:

Bin ich (oder war ich früher) von einer Person oder von einer Gruppe von Menschen abhängig? Ja ☐ Nein ☐ Bemerkungen: ____________

____

____

Bin ich wütend und ärgerlich auf diese Person oder Gruppe? Ja ☐ Nein ☐ Bemerkungen: ______________________________

____

____

Könnte es sein, daß ich meine Wut passiv aggressiv zum Ausdruck bringe? Ja ☐ Nein ☐ Bemerkungen: ______________________________

____

____

Neige ich dazu, mich innerhalb der Familie in den Schmollwinkel zurückzuziehen, Dinge schleifen zu lassen, oder falle ich öfter durch Fehlleistungen auf? Manchmal ☐ oft ☐ schwer zu sagen ☐ Bemerkungen: ______________________________

____

____

Gibt es einen Angehörigen, gegen den ich aufbegehre? Wer könnte es sein? ______________________________

____

____

Neige ich dazu, mich am Arbeitsplatz in den Schmollwinkel zurückzuziehen, Dinge schleifen zu lassen, oder falle ich öfter durch schlechte Leistungen auf? Manchmal ☐ oft ☐ schwer zu sagen ☐ Bemerkungen:

____

____

Gibt es einen Kollegen, gegen den ich rebelliere? Wer könnte es sein?

____

____

Verschiebung – hassen nur, was harmlos ist

Ein weiterer, häufig zu beobachtender Abwehrmechanismus ist die Verschiebung. Das Objekt unserer Emotionen (meist Zorn) wird verschoben: Nicht mehr den eigentlichen Urheber unseres Zorns haben wir im Visier, sondern wir richten unseren Zorn auf ein Ersatzobjekt, das für uns harmloser ist.

* * *

Die klassische Illustration für *Verschiebung* ist der Mann, der von seinem Chef im Büro schikaniert wird, der aber trotzdem nichts zu sagen wagt, weil er seinen Arbeitsplatz behalten will. Erst wenn er abends nach Hause kommt, läßt er seine ganze Wut an der Familie aus. Er erklärt der Frau, das Essen schmecke ihm nie. Er schlägt seine Kinder für minimale Vergehen, die er sonst übersehen würde. Und schließlich tritt er noch nach dem Hund.

(Ich hatte schon darüber nachgedacht, ein Kapitel über die Mißhandlungen von Haustieren einzufügen. Da man Haustiere aber so schlecht befragen kann, bin ich wieder davon abgerückt. Es soll hier genügen, darauf hinzuweisen, daß Haustiere sehr häufig von ihren bösartigen Herrchen mißhandelt werden.)

Sowohl die echten Schlitzohren als auch die Masochisten bedienen sich der Verschiebung. Bei meiner Arbeit mit Patienten in unserer Klinik begegnen mir immer wieder Masochisten, die eigentlich sehr zornig sind auf die, die sie mißbrauchen. Aber diese Wut lassen sie dann auf sehr unterschiedliche Weise an sich selber aus. So kommt es vor, daß Frauen, die in ihrer Kindheit mißbraucht worden sind, sich Schnitte in die Haut ritzen, mit dem Kopf an die Wand schlagen oder sich auf andere Weise Schmerz zufügen. Sie sind noch immer wütend auf die Person, die sie mißhandelt hat, und nun verschieben sie diese Wut auf den eigenen Körper.

Ein Paradebeispiel für diesen Abwehrmechanismus ist Jennifer, von der wir in Kapitel 4 erzählten. Sie ritzte sich mit Sicherheitsnadeln die Haut auf, als sie in die Klinik eingewiesen wurde. Sie war wütend auf ihre sadistischen Eltern, die sie zum Inzest gezwungen hatten. Aber sie ließ diese Wut an sich selber aus.

Eine weitere Verschiebungstechnik, auf die Masochisten immer gern zurückgreifen, besteht darin, daß sie sich ein Leben lang mißbrauchen lassen, weil sie einmal in ihrer Jugend mißbraucht worden sind. Eine bekannte Filmschauspielerin, die fünf Ehemänner hatte, ist ein gutes Beispiel dafür. Weil sie die Wut auf ihren Vater, der sie mißbraucht hatte, nicht verarbeiten konnte, heiratete sie immer wieder Egozentriker x-ten Grades, die sie auch wieder mißhandelten. Sie meinte, diese Behandlung zu verdienen, weil sie dachte: „Ich muß ein nichtsnutziges Wesen sein, denn sonst hätte mich mein Vater damals nicht so behandelt."

Verschiebung ist allerdings auch eine ausgezeichnete Methode, um die eigene Schlitzohrigkeit auszuleben. Nehmen wir an, jemand wird fürchterlich wütend auf sich selbst, weil er das Examen nicht geschafft hat, weil ein Geschäft nicht abgeschlossen wurde oder die Beförderung wieder einmal an ihm vorübergegangen ist. Im tiefsten Innern spürt er, daß es seine eigene Schuld war. Er hat nicht fleißig genug studiert, oder er war nicht rührig und produktiv genug. Anstatt nun aber den eigenen Fehler zuzugeben, verschiebt er seine Wut auf die jeweiligen Autoritätspersonen, die ihm scheinbar den Ärger bereitet haben – der Dozent, der die Sechs gab, der Kunde, der nicht kaufen wollte und der Chef, der nicht befördert hat.

Wer aggressiv genug ist, wird sich nun mit den betreffenden Personen anlegen – z. B. mit dem Chef – und dafür vielleicht die Kündigung bekommen. Und nun fängt alles von vorn an. Ich hatte viele Patienten, die von Arbeitsstelle zu Arbeitsstelle wanderten und zwischendurch immer wieder arbeitslos waren, weil sie ihre eigenen Fehler einfach nicht einsahen und ihre Wut auf ihre Vorgesetzten verschoben.

Genauso häufig kommt es aber vor, daß jemand seinen Chef nicht ausstehen kann, aber trotzdem die Konfrontation meidet, weil er den Arbeitsplatz nicht verlieren will. Statt dessen schmeichelt er sich beim Chef ein, manipuliert ihn, wo er kann, und gibt sich äußerst liebenswürdig. Eigentlich kann er den Chef nicht ausstehen, aber er würde es niemals offen zeigen. Statt dessen läßt er seinen Ärger an Kollegen, Freunden oder Angehörigen aus, an jenen also, die ihn auch trotz seiner verbalen Attacken nicht fallenlassen. Ausgerechnet die treuen und bedingungslos liebenden Freunde sind oft die Opfer von Verschiebung. Manchmal geht es doch ganz schön ungerecht zu im Leben!

Die Verschiebung ist ein Abwehrmechanismus, den man sich nur sehr ungern eingesteht, weil damit immer eine gehörige Portion Scheinheiligkeit und Feigheit verbunden ist. Aber gerade deswegen sollten wir uns selber sehr kritisch unter die Lupe nehmen. Nur so können wir herausfinden, ob wir wiederholt unsere Wut an völlig Unschuldigen auslassen.

Wenn Sie solche Verhaltensweisen bei sich beobachten, sollten Sie zwei wichtige Schritte tun: (1) Hören Sie damit auf, Ihre Wut an denen auszulassen, bei denen Sie sich sicher fühlen – an Ihrer Frau, Ihren Kindern oder Freunden. (2) Bringen Sie den Mut auf, die Person anzusprechen, die wirklich Ihren Zorn verdient, und sagen Sie ihr, was Sie denken und empfinden, um so das Problem aus der Welt zu schaffen.

Pharisäertum – immer heiliger als alle anderen

Dabei handelt es sich um einen Abwehrmechanismus, den wir sowohl bei gläubigen als auch bei nichtchristlichen Patienten beobachten können. Der Mensch, der sich wie ein Pharisäer gibt, macht sich all der Vergehen schuldig, die Christus bei den Pharisäern im Evangelium vorfand und verurteilte. Die betreffenden Personen glauben, etwas Besseres zu sein, weil sie etwas Bestimmtes tun oder lassen. Sie werden zunehmend selbstgerecht, und sie halten sich bedenkenlos an bestimmte religiöse oder philosophische Regeln und Normen. Das Ziel dabei ist, eigene Fehler, Schwächen und Unzulänglichkeiten vor sich selber zu vertuschen.

Das Pharisäertum ist ein Abwehrmechanismus, den sich besonders die Pastoren mit einer eher gesetzlichen Verkündigung zu eigen gemacht haben. Immer wieder kommt es vor, daß junge Männer mit einem unbewußten Minderwertigkeitskomplex heranwachen, weil sie Eigensucht, Feindseligkeit und Wut verdrängen. Irgendwann kommen sie dann zum Glauben und fühlen sich sogleich „berufen" zu predigen. Sie besuchen die Theologische Akademie und bekommen schließlich ihre eigene Gemeinde. Die Kost, die sie ihrer Herde nun anbieten, ist durch und durch gesetzlich. Aber im Grunde predigen sie nur immer gegen die dunklen Flecken auf ihrer eigenen weißen Weste.

Wie ich bereits erwähnte, bedienen sich die meisten Menschen gleich mehrerer Abwehrmechanismen. Vor allem pharisäische Pastoren benutzen die sogenannte „Reaktionsbildung", indem sie besonders die Sünden verdammen, mit denen sie selbst am meisten – bewußt oder unbewußt – zu kämpfen haben. So predigen suchtgefährdete Pastoren gegen die Trunksucht und auf sexuellem Gebiet anfällige gegen Ehebruch und Unzucht. (Mehr über Reaktionsbildung im Anhang Seite 254.)

Die Pharisäer halten sich für gerechter und heiliger als alle anderen; vor allem glauben sie, heiliger zu sein als die weniger „gesetzestreuen" Christen, in denen sie oft genug „Werkzeuge des Teufels" oder „dämonisch Belastete" sehen. So wie die Pharisäer zur Zeit Christi werden sie gern zum öffentlichen Gebet aufgefordert (was sie dann wortreich erledigen). Sie predigen ausschweifend über alles, was man tun und lassen muß. Auch bestimmen sie gern die gesellschaftlichen Normen und machen sie zu Vorbedingungen fürs Himmelreich – die Rock- oder Haarlänge z. B.

Aufgrund meiner strengen und oft gesetzlichen Erziehung war auch ich oft als junger Mann ein Pharisäer. Ich ging zum College und wußte immer haarklein, was richtig oder falsch war. Ich hatte verschiedene Forderungskataloge entworfen. Eine Aufstellung enthielt zwanzig Forderungen an meine Ehefrau. Ich hatte ganz klare Vorstellungen davon, nachdem ich miterlebt hatte, wie chauvinistisch sich mein Vater als Ehemann aufführte.

Ein Mädchen, das für mich zur Ehe in Frage kam, mußte mindestens deutscher Herkunft sein, sie mußte Christin sein, schön aussehen und klug reden können. Ich erwartete von ihr Fleiß, Anpassungsfähigkeit, Gehorsam, Kochkünste und alle anderen guten Eigenschaften meiner Mutter. Vor allem aber sollte sie eine hingegebene, tief gläubige Frau sein – eine mir ebenbürtige Superheilige.

Irgendwann dachte ich, sie ist es, aber dann ...

Schon in der ersten Woche meiner Studienzeit an einer christlichen Universität, die übrigens noch gesetzlicher war als meine Heimatgemeinde, begegnete ich meiner späteren Ehefrau. Sie hieß Jan Verkler. Bei unseren ersten Verabredungen wollte ich unbedingt einen guten Eindruck bei Jan hinterlassen und ihr das sichere Gefühl geben, sie lasse sich mit einem wirklich geistlichen Mann ein. Ich zitierte deshalb bei jeder passenden (und unpassenden) Gelegenheit Bibelverse.

Im Verlaufe eines unserer Gespräche bekam ich mit, daß Jan nicht an der Missionsgebetsgruppe teilnahm. Das war eine wöchentliche Zusammenkunft auf dem Universitätsgelände, bei der wir für Missionare beteten.

Das war natürlich ein nicht unwesentlicher Makel, und deshalb mußte ich noch einmal vor dem Herrn bewegen, ob Jan denn nun wirklich die mir angetraute Frau werden sollte. Sollte ich mich überhaupt noch länger mit ihr verabreden? Während ich mich noch mit diesen schier unlösbaren Fragen herumschlug, beantwortete Jan sie für mich. Als geistlich gereiftes junges Mädchen hatte sie meine Unreife durchschaut und sich entschlossen, auf mich zu warten und mir Zeit zum inneren Wachstum zu geben. Erst dann wollte sie noch einmal darüber nachdenken, ob wir uns wieder treffen sollten.

Obwohl es mich sehr kränkte, diesen Korb von Jan zu bekommen, blieb ich so pharisäisch wie eh und je und überschüttete jeden mit Bibelversen, der mir über den Weg lief. Eines Tages stellte ich einen Kommilitonen zur Rede, der unter den Studenten „ketzerische" theologische Lehren verbreitete. Wir gerieten aneinander, und ich war so erbost über seinen „Mangel an geistlicher Einsicht", daß ich ihn beim Lehrkörper der Fakultät meldete.

In Wahrheit war dieser Student gar kein Häretiker. Er dachte nur etwas anders über eine der fünf Thesen Calvins. Ich aber „wußte", daß ich recht hatte, denn er widersprach nicht nur mir, sondern auch die Universität vertrat meine Meinung! Als die Aufsichtsgremien der Hochschule von den „häretischen Ansichten" jenes Studenten erfuhren, baten sie ihn, zum nächsten Semester nicht wiederzukommen.

Jan und ich fingen ein Jahr später wieder an, uns zu verabreden, nachdem sie der Meinung war, ich sei nun reifer, wenigstens ein bißchen. Ich mußte aber immer noch sehr viel lernen. Mein erster großer Fehler war, daß ich ihr meine Liste von zwanzig Eigenschaften zeigte, die ich von einer Ehefrau erwartete. Typisch Egozentriker ersten Grades! Jan las den Forderungskatalog durch und zeigte sich überhaupt nicht beeindruckt. „Dem entspreche ich voll und ganz", sagte sie, „und außerdem habe ich auch eine Liste von Eigenschaften, die ich von meinem Ehemann erwarte. Da mußt du dich noch ganz schön ins Zeug legen!"

Ich aber ließ nicht locker. Diese Frau wollte ich haben. Drei Jahre lang heftete ich mich an ihre Fersen, und im Jahr vor dem Examen heiratete sie mich endlich.

Pharisäer glauben, sie seien die einzigen „wahren Christen"

Denken Sie immer daran, daß Pharisäertum ein Abwehrmechanismus ist, den die Menschen einsetzen, um ihre eigenen Fehler, Schwächen und Unzulänglichkeiten nicht wahrnehmen zu müssen. Sie fürchten sich unbewußt vor dem Blick nach Innen, wo sie ständig vor Augen hätten, was veränderungsbedürftig an ihnen ist. Sie versuchen, sich einzureden, alles sei in bester Ordnung und nur sie seien die wahren Christen. Ich brauchte mehrere Jahre, um mein Pharisäertum als häufig gebrauchten Abwehrmechanismus loszuwerden. Jan war dabei mein treuester Verbündeter, der nicht nachließ, Nadeln in meine supergeistlichen Luftballons zu stechen, wann immer es nötig war. Noch heute, beim kleinsten Anzeichen eines Rückfalls in eine pharisäische Denkweise, bringt mich Jan augenblicklich wieder zur Vernunft.

In den zwölf Jahren, in denen ich als Dozent tätig war, begegneten mir immer wieder Studenten, die mir im Vertrauen mitteilten, ihrer Meinung nach seien höchstens 20 % der Studentenschaft wahre Gläubige. Alle anderen seien fleischliche Christen, und viele davon seien noch nicht einmal gerettet. Jeder dieser frommen Studenten hatte seine eigene Liste mit Eigenschaften, die einen wahren Christen ausmachen sollten. Fiel jemand auch nur mit einem dieser Kriterien durch, wurde er automatisch vom Himmelreich ausgeschlossen.

Man findet Pharisäertum in allen Lebensbereichen, nicht nur in den Gemeinden. Es ist der Katalog von Lebensregeln und Forderungen, der den Pharisäer kennzeichnet. Mit seiner Hilfe wird entschieden, wer ausgestoßen oder bemitleidet wird, weil er den festgefügten Vorstellungen nicht entspricht. Da gibt es z. B. die politischen Pharisäer. Alle vier Jahre erheben die Politiker aller Parteien ihren pharisäischen Zeigefinger und halten sich gegenseitig ihre Unfähigkeit vor. Mit sorgenvoller Miene wollen sie die Wähler davon überzeugen, nur ihre Politik sei die einzige Lösung für die schwierige Lage im Land.

Daneben gibt es noch die philosophischen Pharisäer, die Erziehungspharisäer und schließlich auch die psychologischen Besserwisser. Sie sind immer ganz sicher, ihr ganz persönlicher Ansatz sei der einzig richtige bei der Behandlung seelischer Probleme.

Wenn ein Paar zu mir in die Eheseelsorge kommt, stellt sich meist sehr schnell heraus, daß mindestens einer der beiden ein typischer Pharisäer ist. Sie fragen sich vielleicht, wer wohl eher zum Pharisäertum neigt, der masochistische Partner oder derjenige, der aggressiv seine Interessen durchsetzt. Pharisäisch ist meistens der aggressive, besserwisserische Partner.

Es gibt allerdings kaum Unterschiede zwischen Männern und Frauen. Der pharisäisch perfektionistische Partner ist immer derjenige, der so unendlich viel von sich hält und auf seine Weisheit baut. Es sind die Menschen, die nichts aus der Hand geben wollen und ihren Partner, der ihren Normen nicht entspricht, herablassend behandeln.

Man muß aber wohl davon ausgehen, daß in uns allen zumindest ein kleiner Pharisäer steckt.

Sexualisierung - Potenz als Machtfaktor

Sexualisierung ist der Versuch, die Vorherrschaft über das andere Geschlecht zu erringen. Wer diesen Abwehrmechanismus einsetzt, gibt sich meist als Sexualathlet und versucht auf die eine oder andere Weise, seine Potenz unter Beweis zu stellen – indem er den geschlechtlichen Kontakt zu anderen Menschen sucht oder dies nur in Tagträumen tut. In beiden Fällen geht es um dasselbe Ziel: das andere Geschlecht zu „erobern", um dadurch zumindest zeitweise das Gefühl sexueller Minderwertigkeit loszuwerden.

Eine andere Form der Sexualisierung sind die Belästigungen, unter denen viele Frauen zu leiden haben. Dieses Problem hat in den letzten Jahren oft Schlagzeilen gemacht. Dadurch, daß Frauen es gewagt haben, typische Männerberufe anzustreben, waren sie vermehrt den Übergriffen ihrer männlichen Kollegen ausgesetzt. Hierbei handelt es sich in den meisten Fällen um den Abwehrmechanismus der Sexualisierung. Ihrer bedienen sich vor allem Männer, die unter Minderwertigkeitsgefühlen leiden und den Frauen feindlich gesinnt sind.

Ich las kürzlich über eine Frau, die es sich zutraute, ihren Lebensunterhalt als Kundendiensttechnikerin für Haushaltsgeräte zu verdienen. Sie ließ sich anstellen und wurde einem männlichen Kollegen zugeteilt, der ihr regelmäßig zu verstehen gab, wie lästig sie ihm war.

Schließlich wurde der Mann sogar zudringlich. Er drohte, sie sexuell zu mißbrauchen. Immer wenn sie sich bei ihren Vorgesetzten beschwerte, wollte man von ihrer Klage nichts wissen. Schließlich nahm sie immer ein Stück Metallrohr mit, um sich wehren zu können, wenn ihr Kollege tatsächlich einmal handgreiflich werden sollte.

Einmal setzte er sogar ihr Leben aufs Spiel, als er ihr auftrug, einen nicht mehr funktionierenden Geschirrspüler zu öffnen. Ausdrücklich hatte er ihr versichert, den Strom abgeschaltet zu haben. Die Frau war allerdings vorsichtig genug, noch einmal selber nachzuschauen, ob dies auch tatsächlich der Fall war. Und dabei stellte sie fest, daß der Strom nicht abgeschaltet war. Außerdem hatte sich vor dem Gerät eine Wasserpfütze gebildet, in der sie bei ihrer Arbeit gestanden hätte. Die Frau bemerkte sehr treffend: „Ich wäre bei lebendigem Leib geröstet worden."

* * *

Vor kurzem war Jan einer eher harmlosen Form von Belästigung ausgesetzt. Ein Mann, den wir schon eine Reihe von Jahren kannten, rief an, während ich zu einer Vorlesung war. Als Jan abnahm, sprach er sie gleich allzu vertraulich an: „Hallo, mein Mädchen! Wie geht's euch denn so?"

Ohne zu zögern bekundete Jan ihren Unwillen: „Dein Mädchen bin ich noch lange nicht!"

„Oh, Verzeihung! Das sage ich doch auch zu all den Frauen, mit denen ich beruflich zu tun habe."

„Zu mir sag das aber bitte nicht", antwortete Jan höflich, aber direkt. „Ich bin schließlich nicht dein Mädchen."

Das ist ein typisches Beispiel für die vielen verbalen Übergriffe von Männern, wie man sie im Berufsleben und in vielen anderen Situationen erleben kann. Man spricht die Frauen vertraulich mit „Süße" an, sagt „Baby" oder „Puppe". Und während die Männer behaupten, sie würden es doch nur freundlich meinen oder gar ihre Bewunderung ausdrücken, so ist das unbewußte Motiv für solche Kosenamen doch, den Frauen wieder die Funktion zu geben, die zu ihnen paßt - das Lustobjekt, das den Männern auf keinen Fall ebenbürtig ist.

Das Ziel ist immer dasselbe

Ob Sexualisierung nun als reine Gewaltanwendung in Form einer Vergewaltigung geschieht oder in der harmloseren Form der „Anmache" praktiziert wird, so geht es doch immer nur um das eine: Man will erobern, um Macht auszuüben. Ziel der Sexualisierung ist es also, sich jemand vom anderen Geschlecht gefügig zu machen.

Frauen können übrigens genauso sexistisch sein wie Männer. Der radikale Feminismus ist nicht weniger chauvinistisch als das Verhalten der „männlichen Chauvinistenschweine", wie die Anführerinnen der extremen Frauenbewegung die Männer zu bezeichnen pflegen. Sexualisierung ist also keineswegs nur ein männlicher Abwehrmechanismus.

Ein sehr typisches Beispiel für weibliche Sexualisierung ist die Frau Mitte Zwanzig, die in ihrer Kindheit und Jugend vom Vater sexuell mißbraucht worden ist. Ihr Vater hat sie ihr Leben lang nicht zur Kenntnis genommen, es sei denn, er wollte Sex von ihr.

Solche jungen Frauen sind ihren Vätern gegenüber zutiefst feindselig eingestellt, auch wenn sie behaupten, ihnen längst vergeben zu haben. Jetzt, da sie über zwanzig sind, wechseln sie ständig ihre Partner und verführen Männer bei jeder Gelegenheit, um etwas für ihr Selbstwertgefühl zu tun. Die betroffenen Männer sind meist verheiratet, und wenn solch eine Ehe in die Brüche geht, ist die unbewußte Befriedigung umso größer.

Auf ihr Fehlverhalten angesprochen, behaupten diese Frauen, sie wüßten nichts von ihrer Feindseligkeit den Männern gegenüber. Sie sind felsenfest davon überzeugt, sie zu lieben. In Wahrheit aber hassen sie die Männer, denn sie hassen ihre Väter, denen sie nicht vergeben können. Wenn eine solche Frau vergeben kann, wird sie auch ihren ungezügelten Umgang mit Männern beenden können. Schon der weise König Salomo beschrieb die verführerische Frau als ein Wesen, von dessen Mund zwar Honig träufelt, das aber später „bitterer als Wermut" ist (Sprüche 5:1-4).

Bei der Sexualisierung geht es wie beim Pharisäertum darum, sich über andere zu erheben, andere zu demütigen und Macht über sie auszuüben.

Wir alle benutzen Abwehrmechanismen, um uns davonzustehlen

Es gab mindestens zwei Gründe dafür, Ihnen diesen kurzen Einführungslehrgang zum Thema „Abwehrmechanismen" anzubieten:

1. Sie sollten wenigstens ein paar Verhaltensweisen identifizieren lernen, die Ausdruck unserer egozentrischen bzw. masochistischen Veranlagung sind.

2. Es sollte ganz deutlich herausgestrichen werden, daß wir uns alle unbewußt bestimmter Abwehrmechanismen bedienen, um unseren fehlgeleiteten Stolz nicht ablegen zu müssen.

Abwehrmechanismen sind unbewußte, automatisch ablaufende Reaktionen auf Enttäuschungen und Konflikte. Wir alle setzen sie als Selbstschutz ein, wenn wir Probleme zu bewältigen haben oder uns verbal mit anderen auseinandersetzen müssen. Wir bedienen uns der Abwehrmechanismen, um jemand anders die Schuld für unsere eigenen Schwierigkeiten und Konflikte geben zu können, so brauchen wir selber uns nichts mehr einzugestehen. (Sollten Sie unter den acht erwähnten Abwehrmechanismen wirklich keinen gefunden haben, den sie selber praktizieren, dann lesen Sie sich doch einmal den Anhang auf Seite 249 durch. Dort finden sie 32 weitere Verteidigungsstrategien für den Egozentriker in uns.)

Die von uns eingesetzten Abwehrmechanismen sind zwar unbewußt. Ich habe aber versucht, in diesem Kapitel aufzuzeigen, daß es durchaus möglich ist, sie bewußt zu machen. Und wenn sie erst einmal ins

Bewußtsein gelangt sind, kann man sich ihrer als Problem annehmen. Schon vor ein paar Jahrtausenden schrieb König Salomo: „Die Weisheit des Klugen ist es, seinen Weg zu begreifen, aber die Narrheit der Toren ist Täuschung."[2] Der weise, gereifte Mensch wird sich die Zeit nehmen, die Beweggründe seines Verhaltens zu erforschen, und er wird Fehler eingestehen, die dabei zutage treten. Der unreife Mensch jedoch macht sich diese Mühe nicht, und so wird er dieselben Fehler immer wieder machen.

Der unreife Mensch erkennt seine eigenen Schwächen nicht, weil er Abwehrmechanismen einsetzt, die ihm den Blick verstellen. Ein klassisches Beispiel dafür ist der Egozentriker zweiten oder x-ten Grades, der nicht zugeben kann, daß auch die Ansicht eines anderen bestimmte Vorzüge haben könnte. (Hier haben wir es zu tun mit Verleugnung, Rationalisierung oder Pharisäertum.) Diese Menschen verlieren oft Freunde, aber niemals ein Streitgespräch. Ihre Abwehr ist einfach zu stark entwickelt.

Mehr Selbstachtung durch Abwehrmechanismen

Die in uns tief verwurzelte Scham, von der wir in Kapitel 5 ausführlich gesprochen haben, ist der Urgrund aller Abwehrmechanismen. Wenn wir uns schuldig fühlen (ob berechtigt oder nicht), suchen wir nach Möglichkeiten, unsere Selbstachtung wiederzuerlangen. Und dazu benutzen wir den Abwehrmechanismus, der uns am besten dafür geeignet scheint. Immer geht es uns aber darum, mit unserer Angst fertig zu werden, der Angst vor dem Unbekannten. Das ist auch der Grund, warum die Verdrängung jedem anderen Abwehrmechanismus vorausgeht. Wir fürchten uns vor der Entdeckung, daß etwas in uns – ein Gedanke, ein Verlangen oder ein Motiv – allgemein verpönt, furchterregend oder pervers sein könnte. Das würde unser Schuldgefühl nur verstärken und unsere Selbstachtung schwächen. Und so setzen wir unsere Abwehrmechanismen ein, um es gar nicht erst so weit kommen zu lassen.

Ein weiterer Grund für unsere Abwehrmechanismen ist die Tatsache, daß wir alle mehr oder weniger unter Minderwertigkeitsgefühlen leiden.

Unbewußt versuchen wir immer wieder uns zu beweisen, daß wir nicht ganz bedeutungslos sind, daß wir „jemand" sind.

Der Workaholic z. B. ist fest davon überzeugt, daß er seine 80-Stunden-Woche für Frau und Familie arbeitet. In Wahrheit aber will er sich nur unbewußt selber beweisen, welchen Stellenwert er hat. Und dabei ist er so beschäftigt, daß er gar nicht erkennt, wie sehr er in seiner Seele leidet.

Der „Gemeindesüchtige" ist derart zeitaufwendig in der Gemeinde engagiert, daß er seine Familie vernachlässigt. Er redet sich aber ständig ein, dies alles „für den Herrn" zu tun. Im Grunde aber tut er es für sich selber, wobei er ganz offensichtlich bestimmte Abwehrmechanismen einsetzt wie beispielsweise die Rationalisierung („Ich versuche doch nur, dem Herrn zu dienen"). Stellt man ihn zu Rede, setzt er den Mechanismus der Verleugnung ein, um nicht einsehen zu müssen, wie sehr seine Familie zu kurz kommt.

Eine große Gefahr der Abwehrmechanismen liegt darin, daß sie sich für den Betreffenden auszuzahlen scheinen. Es gibt sogar Psychologen, die ihre Klienten geradezu dazu auffordern, Abwehrmechanismen als Lebenshilfe einzusetzen. Eine intensive Forschung zu den Abwehrmechanismen hat gezeigt, daß grundsätzlich alle Menschen sich auf die eine oder andere Weise selbst betrügen.

Auch wenn viele Therapeuten dazu ermuntern, sich mit Abwehrmechanismen vor Geisteskrankheiten zu schützen, glauben wir von den Minirth-Meier-Kliniken, daß es keineswegs die beste Methode ist, die Frustrationen und Probleme unseres Lebens durch Verleugnung unserer verderbten Gelüste und Motive zu bewältigen. Viel besser ist es, sie durch unseren Glauben an Jesus Gott zu Füßen zu legen. Sich der Tatsache zu stellen, daß in uns ein eingefleischter Egozentriker steckt, ist für den Augenblick vielleicht schmerzvoll. Auf lange Sicht ist es aber allemal der weit bessere Weg, weil die Wahrheit uns frei machen wird. Wir glauben übrigens auch, daß die einzige Person, die niemals Abwehrmechanismen benutzt hat, Jesus Christus war, der Gottmensch, dessen Selbstachtung so gefestigt war, daß er keinerlei sündige Motive oder Gelüste nötig hatte.

Die unerfreuliche Wahrheit ist, daß wir alle uns täglich selber belügen. Wir sind uns dessen vielleicht gar nicht bewußt, aber es ist und bleibt eine Tatsache. Was sagt die Logik uns, was da in einem jeden von uns schlummert? Ja, es ist der Egozentriker, das Schlitzohr, der Schwerenöter, der sich nicht nur mit einem Teil von uns zufrieden gibt, sondern auch den Teil zu beherrschen trachtet, der Gutes tun will.

Wer hat den Egozentriker in uns entdeckt?

Vor ungefähr hundert Jahren wurde Sigmund Freud zum Vater der modernen Psychiatrie. Für ihn bestand die menschliche Persönlichkeit aus drei Instanzen, dem Ich (Vernunft), dem Es (Triebleben) und dem Über-Ich (Gewissen). Im Grunde hat Freud nur die Theorien von Johann Christian Heinroth weiterentwickelt, der als Psychiater bereits zu Anfang des 19. Jahrhunderts in Deutschland Bücher und wissenschaftliche Schriften verfaßte. Seine Einteilung der menschlichen Persönlichkeit sah wie folgt aus: (1) *Das Überuns* (Gewissen), (2) *das Ich* (Verstand, Gefühle, Wille) und (3) *das Fleisch* (Triebe, die nach Heinroths Überzeugung zur sündigen Natur des Menschen zählten).

Offensichtlich hat Freud das Grundkonzept von Heinroth übernommen. Doch er hat es anders interpretiert. Freud wuchs als Jude in einer Umgebung auf, in der Juden von selbstgerechten Zeitgenossen verachtet und verfolgt wurden, die sich auch noch Christen nannten. Wen wundert es da noch, daß Freud überreagierte, Atheist wurde und jede Religiosität als „universelle Neurose der Menschheit" abtat.

Freud lehrte, daß das Ich unbewußt ein Sklave des Es sei. Der einzige gangbare Weg, den Freud sah, war, das Über-Ich (Gewissen) einfach abzutöten und damit die Schuldgefühle abzubauen, die eine seelische Erkrankung auslösen könnten. Heinroth dagegen war ein bibeltreuer Christ. Er glaubte, das Ich sei ein Sklave des Fleisches, jenes Fleisches, von dem Paulus in Römer 7 spricht. Für Heinroth kam der Sieg nicht durch ein pragmatisches Leben und ein abgetötetes Gewissen, sondern durch die Kraft des Heiligen Geistes, die im Leben des wiedergeborenen Gläubigen zu wirken beginnt.

Weil die meisten modernen Psychologen heute weltlich eingestellt sind, neigen sie eher zu Freuds Ansicht. Für sie ist es nicht mehr denkbar, daß man an den Grundtrieben des Menschen etwas verändern kann, indem man an Jesus glaubt und auf den Heiligen Geist baut, der „Höheren Macht" als Quelle des Sieges über unsere Neigung zu Süchten.

Selbsterkenntnis auf unterschiedlichen Wegen

Als Arzt und Psychiater wünschte ich mir manchmal, es gebe ein Röntgengerät, mit dem man die Seele durchleuchten könnte. Ich würde von mir selbst und meinen Patienten Aufnahmen machen, die Bilder vor den Leuchtschirm klemmen und sagen: „Dies und das müssen Sie tun, damit sie wieder gesund werden." Aber das ist leider nur ein Traum. Psychologische Tests sind zwar zuweilen ganz hilfreich, aber eine Offenbarung sind sie keineswegs.

Jeder von uns muß seinen eigenen Weg zur Selbsterkenntnis gehen. Und der erste Schritt auf diesem Weg besteht darin, daß man sich seine Beziehungen näher anschaut. In diesem Buch geht es zuallererst um unsere Beziehungen zu den Egozentrikern und Schlitzohren in unserer unmittelbaren Umgebung. Wie wir mit ihnen umgehen, hängt sehr viel davon ab, wie wir zu dem Schlitzohr in uns selbst stehen.

Wo hat der Egozentriker in uns bestimmte Abwehrmechanismen gelernt, und wie wendet er sie an? Um diese Frage zu beantworten, sollten wir am besten eine Reise in unsere Vergangenheit tun und sehen, wie wir früher als Familie gelebt haben. Dort werden wir durch die uns vertrauten Menschen viele Erkenntnisse gewinnen. Sie nämlich sind es, die uns mit positiven oder negativen Botschaften geprägt haben, deren Nachwirkungen wir bis auf den heutigen Tag spüren.

Früher oder später werden wir bei jeder Psychotherapie – ob in der Praxis des Psychologen oder bequem zu Hause bei der Lektüre dieses Buches – auf unsere Eltern zu sprechen kommen müssen. Vielleicht hatten Sie ja Eltern, auf die Sie besonders stolz sein können, oder es waren ganz normale Eltern mit gleich viel Stärken und Schwächen, oder aber Ihre Eltern waren die reinsten Ungeheuer. In jedem Fall haben diese beiden Menschen Ihr Leben *nachhaltig* geprägt. Ob zum Vorteil oder zum Nachteil, die Prägung, die Sie mitbekommen haben, bleibt bis auf gewisse Korrekturen ein Leben lang bestehen. Ein reifer, erwachsener Mensch werden Sie allerdings nur, wenn Sie die Strukturen Ihrer Familie durchschauen lernen. Dann erst erfahren Sie, welche Rolle Sie innerhalb dieses Systems gespielt haben und welche „Lebensregeln" man Ihnen in Ihrer Kindheit eingehämmert hat. Mit diesen Fragen werden wir uns im nächsten Kapitel beschäftigen.

7. Am Gängelband ein Leben lang?

Zweiter Schritt: Verlassen Sie Ihr Elternhaus – auch innerlich

Als ich kurz vor dem Abitur stand, nahm mich mein Vater eines Abends beiseite und zeigte mir ein sehr schön gebundenes Buch.

„Paul, das ist die Familienchronik der Familie Meier", sagte er voller Stolz. „Wir können unsere Geschichte gut 150 Jahre zurückverfolgen. Unsere Vorfahren waren Rußlanddeutsche. Wie unsere Familie zu Wohlstand kam und ihn dann wieder unter den Kommunisten verlor – all das ist hier aufgeschrieben."

Damals interessierte ich mich für solche Dinge kaum, und so warf ich nur einen flüchtigen Blick auf das Buch. Jahre später allerdings, als ich angefangen hatte, Psychiatrie zu studieren und zu praktizieren, wurde mir klar, daß diese so säuberlich eingebundene Familienchronik ein Schatzkästchen war. Es enthielt viele wertvolle Informationen über die zwischenmenschlichen Beziehungen innerhalb meiner Familie. Ich vertiefte mich in dieses Buch, las es von Anfang bis Ende, und indem ich mich so intensiv mit unserer Familiengeschichte über vier Generationen hinweg beschäftigte, lernte ich sehr viel über die Meiers. Ich erfuhr etwas über ihre Stärken und Schwächen und konnte ergründen, warum ich so geworden war, wie ich nun einmal bin. Mir wurde klar, wie sehr meine Eltern mein Leben geprägt hatten und daß ihr Leben auch wieder von der vorigen Generation beeinflußt worden war. Mir waren plötzlich all jene Bibelstellen viel verständlicher, die den Einfluß der Väter auf ihre Kinder und Kindeskinder „in der dritten und vierten Generation" mit großem Ernst behandeln.[1]

Durch Fleiß zu Wohlstand

Meine Vorfahren ließen sich um 1770 in Franzosan nieder, einer deutschen Stadt in Rußland. Die Meiers waren anständige Leute, die hart arbeiteten und es zu Wohlstand brachten. (Vielleicht würde man sie heute als Workaholics bezeichnen.) Nicht nur, daß sie große Ländereien besaßen, sie bauten und betrieben in Franzosan auch noch eine Maschinenfabrik. Daneben hielten sie Pferde und besaßen ein geräumiges Haus mit einem eigenen Dienstbotentrakt.

Eines Tages – ungefähr 150 Jahre ist es inzwischen her – geschah etwas in Franzosan, was ganz entscheidend auch noch für mein Leben werden sollte. Zwei fahrende Schuster kamen in die Stadt. Das kann doch nicht so weltbewegend gewesen sein, möchte man meinen. Doch diese beiden Männer besohlten die Schuhe ihrer Kunden nur, um ihr täglich Brot zu haben. Ihr eigentliches Ziel aber war es, die Löcher in den Seelen der Menschen zu flicken und sich um die Leiden und Sehnsüchte der Menschen zu kümmern.

Sie gingen von Tür zu Tür und besuchten alle Einwohner dieser Stadt. Dabei erzählten sie, daß Gott einen jeden von ihnen liebe. Sie ermunterten die Menschen, Jesus als den Christus anzunehmen, den verheißenen Messias des Alten Testaments, der gestorben war, um die Strafe für alle ihre Sünden auf sich zu nehmen. Aber nicht nur das konnten sie verkünden. Ein jeder könne Vergebung erlangen, wenn er sich darauf einließe, was Jesus für ihn am Kreuz zur Erlangung des ewigen Lebens vollbracht hatte.

Ein Drittel der Einwohner Franzosans wurde darauf Christen. Zwei Drittel aber ließen sich nur die Löcher in ihren Schuhen flicken. Auch die Meiers gehörten zu denen, die darüber hinaus ihre Löcher in der Seele geheilt bekommen hatten. Sie alle vertrauten fortan Christus als ihrem Herrn und Heiland. Und mein Ururgroßvater wurde zum Pastor der neu gegründeten Gemeinde gewählt.

Die zwei Schuster blieben gerade so lange, bis mein Ururgroßvater sich in der Bibel halbwegs auskannte und sie eine Reihe von Bibelstunden in der Stadt abgehalten hatten. Ein halbes Jahr, nachdem die beiden Fremden in der Stadt aufgetaucht waren, verschwanden sie wieder, und niemand hat je wieder etwas von ihnen gehört!

Als mein Ururgroßvater hochbetagt starb, wurde sein Sohn Pastor. Und dessen Sohn, mein Großvater, trat seinerseits die Nachfolge an. Großvater Meier liebte Gott und studierte die Bibel mit Hingabe. Er war aber auch, was man heute als Workaholic bezeichnen würde. Er engagierte sich gleich in mehreren Berufen – Pastor, Fabrikbesitzer und Gutsherr, denn er hatte sowohl die im Familienbesitz befindliche Fabrik geerbt als auch die Ländereien mit allem Vieh.

Mein Vater wurde 1910 in Franzosan geboren, wie meine Mutter, die die Tochter einer liebenswerten Familie des Mittelstands war. Auch sie hieß Meier, war aber nicht mit meinem Vater verwandt.

Mein Vater wurde im Grunde schon als Millionär geboren. Um das Wohl meiner Familie kümmerten sich dreißig Bedienstete, die in einem Anbau fürs Personal hinter dem Haus wohnten. Trotzdem verlangte man von ihm, daß er jeden Morgen um halb fünf aufstand und noch vor der Schule viele Aufgaben erfüllte.

Die kommunistische Revolution veränderte alles

1917, als mein Vater gerade sieben Jahre alt war, geschah wieder etwas von großer Tragweite für das Schicksal unserer Familie. Und das wiederum hat auch mein Leben mitbestimmt. Es war die Revolution der Kommunisten. Wenn Sie den Film *„Dr. Schiwago"* kennen, haben Sie eine Vorstellung davon, wie es damals in Rußland zuging. Meine Eltern erzählen immer wieder, daß der Film die Situation sehr realistisch wiedergibt.

Zunächst einmal wurde das gesamte Barvermögen meines Großvaters durch ein Dekret der Kommunisten über Nacht wertlos. Dann kam die Rote Armee und marschierte in Franzosan ein. Man beschlagnahmte den gesamten Familienbesitz; die Lieblingspferde meines Großvaters erhielten Soldaten zum Reiten, und im Haus wurde das Hauptquartier eingerichtet.

Dann fingen sie an, alle wehrfähigen Männer der Stadt zum Militärdienst in der Roten Armee einzuziehen. Zwei meiner Großonkel weigerten sich und wurden vor den Augen ihrer Angehörigen standrechtlich erschossen. Das war ein grauenhaftes Geschehen, das auch schon mein Vater und meine Mutter mit anschauen mußten. Sie waren damals immerhin schon sieben oder acht Jahre alt. Andere Angehörige der Familie Meier ließen sich einberufen, um ihr Leben zu retten. Aber schon nach ein paar Tagen gelang es ihnen, nachts zu entkommen, während die diensthabenden Offiziere schliefen.

Die Familie meines Vaters war nun plötzlich mittellos. Aber wie durch ein Wunder war Hilfe in Sicht. Ein wohlhabender Freund der Familie, der sein Vermögen in Gold angelegt hatte, setzte sich für sie ein. Nachdem sie ein Jahr in Sankt Petersburg mehr schlecht als recht überlebt hatten, finanzierte er ihre Flucht nach Deutschland, wo sie sich in Preußen eine Reihe von Jahren niederließen. Die Familie meiner Mutter, der durch denselben Wohltäter Hilfe zuteil wurde, schaffte es ebenfalls, nach Deutschland zu kommen. Meine Eltern sind also gemeinsam aufgewachsen, aber sie konnten damals noch nicht ahnen, daß sie einmal heiraten würden.

Beide Familien lebten einige Jahre in Preußen. Und mein Vater mußte noch immer das strenge Regiment seines Vaters erdulden. Das hieß: sehr früh morgens aus den Federn, schwere Arbeit im Haus und dabei natürlich immer nur die besten Noten in der Schule. Mein Vater verließ die Schule mit sechzehn. Darauf begann er eine einjährige Buchhalterlehre. Seinen richtigen Beruf sollte er aber erst später nach ihrer Ankunft in Amerika lernen. Er wurde Zimmermann.

Auf nach Amerika in die große Depression

1929 finanzierte dann der nette Freund der Familie, der noch einiges an Gold versteckt hatte, den Familien meiner Eltern die Überfahrt nach Amerika, wo sie ein neues Leben beginnen konnten. Mein Vater und meine Mutter waren Teenager, als sie in Amerika landeten. Sie kamen dort mitten in die große Depression von 1930. Die beiden Familien ließen sich in verschiedenen Städten von Kansas nieder, wo sie sich einige Jahre mit Mühe und Not über Wasser hielten.

Irgendwann liefen sich dann meine Eltern 1936 in Peabody zufällig über den Weg. Beide waren hocherfreut, als sie erfuhren, daß noch keiner von ihnen verheiratet war. Und schon nach relativ kurzer Zeit heirateten sie. Ineinander verliebt sind sie seither immer geblieben. Noch heute – sie sind beide schon über achtzig – machen sie ausgedehnte Spaziergänge, wobei sie einander bei den Händen fassen oder sich unterhaken. Sie sind beide Gott sehr dankbar, daß er sie nach Amerika gebracht hat, denn sie wissen es zu schätzen, was es heißt, in einem Land freier Menschen zu leben.

Als jung Vermählte verbrachten meine Eltern ihre Flitterwochen in Michigan. Und weil das Klima und die Landschaft sie so sehr an ihre Heimat in Rußland erinnerten, entschlossen sie sich, dort seßhaft zu werden. Mein Vater arbeitete in seinem Beruf als Zimmermann für zwei. Außerdem ging ihm die Gemeinde über alles. (Er war Leiter der Sonntagsschularbeit und Diakon.)

Seine Beziehung zur Heiligen Schrift war genauso innig wie die seiner Vorfahren – Vater, Großvater und Urgroßvater. Und sein Urgroßvater war der erste Pastor der Gemeinde in Franzosan, die gegründet wurde, nachdem die zwei Schuhmacher in der ganzen Stadt das Evangelium verkündet hatten. Ich erinnere mich noch, daß wir als Kinder irgendeinen beliebigen Vers aus der Bibel zitierten, und mein Vater konnte gewöhnlich genau sagen, aus welchem Buch und aus welchem Kapitel der Bibel wir vorlasen.

Meine Mutter kümmerte sich um den Haushalt. Dabei setzte sie sich derart für alle anderen ein, daß sie eher die Rolle der Hausdienerin als die der Ehefrau ausfüllte. Meine Eltern sind in einer erzkonservativen Umgebung aufgewachsen, in der die Männer ganz selbstverständlich die Klügeren waren, die die Geschäfte führten und die Familie ernährten. Die Mädchen nahm man schon nach der dritten Klasse aus der Schule. Und von diesem Augenblick an wurden sie Mägde im eigenen Haus oder im Haus des Nachbarn. Sie lernten nähen, kochen und Wäsche waschen. Die Ehen wurden oft vorher abgesprochen. Meine Eltern allerdings entschieden sich freiwillig füreinander – mit dem Segen ihrer Familien natürlich.

Von Mutter verzogen und vom Vater kaum wahrgenommen

Meine Eltern hatten vier Kinder: Richard und Betty, dann kam ich, und schließlich meine kleine Schwester Nancy, die vier Jahre jünger ist als ich. Ich war ein sehr braves Kind, das sich sehr zur Mutter hielt und von ihr auch verzogen wurde.

Mein Vater war die meiste Zeit gar nicht im Haus. Entweder arbeitete er, oder er war in der Gemeinde. Das Abendessen nahmen wir allerdings zusammen ein. Nach dem Essen las er regelmäßig ein Kapitel aus der Bibel vor. Dann sangen wir ein Lied, hielten uns bei den Händen und beteten kurz füreinander. (Ich habe mich oft darüber gewundert, daß zwei Schuster einen so nachhaltigen Eindruck hinterlassen konnten, der nun schon 150 Jahre lang über mehrere Generationen anhielt.)

Samstags verlangte mein Vater von mir, daß ich eine schier endlose Liste von Pflichten im Haus erledigen mußte. Außerdem mußte ich noch für meine Klavierstunden üben. Wenn ich meine Aufgaben nicht erledigte oder meine Klavierübungen nicht machte, bekam ich unnachgiebig die Hand meines Vaters zu spüren. Und da ich solche schmerzhaften

Erfahrungen nicht gern machte, tat ich gewöhnlich, was mir aufgetragen war.

Auch wenn mein Vater sehr wenig Zeit für einen persönlichen Umgang mit mir hatte, so war ich doch in der glücklichen Lage, noch einen großen Bruder zu haben. Richard übernahm auf vielfältige Weise die Rolle des Vaters bei mir. Er nahm mich fast überall mit und kaufte mir kleine Geschenke von seinem eigenen, schwerverdienten Geld. Er arbeitet in einem Schnellrestaurant.

Richard, der acht Jahre älter war als ich, zeigte mir, wie man sich verteidigte, und er brachte mir alle nötigen Fertigkeiten beim Fußball, Basketball und Baseball bei. Oft war er mir mehr ein Vater als mein alter Herr.

Ich war niemals gut genug

„Geistliche Ambivalenz" könnte man das Gefühl nennen, mit dem ich groß geworden bin. Ich liebte zwar Gott, die Bibel, christliche Musik und meine gläubigen Freunde, aber ich hatte einen Groll auf alles „fromme Getue" und auf die Gemeinde, denn vor allem sie schien mir den Vater zu rauben. Ich zweifelte nie daran, daß mein Vater mich liebte, aber sein übertriebenes Engagement bei der Arbeit und in der Gemeinde ließ ihm wenig gemeinsame Zeit mit mir. Und wenn er sich wirklich einmal Zeit für mich nahm, dann kritisierte er mich, weil ich nicht mehr leistete oder nicht soviel tat, wie er mir zutraute.

Soweit ich mich erinnere, hat mich meine Mutter niemals geschlagen. Mein Vater aber tat es einfach zu oft. Bei meiner Mutter konnte ich kaum etwas falsch machen; bei meinem Vater aber schien es manchmal so, als könne ich nichts richtig machen. Er liebte mich gewiß, aber er selbst war gefangen von seiner strengen Erziehung, der Tradition seiner Vorväter.

Mein Vater erlebte die Strenge ja nicht nur zu Hause. Die Schulen, die er besuchte, glichen eher Kasernen der Fremdenlegion als unseren Schulen von heute. Mein Vater war schon in der Oberschule, als er eines Tages einem Mitschüler, der einen Tisch weiter saß, etwas zuflüsterte. Der Lehrer bekam es mit, ging auf ihn zu und schlug ihm mitten ins Gesicht. Diese Art der Züchtigung war damals gang und gäbe an den Schulen, in denen Disziplin und Perfektion als wichtigste Tugenden galten.

Deswegen ist es durchaus verständlich, wie mein Vater sich verhielt: Stets erwartete er von mir, daß ich mein Bestes gab. Ja, ich sollte perfekt sein. Und wenn ich seinen Erwartungen nicht entsprach, dann bestrafte er mich „zu meinem Besten". Ich wurde schließlich das Gefühl nicht los, daß ich niemals gut genug sein würde, so sehr ich mich auch anstrengte. Doch je älter ich wurde, desto wohlwollender verhielt er sich mir gegenüber. Heute sind wir beide die besten Freunde.

Während meines Studiums belegte ich nebenbei auch Architekturkurse. Und ich denke noch heute gern daran zurück, wie ich bei meinem Vater Amateurarchitekt spielen durfte. Ich entwarf das Haus, das wir beide dann zusammen bauten. Später zogen wir mit der ganzen Familie dort ein. Wir wohnten dort ein oder zwei Jahre, dann verkaufte es mein Vater zu einem sehr guten Preis. Durch diese Erfahrung gewann ich beträchtlich an Selbstvertrauen. Ich verbrachte nicht nur sehr viel mehr Zeit mit meinem Vater, sondern bekam auch endlich einmal Lob von ihm zu hören.

Heute kann ich zurückblickend sagen, daß es die Nachgiebigkeit meiner Mutter war, die mich zum ausgeprägten Egoisten ersten Grades machte. Die gute Seite daran war, daß das Vertrauen, das sie in mich setzte, mir Mut machte, auch einmal Risiken im Leben einzugehen, was schöpferisch macht und auch Erfolg bringt. Die Strenge meines Vaters aber und der Mangel an Zuwendung führten bei mir zu masochistischen Neigungen. Die gute Seite daran war, daß ich durch die hohen Erwartungen, die mein Vater an mich stellte, soviel Selbstdisziplin erwarb, daß ich den extremen Anforderungen beim Medizinstudium gewachsen war.

Die Familie als System

In den letzten Jahren sind Seelsorger, Psychologen und Psychotherapeuten zunehmend zu der Erkenntnis gelangt, daß Familien „Systeme" sind.

Einer breiteren Öffentlichkeit zugänglich gemacht hat John Bradshaw diesen Ansatz. Seine Fernsehserie „Die Familie" ist landesweit ausgestrahlt und von vielen Millionen Amerikanern verfolgt worden. Auch sein Buch mit dem gleichen Titel wurde ein Bestseller. Bradshaw schreibt darin unter anderem:

> *Die Familie als System ist eine neue Realität. Kaum dreißig Jahre alt ist diese Erkenntnis. Aber sie hilft uns, eine unglaubliche Anzahl von Verhaltensweisen zu erklären ... Das Modell vom System „Familie" zeigt uns, welche Rolle jedes Familienmitglied als Teil des ganzen Systems spielt.*

In unseren Minirth-Meier-Kliniken gehen auch wir davon aus, daß die Familie ein System ist. So stellen wir unseren Patienten eine Frage ganz oft: „Welche Rolle haben Sie zu Hause in Ihrer Familie gespielt oder spielen Sie noch immer?"

Es gibt ganz verschiedene Rollen, die jemand in seiner Familie spielen kann. Aber es sind drei Rollen, die am häufigsten vorkommen – der Herrscher, das Opferlamm und der Retter. Die Herrscher sind die Egoisten, die Opfer sind die Masochisten und die Retter verhalten sich ambivalent. Den Opfern gegenüber verhalten sie sich – je nach Situation – masochistisch oder auch egoistisch.

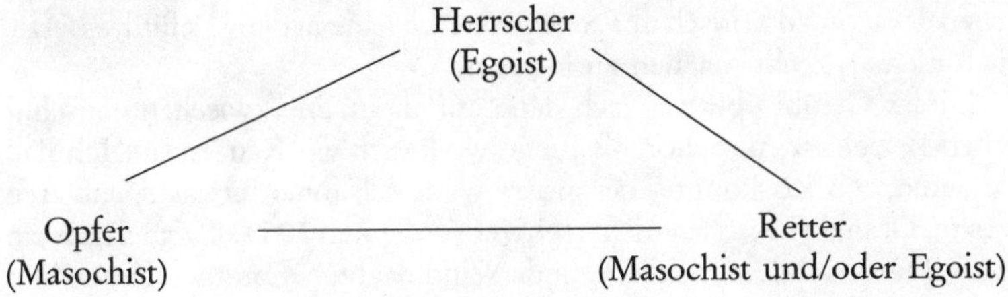

Die Herrscher mißbrauchen ihre Angehörigen – verbal, körperlich, sexuell, geistig und seelisch. Es sind Herrscher, weil sie es bewußt darauf anlegen, Herrschaft über andere auszuüben und sie auszunutzen. Das sind die Egoisten zweiten und dritten Grades. Bei den Egoisten ersten Grades läuft dies eher unbewußt ab.

Die Opfer sind die passiven, frustrierten und verschüchterten Familienmitglieder, die sich zu schwach fühlen, um zurückzuschlagen oder für ihre Rechte zu kämpfen. Opfer benutzen gern folgende Floskeln: „Ich sollte eigentlich ... ", „Wenn ich doch ... hätte", „Ich hätte es können ... " oder noch öfter: „Wenn doch nur ... "

Wie wir anhand der vielen Beispiele aus unserem Buch gesehen haben, können den Opfern fürchterliche Dinge widerfahren. Was uns aber letztlich zum „Opfer" macht, ist nicht das, was uns widerfährt, sondern wir selber mit unserer Reaktion machen uns dazu. Die Opfer haben fast immer masochistische Neigungen, wenn sie nicht gar hochgradig leidenssüchtig sind. Immer wieder manövrieren sie sich in Situationen, in denen sie mißbraucht werden, weil es ja viel einfacher ist, das Opfer zu sein, als die Initiative zu ergreifen und sich zur Wehr zu setzen.

Die Retter sind immer zur Stelle, wenn es darum geht, den Opfern zu Hilfe zu eilen. Sie stürmen heran auf ihrem weißen Pferd, um den Kampf gegen die Herrscher aufzunehmen, oder sie helfen gern Opfern aus jeder erdenklichen Zwangslage heraus.

Unser Diagramm oben zeigt, daß die Retter sowohl masochistisch als auch egoistisch sein können. Egoisten, die andere retten, tun dies, weil sie damit Macht und Herrschaft ausüben können. Andere sind von ihnen abhängig.

Masochisten dagegen werden zu Rettern, weil sie am eigenen Leib erfahren haben, was es heißt, Opfer zu sein. Ihr Bedürfnis, andere zu retten, ist masochistisch motiviert. Ich selber wuchs in einem strengen Elternhaus auf, in dem man den christlichen Glauben sehr eng und gesetzlich sah. Mein Vater liebte uns alle von ganzem Herzen, aber er war eben doch oft zu kritisch uns gegenüber. Ich lebte in dem Gefühl, es letztlich niemals recht machen zu können.

Dieses Gefühl übertrug sich dann auf alle meine zwischenmenschlichen Beziehungen. Schon als Junge wollte ich ein Retter sein. Ich half anderen, wo ich konnte, besonders wenn ich ihnen etwas spendieren sollte. Deshalb besaß ich meine schwer verdienten 30 Dollar auch nur ein paar Tage, nachdem meine Freunde Wind davon bekommen hatten und immer gern die Hand aufhielten, wenn wir zusammen im Süßwarenladen standen (s. Kapitel 5).

Als ich 16 Jahre alt war, befreundete ich mich mit einem jungen Chirurgen, der Mitglied unserer Gemeinde war. „Dr. Bob", wie ich ihn damals gern nannte, lud mich eines Abends zu sich nach Hause ein. Er zeigte mir seine Fachbücher und erzählte, wie schwer doch das Medizinstudium sei. Als ich dennoch mein Interesse für diesen Beruf bekundete, riet er mir, folgenden Vers aus den Sprüchen (3:5-6) auswendig zu lernen:

> *Vertraue auf den HERRN mit deinem ganzen Herzen und stütze dich nicht auf deinen Verstand! Auf all deinen Wegen erkenne nur ihn, dann ebnet er selbst deine Pfade!*

Ich las diesen Vers ein paarmal und entschloß mich dann, ihn tatsächlich auswendig zu lernen. Als ich zu Hause war, fiel ich neben meinem Bett auf die Knie und übergab Gott ganz neu mein Leben. Ich war mir plötzlich ganz sicher, daß Gott mich eines Tages dazu gebrauchen würde, ihm zu dienen und anderen Menschen als Arzt zur Seite zu stehen.

Ich zweifle nicht daran, daß Gott mich an jenem Abend berufen hat. Ich glaube, daß er mein unbewußtes Verlangen, ein Retter zu sein, genutzt und mir einen konkreten Weg gezeigt hat. Ich habe im Laufe der Jahre unzählige Menschen in den Heil- und Pflegeberufen kennengelernt, und dabei ist mir aufgefallen, daß die meisten von ihnen irgendwelche masochistischen Anlagen haben. Sie alle haben ein Loch in der Seele, das sie ausfüllen, indem sie anderen helfen.

Es gibt sicher hin und wieder Herrscher, die sich zu Rettern machen – das sind die arroganten und selbstherrlichen Chirurgen und Fachärzte. Ich glaube aber, daß die meisten Menschen in den Heil- und Pflegeberufen anderen zur Seite stehen wollen, weil sie das Verlangen haben, der Menschheit einen Dienst zu erweisen.

Ich kenne allerdings auch viele Ärzte, die es gut meinten, dann aber völlig desillusioniert wurden, weil sie mit ganz und gar haltlosen Vorwürfen und Anklagen konfrontiert wurden. In einem Fall ging eine Wahrsagerin zu einem Neurologen, weil sie ständig unter Migräne litt. Der Neurologe versuchte durch eine Computertomographie herauszufinden, ob ein Hirntumor vorlag. Er fand aber nichts Verdächtiges.

Später behauptete die Frau, die Tomographie habe ihr die übersinnlichen Kräfte geraubt, so daß sie nun mittellos dastehe. Sie strengte eine Klage gegen den Arzt an, weil er sie nicht darüber informiert hatte, daß sie durch die Computertomographie ihre übersinnlichen Kräfte verlieren könnte. Laut Gerichtsbeschluß sollte die Frau 1 Million Dollar Schmerzensgeld bekommen. Der Neurologe legte Berufung ein und bekam schließlich Recht. Doch das Verfahren hatte ihn inzwischen mehrere tausend Dollar gekostet.

Jeder spielt seine eigene Rolle

Das System einer Familie bestimmt, welche Rolle die jeweilige Person spielt, und seine Dynamik hängt davon ab, wie jeder mit seiner Rolle umgeht. Wer spielte z. B. den Herrscher in Ihrer Familie? War es der Vater oder die Mutter? Wie haben Sie darauf reagiert? Vielleicht hatten Sie einen älteren Bruder, der Sie ständig verprügelt hat und Ihnen noch mehr Prügel androhte, wenn Sie es den Eltern erzählen würden. Vielleicht waren aber auch *Sie* der Herrscher oder die Herrscherin und sind mit Ihrem kleinen Bruder nach Belieben umgesprungen.

Wer waren die Retter in Ihrer engsten Familie? Wer hatte immer Mitleid mit den Opfern und hat versucht, ihnen beizustehen? In meiner Familie war es die Mutter, die die Rolle des Retters spielte. Während mein Vater eher der Herrscher war, nicht, weil er der gefühllose Egoist zweiten Grades war, sondern weil er von Hause aus die Strenge gewöhnt war und zusah, daß seine Kinder parierten.

Mein Vater konnte nämlich auch sehr nett und freundlich sein, und er wäre auch niemals auf die Idee gekommen, mir bewußt Leid zuzufügen. Aber er war eben auch der strenge Herr, der strafte, wenn er es für richtig hielt. Wenn die Sache zu bedrohlich für mich auszugehen schien, lief ich schnell und versteckte mich hinter meiner Mutter, die sich schützend vor mich stellte und zum Vater sagte: „Aber Alex, er hat es doch nicht böse gemeint. Er ist doch noch ein Kind, da macht man mal Fehler."

Und wer waren die Opfer in Ihrer Familie – die Sündenböcke, die immer alles abbekamen, wenn andere sich ärgerten? Wer wurde von den anderen am meisten beherrscht und zum Opfer gemacht? Ich selbst war teilweise Opfer (der Strenge meines Vaters) und zum Teil Herrscher, weil ich die Art meiner Mutter, mich zu verwöhnen, ausnutzte. Ich war also einerseits durchaus ein Sündenbock, andererseits aber auch ein ganz schönes Schlitzohr mit der inneren Gewißheit, sich so manches herausnehmen zu dürfen.

So erinnere ich mich an die Zeit, als ich in der dritten oder vierten Klasse war. Wenn ich nach Hause kam, ließ ich meinen Mantel einfach auf den Boden fallen und schleuderte meine Schuhe von den Füßen, daß sie neben dem Mantel liegenblieben. Meine Mutter kam und bückte sich, hängte den Mantel an den Haken, putzte meine Schuhe und stellte sie weg. Danach bekam ich ein belegtes Brot und ein Glas Milch. Während ich aß, massierte sie mir oft auch noch den Rücken. Wie wohl fühlte sich mein Ego da!

Meine älteren und jüngeren Schwestern hatten es längst nicht so gut. Wenn sie von der Schule kamen, mußten sie sich um den Abwasch kümmern. Sie mußten putzen und bügeln und all die Aufgaben übernehmen, die man von den Frauen in der Familie erwartete. Meine Schwestern waren auf jeden Fall Opfer – Opfer der männlichen Überheblichkeit.

Analysieren Sie Ihr eigenes Familiensystem

Nun sollten aber Sie sich erst einmal die Zeit nehmen, das System der eigenen Familie kennenzulernen. Überlegen Sie, wer welche Rolle gespielt hat. Vor allem aber sollten Sie sich fragen, welche Rolle Sie persönlich innerhalb des Systems gespielt haben (und noch heute mehr oder weniger intensiv ausleben).

Welche Rolle haben Sie in Ihrem Familiensystem (Vater, Mutter, Kinder) gespielt? Denken Sie daran, daß viele Menschen gleich mehrere Rollen spielen. Waren Sie Herrscher, Opfer oder Retter? ______

Bemerkungen: ______

______

______

Schätzen Sie auch die anderen Familienmitglieder ein. Die Herrscher waren: ______

______

Die Opfer waren: ______

______

Die Retter waren: ______

______

Denken Sie darüber nach, welche dynamischen Prozesse Ihr Familienleben bestimmt haben. Gab es schwere Suchterkrankungen in Ihrer Familie wie Alkoholismus? Wie ausgeprägt traten Abwehrmechanismen zutage? Wie masochistisch oder egoistisch verhielten sich einzelne Familienmitglieder? (Lesen Sie bei Bedarf noch einmal Kapitel 6 und den Anhang.)

Wenn Sie nun Ihr Familiensystem und die Rollen der einzelnen Personen analysieren, wird Ihnen noch viel klarer werden, mit wem Sie sich in Ihrer Kindheit und Jugend am meisten identifiziert haben. War es der Vater? War es die Mutter oder jemand anders aus der Familie? Wem ähneln Sie charakterlich am meisten?

Wenn es einen Herrscher in der Familie gibt, werden sich die meisten relativ problemlos mit ihm identifizieren und selber zum Beherrscher anderer werden. Allerdings gibt es hier keine festen Regeln. So wird z. B. das Mädchen, das in einer Familie aufwächst, in der der Vater die Mutter beherrscht, später auch wieder ein Opfer werden. Die junge Frau wird sich aufgrund des gemeinsamen Geschlechts eher mit ihrer Mutter identifizieren.

Man wird niemals genau voraussagen können, mit wem sich ein Kind später identifizieren wird, weil es zu viele Möglichkeiten gibt. In unseren Kliniken haben wir immer wieder die Erfahrung gemacht, daß sich die Patienten darauf versteifen, ihre Probleme seien entweder erblich bedingt (durch die Gene), oder aber sie geben allein der Umwelt die Schuld (ihrer Erziehung). Erbmasse und Umwelt sind sicherlich gewichtige Faktoren, aber letztlich sind wir selber es doch, die darüber entscheiden, wer unser Vorbild ist.

Wovon wir bei uns in den Minirth-Meier-Kliniken jedoch immer ausgehen, ist die Tatsache, daß jeder Mensch sich ändern kann. Wir sind nicht dazu verdammt, ein ganzes Leben lang eine bestimmte Rolle zu spielen und uns von Verhaltensstörungen und immer denselben Abwehrmechanismen lähmen zu lassen. *Jeder kann neue Wege einschlagen, wenn er es nur wirklich will.*

Es ist sicher nützlich, das System der eigenen Familie zu ergründen und sich zu fragen, welche Rolle man selber darin gespielt hat. Aber vielleicht noch wichtigere Informationen bekommen wir, wenn wir uns fragen, welche Botschaften unsere Eltern dazu benutzten, um uns fürs Leben zu „programmieren".

Von den Eltern geerbt – Gebote

Unser wichtigstes Erbe, das uns die Eltern hinterlassen, ist nicht ihr Geld und nicht einmal ihre Augenfarbe, sondern es sind ihre elterlichen Gebote. Wenn die Eltern sterben, hinterlassen sie im Normalfall ein Testament, in dem sie niedergeschrieben haben, was jeder einzelne von uns aus ihrem Vermögen erben soll. Aber solange sie noch am Leben sind, „vererben" sie uns schon ihr „psychologisches Testament". Das sind all die vielen scheinbar unbedeutenden oder auch besonders nachdrücklich ausgesprochenen Gebote bzw. Verbote. Hierbei handelt es sich um lebensformende Botschaften, die uns kundtun, wie sie sich unser Leben vorstellen und was wir nach ihrem Dafürhalten erreichen sollen.

Es folgen nun ein paar Beispiele häufig vorkommender elterlicher Gebote, von denen meine Patienten während ihrer Therapie berichteten:

1. Sei vollkommen.
2. Sei reich.
3. Beeindrucke die Freunde und Nachbarn deiner Eltern durch ein Verhalten, daß sie merken, was für gute Eltern du hast.

4. Sei ein Ersatzpartner für den Vater oder die Mutter, emotional oder auch sexuell.
5. Steige auf im Leben, koste es, was es wolle.
6. Versage im Leben, damit Vater oder Mutter sich nicht klein fühlen müssen.
7. Versage im Leben, weil Vater oder Mutter dich nicht mögen und du es verdienst zu versagen.
8. Versage im Leben als Strafe dafür, daß du den Erwartungen deiner Eltern nicht entsprichst.
9. Sei um jeden Preis erfolgreich im Leben, mach dein Glück und werde berühmt, damit deine Eltern stolz auf dich sein können.
10. Hilf jedem, wenn du nur kannst. Sag zu niemandem nein, besonders zu denen nicht, die dich um einen Gefallen bitten.

Diese Liste kann nur ein paar Beispiele aus den Hunderten von elterlichen Geboten geben, die mir im Laufe der Jahre schon von Patienten genannt worden sind. Die meisten der genannten Gebote sind negative Aussagen. Es gibt aber genauso auch positive Gebote wie:

1. Liebe Gott und andere Menschen.
2. Sag immer die Wahrheit.
3. Sei fleißig, aber übernimm dich nicht.
4. Sei fair zu jedermann.
5. Sei ehrlich und betrüge nicht.
6. Besuche regelmäßig die Gottesdienste, nicht als Pflichtübung, sondern weil es dir geistlich guttut.
7. Lies jeden Tag deine Bibel, und trachte danach, Jesus ähnlich zu werden.
8. Vergib anderen, wenn sie dir unrecht tun.
9. Geh mit anderen immer nur so um, wie auch sie mit dir umgehen sollen.

Wie schön wäre es, wenn wir nur solche positiven Dinge hören würden. In unserer Kindheit bekommen wir unzählige solcher Botschaften zu hören. Einige sind uns dienlich, andere weniger, und wieder andere bilden das Fundament für unsere egoistischen oder masochistischen Neigungen. So lassen manche Eltern ihre Kinder „durch die Blume“ oder auch ganz unverblümt wissen:

– „Wenn du nicht da wärst, ginge es mir viel besser.“

– „Du hängst viel zu sehr an Papa. Papa gehört aber mir!“
– „Du mußt auf jeden Fall da Erfolg haben, wo er mir versagt geblieben ist.“

Ich sollte ein Billy Graham werden

Mein Vater hat niemals mehr als 8000 Dollar im Jahr in seinem Beruf als Zimmermann verdient. Und um unser Einkommen aufzubessern, arbeitete meine Mutter nebenher als Putzfrau und Haushaltshilfe bei verschiedenen Arztfamilien. Für sie waren Ärzte immer etwas ganz Besonderes, weil sie offenkundig so erfolgreich waren. Immer wieder hörte man sie sagen: „Dr. Sowieso hat gemeint ... “ oder: „Die Frau von Dr. Sowieso hat mir etwas mitgegeben.“

Meine Mutter hoffte immer, daß ich auch Arzt werden würde. Daneben hatten meine Eltern noch einen anderen großen Wunsch: Ich sollte eines Tages Billy Graham auf die eine oder andere Weise den Rang ablaufen. Es hätte aber genausogut auch Eisenhower oder Nixon sein können. Bei solchen Vorgaben und der Vorbildfunktion meiner bienenfleißigen Eltern war es nur eine Frage der Zeit, daß auch ich ein Workaholic wurde.

Die Nachgiebigkeit meiner Mutter hatte aber auch Vorteile: Sie interessierte sich für alles, was ich zu erzählen hatte; und während sie über ihre eigenen Erlebnisse des Tages sprach, war ich offen für so manchen positiven Impuls. Schon sehr früh hielt sie mich an, Bibelverse auswendig zu lernen, und bereits mit sechs entschied ich mich, mein ganzes Vertrauen auf Christus zu setzen.

Als ich ungefähr zehn Jahre alt war, wollte meine Mutter, daß ich Psalm 1 auswendig lernte. Diese Verse sprechen ja davon, wie sehr man sich am Gesetz des Herrn erfreuen kann und was für ein Vergnügen es ist, Tag und Nacht über das Gesetz des Herrn nachzusinnen. Dieser Psalm hat sich mir tief eingeprägt, und bis auf den heutigen Tag habe ich es mir zur Gewohnheit gemacht, regelmäßig die Bibel zu lesen und darüber nachzusinnen. Heute kommt es allerdings immer häufiger vor, daß ich mir die Bibel auf Cassette im Autoradio vorlesen lasse, wenn ich wieder einmal im Stau stehe.

Als junger Mann stellte ich mir immer vor, wie schön es wäre, wenn ich eines Tages zusammen mit meinem Vater eine Baufirma für schlüsselfertige Häuser betreiben würde. Ich war sicher, daß das gerade in Amerika, dem Land der unbegrenzten Möglichkeiten, ein gutes Geschäft sein müsse. Aber mein Vater drängte mich beständig, für eine gute Ausbildung zu sorgen, um später einmal eine gutbezahlte Arbeit zu finden. Ihm ging es vor allem darum, das in der Revolution verlorene Familienvermögen wieder aufzubauen.

Mein Vater hat offenbar niemals wahrhaben wollen, daß er für seinen Beruf nicht nur geschickte Hände haben, sondern ebenso in der Lage sein mußte, seine Konstruktionen zu planen und zu durchdenken. Als wir zusammen an dem Haus bauten, das ich entworfen hatte, sagte er zu mir: „Paul, du bist doch ein cleverer Bursche. Ich möchte, daß du einmal deinen Verstand einsetzen mußt und nicht deine Hände. Ich möchte nicht, daß du das tun mußt, was ich mein Leben lang tun mußte – dich als Zimmermann zwölf Stunden am Tag abrackern. Die Russen nahmen uns, was die Familie von Generation zu Generation weitergegeben hatte. Ich habe dir nichts zu vermachen außer diesem Rat: Gebrauche deinen Verstand, und nicht den Rücken, um deinen Lebensunterhalt zu verdienen."

Jeder von uns zieht eines Tages den „geerbten Mantel" aus

An einige Gebote meiner Eltern habe ich mich gehalten, aber längst nicht an alle. Ich bin tatsächlich Arzt geworden, aber ein Billy Graham oder Dwight Eisenhower wurde ich nicht. Andererseits habe ich alles getan, um meinen Verstand zu schärfen und mich so ausbilden zu lassen, wie es mein Vater von mir erwartete.

Als ich das erste Belegexemplar des allerersten von mir verfaßten Buches vom Verlag bekam, überreichte ich es meinem perfektionistischen Vater als Geschenk. Er schaute es schweigend an, sagte aber kein Wort, wie stolz er war. Statt dessen sprach er über einen bekannten christlichen Buchautor, der mindestens ein paar hundert Bücher geschrieben habe. Die Botschaft meines Vaters war klar: „Ein einziges Buch beeindruckt noch wenig. Du mußt erst noch ein paar hundert mehr schreiben!"

Zu meinen wichtigsten Vorbildern gehört Paul Tournier, der kluge und doch so warmherzige Schweizer Psychiater. Er ist Verfasser sehr vieler interessanter Bücher und Artikel. Tournier hat es immer meisterhaft verstanden, all jenen Hoffnung zu machen, die in einer zerrissenen Welt heile Menschen werden wollen. Als er vor ein paar Jahren starb, gehörte ich zu den unzähligen Menschen, die diesen großen Verlust beklagten. Tournier schrieb das Vorwort zu Dr. Frank Minirths *Happiness is a*

Choice. Es war das erste Buch, das Frank Minirth als Arzt und ich als Psychiater zusammen verfaßten. Durch Tournier habe ich viele Erkenntnisse darüber gewonnen, wie Eltern ihre Kinder prägen und wie man eine eigenständige Person wird.

In seinen Schriften spricht er davon, daß man die prägenden Einflüsse der Eltern durch Ge- und Verbote wie einen Mantel, ein Kleid oder Hemd „ausziehen“ müsse. Man fängt damit meistens als Teenager an, wenn man zunehmend das Verhalten der eigenen Eltern in vielen Bereichen in Frage stellt. Das kann bis zur totalen Aufsässigkeit und Selbstgerechtigkeit gehen. Der typische Teenager, der im Gegensatz zu seinen Eltern über alles Bescheid zu wissen scheint, ist in unseren Kliniken als Patient wohlbekannt.

Interessant an diesem Vorgang des „Ausziehens“ von Werten und Geboten ist aber, daß nach eingehender Prüfung doch sehr viel davon übernommen wird. Der junge Mensch zieht sozusagen den Mantel wieder an; nun aber ist es sein Mantel. Er übernimmt nicht ungeprüft alles, was die Eltern für recht erklärt haben.

Diesen Prozeß der Überprüfung aller durch die Eltern vermittelten Werte und Normen könnte man als „seelisches aus dem Haus Gehen“ bezeichnen. Ich selber habe damit angefangen, als ich bereits studierte. Inzwischen ist mir allerdings auch klar geworden, daß ich noch als Erwachsener damit fortfahren muß. Um ein wirklich reifer Mensch zu werden, der sein Leben meistert, muß ich bereit sein, die von den Eltern übernommenen Werte und Normen - die Vorurteile, Moralvorstellungen und Bewertungen – immer wieder neu zu überdenken und sie im Licht der Bibel für mich zu ordnen. Das geschieht dem jeweiligen Stand der Reife entsprechend. Es steht mir frei, all diese Werte und Normen zu verwerfen, ich kann sie aber genausogut in meinen eigenen „Mantel“ geistlicher Werte einweben.

Damals, als ich meinem Vater das erste Buch präsentierte, das ich geschrieben hatte, und er mir „gebot“, dreihundert weitere zu schreiben, mußte ich wieder einmal ein Stückchen mehr seelisch mein Elternhaus verlassen. Ich mußte mir klar darüber werden, wie ich auf dieses Gebot des Vaters reagieren sollte. Sollte ich aufbegehren? Sollte ich versuchen, gehorsam zu sein? Ich nahm mir damals vor, noch weitere Bücher zu schreiben, aber nicht, weil ich damit seinen Ansprüchen genügen wollte, sondern allein, weil mir die Schriftstellerei Spaß macht und ich die Aufgabe erfüllen möchte, die mir, wie ich glaube, Gott gestellt hat.

Niemand hat fehlerlose Eltern. Auch bei mir ist das nicht anders und auch bei meinen sechs schon fast erwachsenen Kindern nicht. Wenn ich erleben muß, wie sie die übernommenen „Mäntel" ausziehen, dann muß ich mich immer wieder daran erinnern, daß sie frei entscheiden können, selbst wenn ich einige ihrer Entscheidungen ganz und gar nicht nachvollziehen kann.

Die seelische Abnabelung ist ein schmerzvoller Prozeß für alle Beteiligten. Es ist jedesmal eine leidvolle Erfahrung, mit ansehen zu müssen, wie die, die man so sehr liebt, ihre ersten Gehversuche im Leben machen. Da beginnt man zu ahnen, wie sich die Adlermutter fühlen muß, wenn sie liebevoll ihre Jungen aus dem Nest stupst und nun hofft, daß sie auf dem Weg nach unten das Fliegen schon lernen werden.

Als unsere Kinder noch kleiner waren, haben wir ihnen Grenzen gesetzt. Jetzt versuchen wir nur noch, ihnen bedingungslos unsere Liebe und Annahme zu zeigen. Wir sagen ihnen aber auch ganz offen, was wir von ihren Entscheidungen halten. Dabei legen wir ihnen dar, warum wir gelegentlich auch unsere Bedenken haben. Im Augenblick scheint es allerdings so zu sein, daß wir selber unsere in langen Jahren angesammelten Lebenserfahrungen höher bewerten als unsere Kinder dies tun! Trotzdem sind wir glücklich darüber, daß wir miterleben können, wie sie die Mäntel, die wir ihnen gegeben haben, ausziehen und erst einmal selber entscheiden, ob sie ihnen überhaupt passen. Das ist einfach der Entwicklungsschritt, den wir alle tun müssen, um von kindlicher Abhängigkeit zur Reife des Erwachsenen zu gelangen.

So mancher bleibt ein Gefangener der elterlichen Werte und Normen

Diese seelische und geistige Loslösung vom Elternhaus erlebt jeder anders. Das Ergebnis ist allerdings immer dasselbe: die Eltern haben nun die bestimmende Rolle im Leben des jungen Menschen verloren. Jetzt geht es darum, eigene Beziehungen aufzubauen und zu pflegen. Ganz wichtig wird es sein, daß der junge Mensch es lernt, sich an einen Lebenspartner in einer gesunden Ehe zu binden.

In einer gesunden Ehe sind die Partner niemals zwei völlig selbständige Wesen, die sich zufällig eine gemeinsame Wohnung teilen. Die zwei Menschen werden allerdings auch nicht ausschließlich aufeinander bezogen sein und ihr Lebensglück allein durch den Partner erlangen. Zu einer gesunden Ehe gehören vielmehr zwei *reife, selbständige* Menschen, die es lernen, einander zu lieben und zu vertrauen und den andern so anzunehmen, wie er nun einmal ist. Das ganze Kapitel 11 wird sich damit befassen, wie man eine persönliche Bindung zu einem Lebensgefährten oder irgendeiner anderen wichtigen Person im Leben eingeht.

Viele Kinder – auch die bereits erwachsenen – fürchten die mögliche Ablehnung durch ihre dominanten Eltern sehr. Es sind seelische Krüppel mit geringem Selbstwertgefühl und großen Ängsten. Und deshalb passen sie sich vollkommen an. Sie übernehmen alles, was Mutter und Vater vorleben und verlangen.

Michelle kam in unsere Klinik, als sie bereits 44 war. Sie lebte allein, war sehr einsam und depressiv, weil man ihr fälschlicherweise beigebracht hatte, auch noch erwachsene Kinder müßten ihren Eltern gehorchen. Sie hatte es nie gelernt, sich von diesem unsinnigen Gebot der Eltern frei zu machen. Damit es ein für allemal klar ist: Die Bibel spricht keineswegs davon, daß erwachsene Kinder ihren Eltern gehorchen müssen. Das griechische Wort im Grundtext von Epheser 6 Vers 1 meint kleinere und größere Kinder, nicht aber Erwachsene.

Die dominante und egoistische Mutter hielt Michelle ihr Leben lang wie eine Sklavin zu Hause. Michelle war auch noch das jüngste Kind, und ihre Mutter verstand es, ihr ein schlechtes Gewissen zu machen, wenn sie sich mit einem jungen Mann verabredete oder auch nur eine lockere Beziehung zu einem gleichaltrigen Mädchen knüpfte. Mit 44 mußte Michelle ihr Elternhaus nicht nur rein physisch, sondern auch auf der Gefühlsebene verlassen. Es war unumgänglich, daß sie von ihrer 74-jährigen Mutter fortzog und ihr eigenes Leben zu führen begann. Sie tat es dann auch, aber, wie nicht anders zu erwarten war, wurde sie nun von ihrer Mutter verstoßen. Trotzdem gelang es Michelle, ihr Leben nun wesentlich besser zu meistern und mit viel mehr Selbstachtung glücklich zu werden.

Es fällt uns vielleicht schwer, Michelle zu verstehen. Einerseits hat man Mitleid mit ihr, aber andererseits kann man auch kaum nachvollziehen, warum sie so viele Jahre ihres Lebens in einer psychischen Bindung an ihre Mutter vergeudet hat. Es kann aber niemand von sich behaupten, seine Entscheidungen ohne Einflußnahme durch das Elternhaus getroffen zu haben. Für jeden bedeutet das Verlassen des Elternhauses etwas anderes. Wie und ob es geschieht, hängt ganz von den Umständen ab, die wir in unserer Familie vorfinden.

Nehmen wir an, Sie seien die Tochter eines arbeitssüchtigen Vaters, der nicht bereit ist, sich zu verändern. Wenn Sie Ihr Elternhaus verlassen wollen, müssen Sie sich damit abfinden, niemals mehr ein gutes Verhältnis zu ihm zu bekommen. Das Leben geht trotzdem weiter! Es gibt sechs Milliarden Menschen auf diesem Planeten Erde, und der Papa ist nur einer davon. Sie können auch ohne ihn überleben, darauf gebe ich Ihnen Brief und Siegel!

Vielleicht glauben Sie, Ihr Selbstwertgefühl hänge allein von der Zustimmung und Zuneigung Ihres Vaters ab und das Leid Ihrer Einsamkeit werde unerträglich, wenn Sie sich erst einmal der Illusion berauben, Ihr Vater werde eines Tages doch noch eine Beziehung zu Ihnen aufnehmen. Das ist und bleibt eine Illusion! Hören Sie auf, Ihre Zeit mit Hirngespinsten zu vertun. Gehen Sie lieber Ihres Weges. Füllen Sie dieses „Vater-Vakuum", indem Sie eine wahrhaft reife Beziehung zu einem Lebenspartner oder zu einer anderen für Sie wichtigen Person aufbauen. Ihr Selbstwertgefühl sollte aber niemals von irgendeiner Beziehung abhängen, auch nicht von der zu Ihrem Lebensgefährten. Das ist allein eine Sache zwischen Ihnen und Gott. Nur Sie beide können ein so kostbares Gut wie ein gesundes Selbstwertgefühl gemeinsam schaffen und bewahren. (Mehr darüber, wie man ein gesundes Selbstwertgefühl entwickelt, lesen Sie in Kapitel 10.)

Oder nehmen wir an, Sie hätten eine dominante Mutter, die Sie Tag für Tag anruft. Sie schreibt Ihnen vor, wie Sie Ihr Leben zu führen haben. Sie braucht Sie, weil Sie ihr einziger Vertrauter sind. Vielleicht hört es sich kalt und grausam an, aber auch in diesem Fall ist es höchste Zeit, daß Sie die Nabelschnur durchtrennen!

Fragen Sie einen ausgebildeten Seelsorger oder Ihren Pastor, wie in Zukunft die Kontakte zu Ihrer Mutter aussehen sollten. Zwei Telefonate von zehn Minuten Dauer in der Woche sollten fürs erste genügen. Es geht einfach darum, Grenzen zwischen Ihnen und Ihrer Mutter zu errichten, damit sie erfährt, daß Sie trotz aller Liebe zu ihr nicht mehr bereit sind, sich von ihr vorschreiben zu lassen, wie Sie Ihr Leben führen. Wenn Sie nicht hinhören will, sollten Sie das Gespräch höflich beenden und dann auflegen. Sie können ja ein paar Tage später wieder anrufen.

Entscheidend ist, daß Sie sich nicht mehr durch unberechtigte Schuldgefühle manipulieren lassen. Vielleicht reagiert Ihre Mutter ungehalten, wenn sie gezwungen ist, Ihre Grenzen zu respektieren und Ihre Entscheidungen hinzunehmen. Wenn sie Ihnen aber von Stund an aus dem Weg geht, Sie enterbt oder andere Angehörige gegen Sie aufhetzt, dann sollten Sie Ihr auch weiterhin respektvoll begegnen, es aber ablehnen, den dummen August für sie zu spielen. Lassen Sie Ihre Mutter wissen, daß Sie sie immer lieben und respektieren werden. Aber gleichzeitig lege ich Ihnen ans Herz, Gott dafür zu danken, daß Sie ihrer Herrschaft entronnen sind.

Diese zwei Beispiele sind aus dem Leben gegriffen. Viele Patienten haben uns Ähnliches berichtet. Die Entscheidung, sich auch geistig und seelisch vom Elternhaus zu lösen, ist ein wichtiger Schritt. Der Prozeß als solcher aber ist langwierig. Manchmal dauert er Jahre, zuweilen ein Leben lang. Ich weiß nicht, ob Sie persönlich seelsorgerliche Begleitung brauchen, um entscheiden zu können, was zu tun ist, wenn Sie Ihr Elternhaus verlassen wollen. Auf jeden Fall aber müssen Sie damit rechnen, daß es kein leichter Weg für Sie sein wird.

Es mag Sie ermutigen, wenn Sie daran denken, daß Gott den jungen Vögeln die Fähigkeit mitgegeben hat, das Nest zu verlassen und zu fliegen. Er hat den jungen Löwen die Fähigkeit geschenkt, selbständig auf Beutefang zu gehen; und er hat den Menschenkindern in die Wiege gelegt, mit kritischem Geist die Gebote der Eltern zu sondieren, um nach Gutdünken zu behalten oder zu verwerfen. Fangen Sie also noch heute an, Ihr eigenes Leben zu leben, sofern Sie damit nicht schon längst begonnen haben. Der Schmerz der Geburtswehen wird in keinem Verhältnis zum Lohn stehen, den Sie erwarten können.

8. Wes Brot ich esse, des Lied ich singe

Dritter Schritt: Durchbrechen Sie den Teufelskreis der Sucht nach Abhängigkeit

Patricia war ein talentiertes junges Mädchen mit einer wunderschönen Stimme. Sie war kaum drei, da gebärdete sich ihre dominante Mutter schon als ihre Managerin. Bei jeder sich bietenden Gelegenheit mußte Patricia auftreten, denn sie konnte eigentlich alles singen: Westernsongs beim Rodeo, Choräle in der Kirche und patriotische Hymnen als Untermalung politischer Veranstaltungen. Und die Mutter kleidete sie je nach Auftritt immer passend ein.

Als Patricia 18 geworden war, hörte sie davon, daß ein berühmtes Orchester in ihre Stadt kommen würde. Der Dirigent hatte von Patricias stimmlicher Begabung gehört und hatte ihr geschrieben und sie eingeladen, bei dem Konzert in der Stadt ein Solo zu singen. Beigelegt waren die Noten für das Stück, das Patricia singen sollte. Sie fing sogleich an, täglich mehrere Stunden zu üben, um das Lied ganz sicher vortragen zu können.

Am Tag vor dem Konzert erhielt Patricia telefonisch die Nachricht, daß das Orchester später als geplant eintreffen würde, so daß keine Zeit für eine gemeinsame Probe mehr bliebe. Patricia war zunächst sehr erbost, aber dann dachte sie doch: *„Ich habe stundenlang geübt. Ich werde es ganz sicher auch so schaffen.“*

Am Abend der Vorstellung wartete Patricia mit Lampenfieber hinter der Bühne, bis sie angekündigt wurde. Sie betrat die Bühne, verbeugte sich und dankte für den freundlichen Applaus der zahlreichen Freunde und Nachbarn, von denen viele Patricia von klein auf kannten. Der Maestro hob den Taktstock, und das Orchester begann zu spielen. Aber irgend etwas stimmte nicht. Patricia traute ihren Ohren nicht. Das Orchester spielte ein Stück, das sie gar nicht geübt hatte!

Zunächst geriet sie in Panik. Dann aber wurde sie wütend. Wieder einmal war sie das kleine Püppchen, über das andere bestimmten. Sie war sich ganz sicher, daß das Orchester irrtümlich etwas Falsches spielte. Natürlich konnte sie sich wieder anpassen und sich leidlich aus der Affäre ziehen, ohne einmal geübt zu haben. Aber in diesem Augenblick – dort auf der Bühne – fiel etwas ab von Patricia. Es war das Gängelband, das sie ihr ganzes Leben lang um den Hals getragen hatte.

„*Ich habe zu lange für mein Lied geübt, um jetzt einfach ein ganz anderes zu singen*", dachte Patricia. „*Und es ist mir ein Herzenswunsch, es nun vorzutragen. Deshalb singe ich es jetzt auch.*"

Es war tatsächlich das erste Mal, daß Patricia einfach auf ihre innere Stimme hörte und sich nicht von anderen bestimmen ließ. Nachdem sie sich wieder gefaßt hatte, holte sie tief Luft und stimmte ihr eigenes Lied an. Das feine Gehör des Dirigenten nahm natürlich sofort die Unstimmigkeit wahr. Er lächelte, gab dem Orchester mit dem Taktstock ein Zeichen, das die geübten Musiker sofort verstanden, und schon nach wenigen Takten folgte das Orchester Patricia mit ihrem Lied.

Wohl kaum einmal hatte Patricia schöner gesungen. Nachdem der letzte Ton ihres Liedes verklungen war, erhoben sich die Zuhörer von den Plätzen und jubelten und klatschten. Tränen rannen über Patricias Wangen, als sie sich wieder und wieder verbeugte und sich für den begeisterten Applaus bedankte.

An jenem Tag traf Patricia zwei ganz wichtige Entscheidungen. Zunächst einmal war da der spontane Entschluß, auf die Stimme ihres Herzens zu hören und ihr eigenes Lied zu singen und nicht das der anderen. Die zweite Entscheidung war dann allerdings von noch größerer Tragweite. Nach und nach wollte Patricia es nun auf jeden Fall lernen, selbständig ihr eigenes Leben zu führen. Sie wurde nicht etwa aufsässig ihrer Mutter gegenüber. Sie respektierte sie noch immer, aber gleichzeitig trat sie ihr viel selbstbewußter entgegen. Patricia schien plötzlich bewußt geworden zu sein, daß ihr ganzes Leben bisher fremdbestimmt gewesen war und daß es höchste Zeit war, die Dinge nun selbst in die Hand zu nehmen und eine Veränderung herbeizuführen.

Auf Empfehlung der Mutter einer guten Freundin besuchte Patricia eines Tages eine unserer Minirth-Meier-Kliniken. Hier lernte sie, was für ihr späteres Leben entscheidend sein sollte: ihr Leben selbständig zu führen. Durch die Therapie erkannte sie sehr schnell, wie schwach und kraftlos sie all die Jahre gewesen war, bis sie ihr eigenes Lied an jenem entscheidenden Abend gesungen hatte. Weil sie so schön singen konnte, hatte sie immer gedacht, sie selber wäre es, die die andern beherrschte. Doch nun erkannte sie sehr schnell, daß in Wahrheit immer die andern über sie bestimmt hatten, nicht nur ihre dominante Mutter, sondern auch ihr fester Freund, von dem sie sich nun sehr schnell trennte.

Werden Sie von Ihrer Sucht beherrscht?

Viele Patienten, die bei uns Hilfe suchen, weil sie abhängig geworden sind von Drogen oder bestimmten Verhaltensweisen, erzählen immer dasselbe: Sie glauben, bestimmte Dinge in ihrem Leben im Griff zu haben, doch genau das Gegenteil ist der Fall.

Wenn Sie jemals ein selbstbestimmtes Leben führen wollen, müssen Sie genau das tun, was Patricia tat. Es ist der dritte Schritt, mit dem wir uns in diesem Kapitel beschäftigen:

> *Geben Sie Ihrem Herzen einen Ruck, und singen Sie Ihr eigenes Lied! Fassen Sie den Entschluß, sich immer öfter zu weigern, Ihr Leben von anderen bestimmen zu lassen – durch elterliche Einflußnahme auf ihre erwachsenen Kinder, durch Abhängigkeit von dominanten Mitmenschen, durch Versagensängste oder durch das Gefühl, immer die andern zufriedenstellen zu müssen. Entscheiden Sie sich, Ihre stumme Leidensbereitschaft aufzugeben und sich statt dessen von Gott etwas schenken zu lassen – ein durch die Liebe motiviertes, selbstbestimmtes und selbstbewußtes Leben.*

Die flinke Vivian war eine Masochistin, wie sie im Buche steht

Wie ich schon in einem der vorangehenden Kapitel erwähnte, gehört zu den immer wiederkehrenden Problemen, die wir in unseren Minirth-Meier-Kliniken behandeln, die Sucht nach Fremdbestimmung, das Verlangen, von dominanten Mitmenschen beherrscht zu werden.

Oft sprechen wir mit unseren Patienten über eine bestimmte Bibelstelle, die von Paulus stammt. Er wäre aus heutiger Sicht ein ausgezeichneter Psychotherapeut gewesen. Einmal schrieb er an seinen Freund Timotheus, der von selbstgerechten Mitgliedern seiner Gemeinde kritisiert und bevormundet wurde: „Denn Gott hat uns nicht einen Geist der Furchtsamkeit gegeben, sondern der Kraft und der Liebe und der Zucht."[1]

Es kann viel Kraft kosten, sich aus einer schweren Leidenssucht zu befreien. Das mußte auch eine 35jährige Filmschauspielerin erfahren, die vor einigen Jahren zu mir in die Beratung kam. Sie war mit einem akuten Erschöpfungszustand ins Krankenhaus eingeliefert worden. Doch nachdem der behandelnde Internist alle Untersuchungsergebnisse vorliegen hatte und keine körperlichen Ursachen feststellen konnte, kam er auf den Gedanken, ob nicht alles eine seelische Ursache haben könnte.

Als er diese Vermutung zur Sprache brachte, reagierte Vivian gereizt und unwillig. Doch sie war tatsächlich so stark depressiv, daß sie ihr Leben nicht mehr in die Hand bekam. Sie wollte das allerdings nicht wahrhaben. Mit aller Macht suchte sie nach anderen Erklärungen. So vermutete sie eine Hypoglykämie, einen Herzklappenfehler, chronische Erschöpfungszustände, ein Temporalhirnsyndrom oder *irgend etwas* anderes – nur eine seelische Depression war völlig ausgeschlossen.

Das heißt natürlich nicht, daß die erwähnten Erkrankungen nicht doch irgendwann einmal bei jemand auftreten können. Deshalb interessieren sich die Ärzte auch bei einem depressiv verstimmten Patienten zunächst einmal für dessen körperlichen Zustand. Doch Vivian fehlte körperlich nichts, und deshalb willigte sie schließlich halbherzig ein, einen Psychologen zu konsultieren. Ich wurde gebeten, sie aufzusuchen, weil sie mich durch meine Bücher kannte.

Man hatte mich gewarnt, daß sie sehr attraktiv und verführerisch sei, und so nahm ich vorsichtshalber eine Krankenschwester mit zu diesem Gespräch. Man hatte mich offensichtlich nicht ohne Grund gewarnt. Als wir eintraten, bemerkte ich, daß sie ein durchsichtiges Negligé trug, das kaum noch Raum für irgendwelche Phantasien ließ. Offensichtlich war sich Vivian ihrer Attraktivität bewußt, und es machte ihr Spaß, damit zu kokettieren, besonders in Gegenwart eines männlichen Wesens. Wenn sie eins dieser scheußlichen Krankenhausnachthemden hätte tragen müssen, die nie richtig auf dem Rücken schließen, so hätte sie es sicherlich falsch herum angezogen.

Nachdem ich Vivian gebeten hatte, sich anzukleiden, stellte ich ihr eine Reihe von Fragen. Dabei erfuhr ich, daß sie unter Schlaflosigkeit, Konzentrationsmangel, Kraftlosigkeit und Weinkrämpfen litt. Das alles sind Anzeichen einer manifesten Depression. Schon drei Monate lang hatte sie sich mit diesen Symptomen geplagt, und sie hatten sie an den Rand der Verzweiflung gebracht, so daß sie bereits an Selbstmord dachte. Vivian berichtete, daß sich die gleichen Symptome schon mehrmals in ihrem Leben eingestellt hätten. Zuweilen habe sie dann noch chronische

Kopfschmerzen und ständige Probleme mit realen und eingebildeten Erkrankungen gehabt.

Ich fragte Vivian: „Ist etwas vor ungefähr drei Monaten geschehen, was Sie sehr verärgert und wütend gemacht hat?"

„Vor etwas mehr als drei Monaten habe ich meinen fünften Ehemann verlassen und habe die Scheidung eingereicht", berichtete sie kleinlaut.

Ich wollte von Vivian wissen, warum sie sich denn von ihrem fünften Ehemann trennen wollte. Irgendwann habe sie mitbekommen, daß er sie betrog. Als sie ihn daraufhin zur Rede gestellt habe, sei sie von ihm verprügelt worden.

„Deshalb habe ich mich von diesem rücksichtslosen Kerl getrennt", sagte Vivian, und man spürte ihre Erregung. Ich habe ihn - wie all die anderen - fallengelassen wie eine heiße Kartoffel."

Für Vivian waren alle Männer Egoisten x-ten Grades

Ihr Einschub „... wie all die anderen" machte mich neugierig. Als ich mich nach ihrem vierten, dritten, zweiten und ersten Ehemann erkundigte, erfuhr ich, daß sie alle Vivian betrogen hatten, einige mit anderen Frauen und die andern sogar mit Männern. Man kann also sagen, daß alle fünf Ehemänner Vivian nicht nur seelisch mißbrauchten, sondern sich an ihr auch körperlich vergingen. Und außerdem waren sie alle Trinker oder drogensüchtig.

Vivian hatte eine ganz schlichte Erklärung für all das. Sie habe einfach nur schrecklich viel Pech gehabt. Im Grunde müsse wohl jeder Mann ein ausgemachter Egoist sein, und die Frauen seien durchweg die „unschuldigen Opfer".

Vivian war eine Gefangene ihres Schwarz-weiß-Denkens geworden. Behutsam rückte ich zurecht: „Wenn tatsächlich *alle* Männer ausgemachte Egoisten wären, dann wäre es ja keine Pechsträhne bei Ihnen gewesen, kein unglückliches Zusammentreffen. Es ist höchste Zeit, daß Sie etwas begreifen: Sie haben so viele Jahre unter Ihren egozentrischen Ehemännern gelitten, weil Sie abhängig und süchtig nach solchen Egozentrikern sind."

„Süchtig nach Egozentrikern? Wie kann man danach süchtig sein?" wollte Vivian wissen.

Damit Vivian ihre Sucht besser verstand, erklärte ich ihr, wie es zu einer Depression kommt: Wut vermindert den Serotoninspiegel im Blut. Serotonin ist eine wichtige chemische Substanz im Gehirn. Die Folge ist, daß es zu Schlaflosigkeit, Abgeschlagenheit, Konzentrationsmangel und Suizidgedanken kommt. Und alle diese Symptome zeigten sich bei Vivian. Diese Beschwerden waren zwar zunächst einmal körperlich, doch letztlich handelte es sich nur um körperliche Reaktionen auf eine tiefsitzende Wut. (Wie sehr Wut den Serotoninspiegel absenken und damit eine Depression auslösen kann, werden wir in Kapitel 9 ausführlich erörtern.)

Ich erklärte Vivian, daß sie ohne eine intensive Therapie zur Aufdekkung ihrer seelischen Wunden aus der Kindheit niemals ein selbstbestimmtes Leben führen würde. Denn es seien gerade diese frühkindlichen Erlebnisse, die sie immer wieder veranlaßten, Entscheidungen zum eigenen Schaden zu treffen.

Ich erklärte ihr: „Ungefähr 80 % unserer Gedanken, Gefühle und Motive sind unbewußt – der Kontrolle unseres Bewußtseins entzogen. Wir können uns gar nicht vorstellen, daß gerade diese Gedanken und Empfindungen unsere Entscheidungen steuern. Wir glauben, alles ganz bewußt zu entscheiden. Aber wir tun es eben nicht."

„Was hat das damit zu tun, daß es bei mir fünfmal mit fünf widerlichen Kerlen nicht geklappt hat?" fragte Vivian.

„Wir haben Tausenden von Patienten helfen können, die ganz ähnliche Probleme hatten wie Sie. Erklärlich ist es eigentlich nicht, aber es ist so, als würden wir, ohne daß wir es merken, unsere Antennen ausfahren und sofort Peilung aufnehmen, sobald ein richtig widerlicher Zeitgenosse in unsere Nähe kommt. Ich vermute einmal, daß Ihr Vater ein Egozentriker x-ten Grades gewesen ist. Habe ich recht? Wie alt waren Sie, als er Sie zum ersten Mal sexuell mißbraucht hat?"

Man konnte Vivian ansehen, wie schockiert sie war. Ich hatte also ins Schwarze getroffen. Doch dann schüttete sie ihr Herz aus und erzählte die Geschichte von ihrem Vater, der sie zum ersten Mal mißbraucht hatte, als sie dreizehn gewesen war. Vivian glaubte, ich könne Gedanken lesen. Doch ich versicherte ihr, daß ich lediglich aufgrund meiner Erfahrungen mit so vielen Patienten imstande bin, immer wiederkehrende Grundmuster sofort zu erkennen.

„Lassen Sie mich noch ein bißchen weiter raten", sagte ich. „Sie sind eine schöne Frau, und Sie hatten sicher viele sehr nette und anständige Verehrer. Aber es gab eben auch jene windigen Gesellen, die nur darauf aus waren, Sie ins Bett zu bekommen. Allerdings fanden Sie die netten und anständigen Jungs immer schrecklich langweilig, während die Männer mit den egoistischen Motiven viel interessanter waren."

„Sie haben den Nagel auf den Kopf getroffen, Doktor", antwortete

Vivian. „Mir waren immer die Männer lieber, mit denen man nicht so leichtes Spiel hatte, die wußten, was sie wollten, und obendrein richtige Kerle waren.“

Sieben Wochen blieb Vivian bei uns in der Klinik. Täglich hatte sie mehrstündige Therapiesitzungen, in denen es darum ging, Einsichten über ihren seelischen Zustand zu vermitteln. Schließlich wurde sie frei von ihren Depressionen und Selbstmordgedanken. Sie fühle sich, so erzählte sie, wie ein Mensch, der sein Leben in der Sklaverei verbracht habe und nun befreit worden sei. Es dauerte dann noch einmal 18 Monate, um mit ambulanter Therapie all den seelischen Eiter aus alten Wunden zu waschen, der sich in der Vergangenheit angesammelt hatte. Außerdem mußten wir sie befähigen, für den Rest ihres Lebens für sich selber Sorge zu tragen, ohne erneut einer Psychotherapie zu bedürfen.

Wie es zum Teufelskreis der Leidenssucht kommt

Bei der Therapie, durch die wir Vivian helfen wollten, von ihrer Leidenssucht und Abhängigkeit freizukommen, mußte es zuallererst darum gehen, ihr den „Teufelskreis des Suchtverhaltens“ verständlich zu machen. Diesen Kreis durchläuft jeder, der abhängig geworden ist von Menschen, Verhaltensweisen oder Dingen (s. Diagramm auf Seite 166).

Um zu verstehen, wie der Teufelskreis des Suchtverhaltens in Beziehung steht zu Ihrer eigenen masochistischen Neigung, werden wir diesen Teufelskreis mit all seinen Stationen besprechen und uns dabei an Vivians Fall orientieren.

Station eins innerhalb dieses Kreises ist das Erlebnis, auf irgendeine Art mißbraucht oder mißhandelt worden zu sein – seelisch, körperlich oder sexuell. Vivian geriet in diesen Teufelskreis, als ihr Vater sich über ihre persönlichen Bedürfnisse hinwegsetzte und sie sexuell mißbrauchte, während die Mutter ihr jeden Schutz verwehrte. So wurde das Leiden für Vivian ein Teil ihres Lebens.

Station zwei im Kreis bedeutet, daß wir anfangen, an uns selbst kein gutes Haar zu lassen. Die kleine Vivian begann sich einzureden, daß sie selbst die Schuld an allem trug, was der Vater ihr antat. Sie wollte einfach daran glauben, daß sie die Mißhandlungen verdiente. Und so war es nur logisch für sie, daß sie das Leid geradezu suchte.

Station drei ist die Herausbildung ungerechtfertigter Schuldgefühle. Dadurch, daß Vivian sich einredete, das Leiden zu verdienen, stellten sich massive Schuldgefühle ein, weil sie durch eigene Schuld den Platz ihrer Mutter im Sexualleben des Vaters eingenommen hatte. Das Kind fühlt sich verantwortlich für das, was ihm angetan wird, und so fühlt es sich auch schuldig, statt zu begreifen, daß der mißhandelnde Erwachsene der wahre Übeltäter ist. Für Vivian wurde der Masochismus ein Mittel der Rache an sich selbst. Damit bezahlte sie für ihre vermeintliche Schuld.

Mit der *Station vier* beginnt die Geringschätzung der eigenen Person. Weil Vivian sich die Schuld für die sexuellen Übergriffe ihres Vaters gab, empfand sie sich als Abschaum. Jemand hat einmal gesagt: „Gott erschafft nichts Unwertes!" Aber Vivian fühlte sich wie Abfall, den man zurecht achtlos beiseitekehrt. Und so ist es nur logisch, daß sie sich zur Masochistin entwickelte. Jan, meine Frau, sagt öfter: „Wenn du dich wie ein Fußabtreter benimmst, werden die Leute auch auf dir herumtreten."

Die *Station fünf* ist erreicht, wenn die Seele schwer leidet. Sobald Schuldgefühle entstehen und die Selbstachtung verlorengeht, leidet die Seele. Dieser Schmerz kann unerträglicher sein als der Schmerz durch einen gebrochenen Arm. Vivian wußte absolut nicht, wie sie diesen Schmerz innerlich verarbeiten sollte. Ja, sie spürte, daß er da war, und schließlich war sie so sehr daran gewöhnt, daß ein Bumerangeffekt entstand: Wenn sie sich zu befreien glaubte, traf sie das Leid unweigerlich nach kurzer Zeit wieder. Und jedesmal war die Wunde in der Seele wieder ein bißchen tiefer geschlagen, bis sich die Depression einstellte und der Gedanke an den Freitod nahelag. Viele masochistische Patienten, die von ihrer Seelenqual befreit werden, vermissen diese eine Zeitlang sogar, bis sie sich innerlich darauf eingestellt haben, in Frieden, mit Freuden und von Liebe umgeben zu leben.

Bei der *Station sechs* geht es darum, ein Suchtmittel zu finden, um den Schmerz der Seele zu betäuben. Je länger ein Mensch in diesem Teufelskreis bleibt und immer mehr seelisches und körperliches Leid erfährt, desto suchtgefährdeter ist er. Drei Faktoren entscheiden darüber, für welches Suchtmittel sich jemand unbewußt entscheidet: (1) die genetische Disposition, (2) Faktoren der persönlichen Umgebung oder (3) persönliche Neigungen.

So entscheiden sich manche fürs Essen und leiden dann unter Übergewicht. Oder es stellt sich eine Bulimie ein. Die Betreffende (es sind meist Frauen) ißt große Mengen, um sich dann zu erbrechen. (Das kann sogar durch den plötzlichen Verlust von Elektrolyten zum Tod führen.) Fast alle übergewichtigen Menschen benutzen die Nahrungsaufnahme als angenehmes und ablenkendes Suchtmittel, durch das sie den seelischen Schmerz ihrer ungelösten Probleme zu überdecken suchen. Deshalb funktionieren auch die Diätprogramme nicht, die mit Gewalt innerhalb kürzester Zeit zum Erfolg führen sollen, wenn das zugrundeliegende Problem nicht gelöst wird. Fast alle, die nach einer Diät viele Pfunde verlieren, nehmen innerhalb eines Jahres wieder zu und haben bald wieder ihr altes Gewicht. Sie versäumen es nämlich, das eigentliche Problem – ihre Scham wegen vermeintlicher Schuld – aus dem Weg zu räumen. Denn das ist die wahre Ursache ihrer Eßsucht.

Andere typische Suchtmittel, denen wir in der Praxis begegnen, sind Überarbeitung, Drogen, Alkohol, verschiedene Süchte sexueller Natur, Macht (Herrschaft) und auch die Sucht, sich in der Gemeinde zu engagieren (der Betreffende besucht so viele Gemeindeveranstaltungen in der Woche, daß die Familie zu kurz kommt und Gott darüber zornig wird).

Vivian wollte gar nicht glauben, daß gerade die Sucht nach dominanten Persönlichkeiten, Schlitzohren und Egoisten die Form der Abhängigkeit ist, die wir in unseren Minirth-Meier-Kliniken am häufigsten behandeln. Ihr Suchtmittel waren die Egoisten zweiten oder gar x-ten Grades. Je ähnlicher sie ihrem egozentrischen Vater waren, desto besser. Die netten Jungen waren immer tödlich langweilig. Die Draufgänger, die immer wissen, was sie wollen, sie waren die vermeintlich richtige Antwort auf ihren masochistischen Instinkt.

Die *Station sieben* ist der Zustand der Betäubtheit durch das Suchtmittel. Die Drogenkonsumenten sprechen davon, daß sie „high" sind. Der Workaholic erlebt seine Betäubung in der Befriedigung nach pausenloser Arbeit, die ihn alles andere vergessen läßt, denn er hat seine hochgesteckten Ziele wieder einmal erreicht. Der Arbeitssüchtige, der versucht, kürzer zu treten, ohne gleichzeitig therapeutisch betreut zu werden, empfindet plötzlich den Schmerz seiner Seele und eine tiefe Scham. Er arbeitet bis zum Umfallen. Und am nächsten Morgen stürzt er sich wieder auf die Arbeit, um ja nicht zum Nachdenken zu kommen. Die Arbeit ist immer ein gutes Betäubungsmittel gegen seelisches Leid. Doch nur die Therapie beseitigt dessen Ursache dauerhaft.

Bei Vivian wirkten draufgängerische, egozentrische Ehemänner zunächst einmal wie ein Rauschmittel. Und sie fühlte sich wohl dabei – bis sie anfingen, sie zu schlagen und sie zu betrügen.

Station acht sind die unweigerlichen Folgen, die Symptome der Sucht. Diese können sehr komplex und vielfältig sein. Aber es sind doch meist nur negative Folgen, die weite Bereiche unseres Lebens beeinflussen. Es kommt auf das Suchtmittel an. Es können körperliche Beschwerden sein, der gesellschaftliche Abstieg oder der seelische und geistliche Verfall.

Bei Vivian waren die Folgen offensichtlich. Als sie zu uns kam, war sie erschöpft und kraftlos. Sie schlief schlecht, konnte sich nicht mehr konzentrieren und bekam Weinkrämpfe. Das alles sind Anzeichen einer Depression mit Suizidgefährdung. Die rücksichtslosen Egozentriker hatten Vivian derart übel mitgespielt, daß sie bereit war, aus dem Leben zu scheiden. Auch auf der geistlichen Ebene hatte ihre Sucht Folgen: ihr Lebenswandel war immer unsittlicher geworden. Erst als wir mit der Therapie so weit vorangekommen waren, daß Vivian nur noch ambulant behandelt weden mußte, fing sie an, sich weit weniger verführerisch zu kleiden; und sie engagierte sich zunehmend in der Gemeinde in ihrem Wohnbezirk.

Wer die *Station neun* erreicht, fängt an, seine eigenen Werte und Normen zu übertreten. Die unmittelbaren Folgen der Sucht sind meist augenscheinlich und kaum zu verbergen. Doch das Übertreten eigener Werte und Normen geschieht meistens im Verborgenen.

Die eigenen Normen zu überschreiten ist meist ein sehr schmerzlicher Prozeß. Wer der eigenen Ethik zuwiderhandelt, erkennt bald, daß er ein Heuchler ist, der ganz anders handelt, als er redet. Und er haßt sich dafür. Ein Teil von uns weiß ganz genau, was richtig ist und welche Normen wir einhalten sollten. Aber die tief verwurzelte Scham, das fehlende Selbstvertrauen und das kaum entwickelte Selbstwertgefühl sind Antrieb für Handlungen, die nach eigener Erkenntnis schädlich sind. Ein schlechtes Gewissen ist immer etwas, was uns zu schaffen macht. Der Masochist ist zwar immer wieder zur Umkehr bereit, und er bequemt sich zum „Großreinemachen“; aber dann übertritt er ganz schnell auch wieder seine eigenen Normen und Werte, um wieder an sich selber Rache zu üben.

Vivian ist hierfür ein gutes Beispiel. Auch sie handelt ständig ihren eigenen Moralvorstellungen zuwider. Als junges Mädchen schwor sie sich und Gott, niemals einen Mann wie ihren Vater zu heiraten. Aber der Geist ist willig und das Fleisch eines Masochisten besonders schwach. Getrieben von unbewußten Impulsen, die sie nicht verstand, entschied sich Vivian fünfmal, ihren Schwur zu brechen und fünfmal einen Mann zu heiraten, der ihrem guten, alten Papa sehr ähnlich war. Sie mißachtete im Laufe der Zeit auch verschiedene andere Moralvorstellungen, wodurch sich berechtigte Schuldgefühle einstellten, die sich zu den ungerechtfertigten gesellten.

Und damit erreichen wir die *zehnte Station* im Teufelskreis des Suchtverhaltens. Wenn wir ständig unseren tiefsten inneren Überzeugungen zuwiderhandeln, dann werden uns eines Tages die Schuldgefühle übermannen, die sich vor uns auftürmen. Es sind nicht nur die aktuellen und berechtigten Schuldgefühle, sondern eben auch all jene unberechtigten, die sich in unserer Kindheit angehäuft haben. Dieses Gewahrwerden echter Schuld vertieft die Scham, und damit verlieren wir noch mehr von unserer Selbstachtung. Das wiederum vergrößert unser Leid, wodurch unser Verlangen nach einem Suchtmittel noch stärker wird. Betäubung – die Nebenwirkungen stellen sich ein – die eigenen Moralvorstellungen rücken in weite Ferne – noch mehr Gewissensbisse – sich schämen ...

Es ist ein Strudel, der in eine bodenlose Tiefe reißt.

Als Vivian zu uns kam, war sie ganz unten in diesem Strudel angelangt. Sie konnte kaum tiefer gerissen werden. So voller Wut und Zorn war sie, daß sie in einer tiefen Depression steckte und drauf und dran war, sich das Leben zu nehmen. Sie hatte zunächst keine Vorstellung davon, wie sie aus dieser verfahrenen Situation herauskommen könnte. Es dauerte dann auch mehrere Wochen, bis es ihr mit unserer Hilfe gelang, die falschen Schuldgefühle von den berechtigten zu trennen und zu lernen, sich dem Seelenschmerz zu stellen und ihn dadurch zu verarbeiten, daß sie ganz bewußt ihr Herzeleid beweinte und beklagte.

Da Vivian Schauspielerin war, hätte man erwarten können, daß dieses Wehklagen mit Weinkrämpfen und hysterischem Lamentieren vonstatten geht. Tatsächlich fand diese Auseinandersetzung aber eher leise statt, indem sie zuweilen schluchzte und sich die feuchten Augen trocknete. Sonst aber saß sie nachdenklich da und ließ all das, was ihr widerfahren war, vor ihrem geistigen Auge vorüberziehen.

Viele eingefleischte Masochisten müssen erst einmal mindestens zwei Monate stationär bei uns behandelt werden, damit sie sich aus dem Gefängnis befreien können, in dem sie bisher gelebt haben. Es hängt sehr viel davon ab, wie oft jemand den Teufelskreis des Suchtverhaltens umrundet hat. Bei einigen, die danach süchtig sind, ausgenutzt und mißbraucht zu werden, reicht vielleicht die ambulante Psychotherapie (zwei Jahre lang ein- oder zweimal in der Woche Gespräche mit einem erfahrenen und gut ausgebildeten Therapeuten). Ich hoffe vor allem, daß ein Buch wie dieses ebenfalls dazu beitragen kann, vielen die Befreiung auch ohne Therapie zu ermöglichen, sofern sie noch nicht allzu tief in ihrer masochistischen Sucht verstrickt sind.

Sich aus dieser masochistischen Gefühlswelt zu befreien ist immer ein schmerzlicher Prozeß. So nehmen das Leiden und die innere Unruhe sogar noch eine Weile zu, wenn erst einmal die Begierden des Unterbewußtseins nicht mehr gestillt werden. Doch wenn man der leidenden Seele Zeit gibt, sich zu erholen, dann hat auch eines Tages die Qual ein Ende.

Der Teufelskreis des Suchtverhaltens

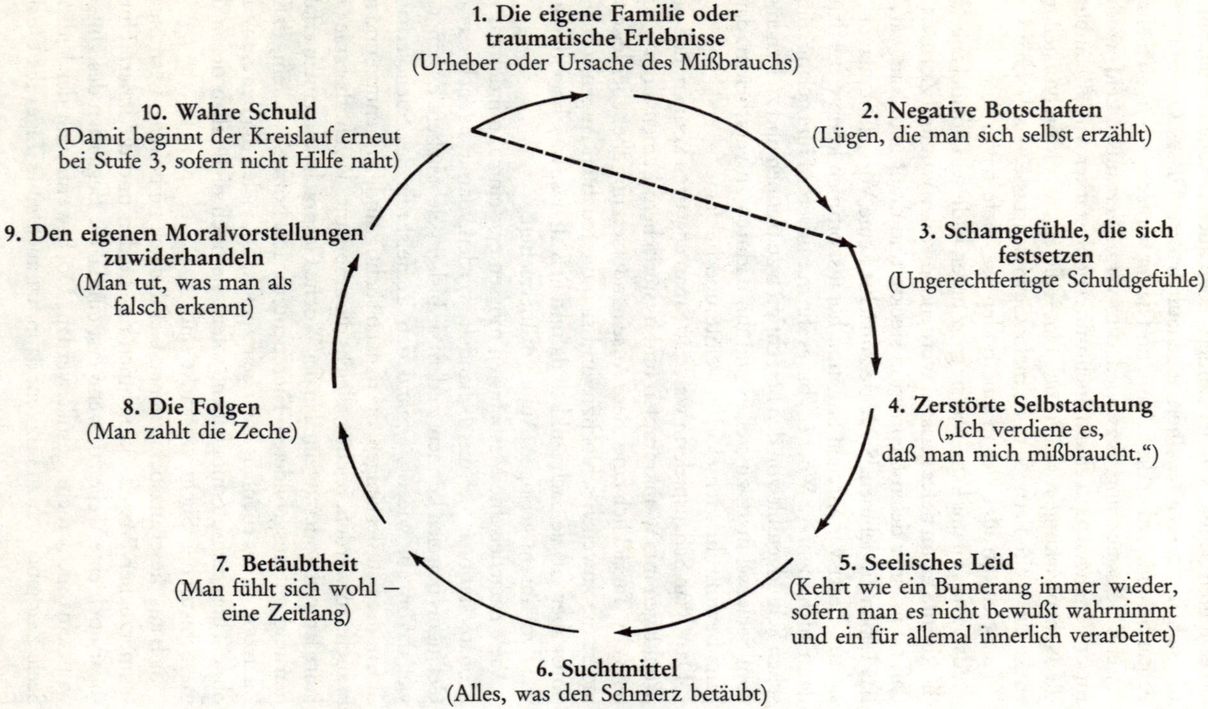

Benutzen Sie die folgende Übung dazu, um herauszufinden, ob auch Sie selber in solch einem Teufelskreis des Suchtverhaltens gefangen sind. Denken Sie daran, daß auch relativ schwach ausgeprägte masochistische Neigungen ein Zeichen dafür sind, daß Sie auf Ihre ganz persönliche Art und Weise eine Abhängigkeit von egoistischen Zeitgenossen entwickelt haben und nun selbst in irgendeinem Suchtkreislauf stecken.

Ursachen meiner masochistischen Neigungen sind (Zustände in meinem Elternhaus, bestimmte Angehörige, traumatische Erlebnisse):

____

____

Ich habe mir immer wieder eingeredet, ______________

____

____

Auch wenn es vielleicht nicht gerechtfertigt ist, gebe ich mir für bestimmte Dinge die Schuld. Das ist z. B. ______________

____

____

Mir fehlt jede Selbstachtung, weil ______________

____

____

Es gibt vieles, was mir seelisch zu schaffen macht und eigentlich bewußt innerlich verarbeitet werden müßte. Dazu gehört ______________

____

____

Um meinen seelischen Schmerz zu lindern, bin ich abhängig geworden von Menschen, die mich ausnutzen oder mißbrauchen. Sie tun es, indem sie ______________

____

____

Ich habe mich unter dem Einfluß dieser Menschen eine Zeitlang wohlgefühlt, weil ______________________________

____

____

Der Preis, den ich für meine masochistischen Neigungen bezahlt habe, ist ______________________________

____

____

Die persönlichen Moralvorstellungen, die ich anderen zuliebe aufgegeben habe, sind ______________________________

____

____

Ich habe mich auch wirklich schuldig gemacht. Gottes Vergebung brauche ich dringend, weil ich ______________________________

____

____

Ich habe noch andere Suchtmittel gefunden, von denen ich immer wieder einmal abhängig bin. Dazu gehören ______________________________

____

____

Keine Freiheit ohne Wehklage

Wer den Teufelskreis des Suchtverhaltens durchbrechen will, darf einen ganz wichtigen Schritt nicht auslassen: Er muß sein Leid herausweinen, muß wehklagen und trauern. Es stellt sich kein innerer Friede ein, wenn man nicht zuvor wehklagt. Es hört sich vielleicht merkwürdig oder zynisch an, wenn gesagt wird, man solle es zunächst einmal beklagen, daß man nun dem Einfluß schlitzohriger Mitmenschen oder einer Sucht entronnen ist. Aber die Wehklage darf auf keinen Fall ausgelassen werden! Wovon wir auch abhängig waren, es hat doch ein Verlangen in uns gestillt und das „Loch in unserer Seele" nicht ganz so groß erscheinen lassen. Nimmt man die Sucht weg, die das Loch bedeckte, so klafft hinterher eine große Wunde, und das Loch erscheint größer denn je.

Wenn Sie anfangen, sich von Ihren masochistischen Neigungen zu befreien, dann geht es Ihnen eine Zeitlang schlechter als zu der Zeit, da Sie noch bereit waren, sich von rücksichtslosen Menschen ausnutzen und mißbrauchen zu lassen.

Wenn Sie z. B. die Gebote und Vorschriften Ihrer Eltern analysieren, die Sie Ihr ganzes Leben lang gehört haben (s. Kapitel 7), dann müssen Sie zunächst einmal den Verlust Ihres idealisierten Bildes von der eigenen Familie betrauern. Das kann bedeuten, daß Sie Mutter und Vater von ihrem erhabenen Podest der Unfehlbarkeit herabholen müssen, um das in ihnen zu sehen, was sie in Wahrheit sind – auch nur Menschen.

Vielleicht müssen Sie das Leid beklagen, das Ihnen durch Menschen angetan wurde, bei denen Sie ganz sicher waren, geliebt und angenommen zu sein. Vielleicht müssen Sie eine verlorene Kindheit betrauern, wenn Sie erst einmal begreifen, daß Ihnen Lebensfreude und Freiheiten vorenthalten wurden, die Ihnen als Kind eigentlich zugestanden hätten.

Immer wenn Sie sich aufmachen, auf der seelischen Ebene Ihr Elternhaus zu verlassen (s. Kapitel 7), muß in irgendeiner Form Trauerarbeit geleistet werden. Vielleicht müssen Sie sich von der Erwartung lösen, daß ein Elternteil oder beide Eltern bei Bedarf einfach immer für Sie da sind und mit Rat und Tat zur Seite stehen werden.

Wenn Sie in Ihrer Zweierbeziehung in einem Abhängigkeitsverhältnis gestanden haben, dann müssen Sie den Verlust des Partners betrauern, der Ihnen alle Entscheidungen abgenommen hat und dem Sie die Schuld geben können, wenn etwas schief geht. Es ist dann nämlich keiner mehr da, der für Sie die Kastanien aus dem Feuer holt und der Sie für Ihre vermeintliche Schuld bestraft.

In extremeren Fällen müssen Sie sich vielleicht sogar mit dem Verlust des Partners auseinandersetzen, der Sie bisher mißbraucht hat. Da Sie nun aber durch die Therapie gesund geworden sind und sich nichts mehr gefallen lassen wollen, trennt er sich lieber von Ihnen, als selber die Therapie zu suchen. Möglicherweise müssen Sie auch mitansehen, wie Ihre Kinder unter dieser Auseinandersetzung leiden. Und auch das müssen Sie bewußt durchleiden und betrauern.

Die fünf Stufen der inneren Auseinandersetzung

Sobald Sie neue Wege gehen und mit Angewohnheiten brechen wollen, von denen Sie abhängig geworden sind, müssen Sie mit Leid rechnen. Aber es gibt Möglichkeiten, das Leid erträglicher zu machen und Ihre Genesung so zu beschleunigen, daß der Trauerprozeß abgekürzt wird. Dazu müssen Sie aber die fünf Stufen der inneren Auseinandersetzung kennen und in die Tat umsetzen. Wenn Sie diese fünf Stufen kennen, werden Sie auch wissen, was auf Sie zukommt. Sie wissen dann, daß alles, was Sie durchmachen, völlig normal ist, und deshalb werden Sie nicht kopflos reagieren. Und auch wenn es manchmal gar nicht so aussieht, werden Sie doch immer Herr der Lage bleiben. Dies sind nun die fünf Stufen der inneren Auseinandersetzung und des Trauerns:

1. Verleugnung – ein Abwehrmechanismus, den wir in Kapitel 6 besprochen haben. Das seelische Leid ist so groß, daß man verleugnen möchte, was einem widerfahren ist.
2. Die Wut bricht nach außen durch – und trifft jene, die man für die Schuldigen am eigenen Unglück hält: andere Menschen oder Gott.
3. Die Wut kehrt sich nach innen – und verursacht berechtigte oder unberechtigte Schuldgefühle.
4. Intensive Trauer – bei der es unter Umständen zu lautstarker Wehklage und zu großer innerer Unruhe kommt.
5. Die Erlösung – Sie können jetzt richtig einordnen, was Ihnen widerfahren ist; Sie akzeptieren es und schauen mit Zuversicht in die Zukunft.

Jack litt und trauerte

Um Ihnen diese fünf Stufen der inneren Auseinandersetzung noch verständlicher zu machen, möchte ich Ihnen die Geschichte eines meiner Patienten erzählen, den wir Jack nennen wollen. Er war mit einer rücksichtslosen Egozentrikerin verheiratet. Sie wollen wir Jezzy nennen.

Jezzy benahm sich oft wie ein Egoist x-ten Grades. Sie hatte schon zahllose Affären. Und Reue zeigte sie aber immer nur, wenn Jack sie in flagranti erwischte. Irgendwann verließ Jezzy ihren Mann, zog zu ihrem Liebhaber und ließ sich von ihm scheiden, weil sie angeblich nicht zueinander paßten. Glücklicherweise hatten sie keine Kinder. Aber Jezzy sorgte dafür, daß ihr Anwalt, ein berüchtigter Vertreter seiner Zunft, Jack alles nahm, was er hatte.

Jack litt unter schweren Depressionen, als er zu uns kam. Er befand sich noch auf der ersten Stufe der inneren Auseinandersetzung mit seinem Leid, und er wäre allein nicht weitergekommen. Er verleugnete, was ihn belastete. Als Jezzy eine Affäre nach der anderen hatte, wollte er das nicht wahrhaben. Jedesmal, wenn sie wieder zu ihm kam, redete er sich ein, Jezzy werde sich nun sicher ändern. Jetzt aber, da sie mit einem anderen Mann durchgebrannt war und sich sogar noch scheiden ließ, wurde Jacks Verleugnungstaktik geradezu krankhaft. Er redete sich ein, daß Jezzy eines Tages alles bereuen, sich von ihrem neuen Ehemann scheiden lassen und zu ihm zurückkehren werde. Jack wollte einfach nicht begreifen, daß Jezzy bisher immer nur deshalb aus lauter Bequemlichkeit zu ihm zurückgekehrt war, weil er für ihren Unterhalt aufkam.

Vielleicht halten Sie Jack für furchtbar naiv, aber er tat nur das, was viele tun, wenn sie einen großen Verlust im Leben erleiden oder wenn sie das Gefühl haben, mißbraucht, mißhandelt oder ausgenutzt worden zu sein. Die erste Reaktion ist dann, sich einzureden, es sei schon alles nicht so schlimm, es werde sich alles wieder einrenken und auch wieder gut werden.

Menschen in diesem Stadium des Verleugnens ringen um ihr Verhältnis zur Realität. Sie sagen sich: „Das sieht alles nur so schlimm aus. Es ist nur ein böser Traum. Alles wird wieder gut werden, und dann ist alles wieder wie früher."

Daran hielt Jack noch drei Therapiesitzungen krampfhaft fest: „Es wird wieder alles so wie früher" sagte er immer wieder. Und wiederholt betonte er mir gegenüber, daß Jezzy sich scheiden lassen und zu ihm zurückkehren werde. Ich aber blieb hartnäckig und wies ihn immer wieder auf sein Verleugnungsverhalten hin. Als Jack schließlich begriff, daß Jezzy nicht wieder zurückkehren würde, erreichte er das nächste Stadium bei der Bewältigung seiner Trauer: Die ganze aufgestaute Wut kehrte sich nach außen – und richtete sich gegen Jezzy.

Jack tobte und schimpfte lauthals, während er in meinem Büro auf und ab ging. Aber dadurch, daß er seinem Ärger Luft machte und aussprach, was ihn so wütend machte, verlor sich seine Aufgebrachtheit mit jeder neuen Sitzung.

Ich bediente mich einer bekannten und sehr wirkungsvollen Technik der Gestalttherapie, indem ich Jack anwies: „Stellen Sie sich vor, Jezzy würde hier bei mir auf diesem Stuhl sitzen. Nun sagen Sie ihr all das offen ins Gesicht. Und dann vergeben Sie ihr in Ihrem eigenen Interesse." Jack tat, worum ich ihn bat, und war ganz erstaunt, wie erleichtert er sich fühlte, nun, da er mit einem leeren Stuhl gesprochen hatte. Doch damit war für Jack längst noch nicht alles ausgestanden.

Als er das nächste Mal in meinem Büro saß, war er offensichtlich schon im dritten Stadium seiner Vergangenheitsbewältigung. Seine Wut kehrte sich nun nach innen. Unstet lief er in meinem Büro auf und ab und klagte sich selber an: „Hätte ich doch bloß ein bißchen mehr Geld für Jezzy nach Hause gebracht ... Wenn wir bloß öfter zusammen verreist wären ... Hätte ich ihr bloß öfter im Haus geholfen ...“ Jack fielen immer noch mehr solcher Sätze mit dem Wörtchen „bloß“ ein.

Wie jeder echte Masochist gab Jack sich die Schuld für die Probleme seiner Frau. Jack war natürlich kein perfekter Ehemann. Wer ist das schon? Aber er machte es doch ganz ordentlich. Selbstverständlich hatte er nicht nur gute Seiten, und er hatte sich Jezzy gegenüber falsch verhalten. Aber im Laufe unserer Gespräche stellte sich bald heraus, daß vielleicht 10 % der Schuld wirklich bei ihm lag und 90 % nur ungerechtfertigte Schuldgefühle waren. Er hatte völlig falsche Schlüsse gezogen. Es gelang mir schließlich, Jack davon zu überzeugen, daß Jezzy ihn immer nur ausgenutzt hatte und ihn auch dann verlassen hätte, wenn er „vollkommen“ gewesen wäre.

Damit war Jack bereit, eine Stufe weiter in der Konfliktbewältigung zu gehen: Er konnte nun wirklich trauern. Der eine oder andere wird sich nun fragen, was Jack eigentlich betrauern sollte. Hätte man nicht Jack einfach sagen sollen: „Jezzy ist ja nun wirklich kein großer Verlust. Danke Gott dafür, daß sie gerade jetzt weggelaufen ist. So plagst du dich wenigstens nicht noch Jahre mit ihr.“

Doch aus Jacks Perspektive sah alles anders aus: er hatte durchaus viel verloren, und sein Kummer war ganz real. Er hatte das Ansehen genossen, mit einer ausgesprochen attraktiven Frau verheiratet zu sein. Und schließlich hatte er in Jezzy eine Idealfrau gesehen. In Wahrheit aber war sie eine oberflächliche Freundin, eine gelegentliche Sexualpartnerin, eine schlechte Köchin und eine Hausfrau mit Halbtagsbeschäftigung, wenn sie sich überhaupt bequemte. Nur in Jacks Augen war sie umwerfend in jeder Beziehung. Er mußte alles, was er verloren hatte, erst einmal beweinen, obgleich er Jezzy nun doch schon zum ersten Mal realistischer einschätzte.

Wenn wir endlich ohne die rosarote Brille die Wahrheit erkennen, können wir mit dem fünften Stadium die Trauerarbeit beenden: Wir erleben die Befreiung.

Für Jack kam die Befreiung keineswegs automatisch, nachdem er sein

Herz ausgeschüttet, geweint und getrauert hatte. Es ist nichts berechenbar an diesem Trauerprozeß. Nur in den Märchen wird der Bösewicht besiegt, der Gute reitet der untergehenden Sonne entgegen, und alle leben glücklich und zufrieden, sofern sie nicht gestorben sind. Im richtigen Leben sieht es aber oft anders aus: Die Bösewichte bleiben an der Macht, und die Guten müssen sich an einem regnerischen Tag davonstehlen, einer unsicheren Zukunft entgegen. So ist das Leben auf unserem gefallenen Planeten.

Mit den fünf Stufen ist es nicht getan

Wenn man die fünf Stufen der Trauerarbeit tatsächlich bewußt tut, dann geht es einem bald besser. Es fällt einfach leichter, sich zu verändern, sich von der Abhängigkeit von anderen Menschen zu befreien und sein masochistisches Verhalten abzulegen. Aber Jack und viele andere mußten leidvoll erfahren, daß mit diesen fünf Schritten längst noch nicht alles getan ist. Noch nach Jahren kommt es immer wieder zu Rückschlägen, auch wenn man eigentlich alles getan hat, die Vergangenheit richtig zu verarbeiten.

Weil Jack sich der Realitäten bewußt wurde, kam er leichter darüber hinweg, daß Jezzy mit einem anderen Mann davongelaufen war. Und weil er über diesen Verlust weinen konnte, war sein Schmerz bald nicht mehr so unerträglich. Aber ich erinnere mich, daß Jack noch einmal tief trauerte, als ihr Hochzeitstag bevorstand. Auch das erste Weihnachtsfest ohne Jezzy war eine schreckliche Zeit für Jack. Noch Jahre später hatte er Tränen in den Augen, wenn er Fotoalben durchblätterte und dabei auf Bilder stieß, die ihn und Jezzy zeigten.

In solchen Augenblicken mußte Jack seine Trauerarbeit teilweise wiederholen und sich erneut ins Gedächtnis rufen, was ihm alles widerfahren war und was wir diesbezüglich besprochen hatten. Wieder mußte die Wut heraus und erneut vergeben werden.

Wirklich frei wurde Jack erst, als ein Reifeprozeß eingesetzt hatte und er selbständiger und damit weniger masochistisch wurde. Er vergab Jezzy, bedauerte die Scheidung sehr, erkannte aber gleichzeitig, daß es ihm ohne Jezzy letztlich wesentlich besser ging. Sie aber zeigte keinerlei Reue, und schon bald hatte sie einen neuen Partner mit einem noch höheren Einkommen.

Wir können es nicht verhindern, daß wir immer wieder in Krisensituationen geraten und diese auch zu bewältigen haben. Wir können es jedoch lernen, zu verhindern, daß sich Verbitterung und Rachegefühle festsetzen. Wenn uns dies nicht gelingt, werden wir unsere Gefühle und Motive nicht wahrhaben wollen und unseren Kummer niemals richtig verarbeiten.

Um frei zu werden, müssen wir ehrlich zu uns selber sein und uns eingestehen, daß in unserer Gefühlswelt alles nur um ein paar bestimmte Regungen kreist: Wut, Schuldgefühle, Zweifel und noch mehr Wut. Sind wir uns erst einmal bewußt geworden, wie zornig wir sind, müssen wir den Schritt tun zu wahrer Vergebung all jenen gegenüber, die unser Leid verursacht haben. In besonders schweren Fällen mag Befreiung nur durch die Einweisung in eine Klinik möglich sein. Vielleicht reicht auch eine ambulante Therapie. In anderen Fällen kann sich der Betreffende selber helfen. Aber die innere Auseinandersetzung mit der Vergangenheit muß auf jeden Fall stattfinden, wenn man in dieser Welt voller Schlitzohren und Egoisten seine masochistischen Neigungen loswerden und von ihnen nicht mehr zum Opfer gemacht werden will. Bedenken Sie immer, daß seelisches Leid in Wellen kommt und geht, die manchmal Stunden, aber zuweilen auch Tage anhalten können. Es dauert also seine Zeit, und es muß viel Geduld aufgebracht werden, bis wir wirklich frei geworden sind.

Gott als Sündenbock für unsere Wut

Ob Sie den Verlust eines geliebten Menschen betrauern, der von einem Betrunkenen im Vollrausch getötet wurde, oder nur den Verlust an Selbstachtung durch die Machenschaften schlitzohriger Zeitgenossen, Sie werden sich immer mit zwei entscheidenden Dingen auseinandersetzen müssen – mit Ihrem Zorn und der Vergebung.

Wenn die Selbsterkenntnis wächst, ist es ganz natürlich, wenn sich zunächst einmal Wut einstellt. Versuchen Sie nicht, diese Wut zu verdrängen. Wenn Sie nicht richtig wütend über Ihren Masochismus sind, werden Sie niemals den Schritt zur Reife tun können.

Vielleicht geraten Sie sogar richtig außer sich vor Wut. Es kann nämlich sein, daß Sie zum ersten Mal Bekanntschaft mir Ihrer eigenen Wut machen, die zwar schon ein Leben lang da war, die aber durch Verdrängung tief im Unterbewußtsein geschlummert hat.

Dabei ist es völlig normal, wenn Sie versuchen, alles von sich zu weisen und Ihren Zorn auf Gott zu projizieren. Bei unzähligen Patienten in unseren Kliniken haben wir das erlebt. Gott läßt die Schlitzohren in

Ihrem Leben gewähren, und deshalb nehmen Sie es Gott übel, weil er nicht, wie Sie es gern hätten, die Übeltäter bestraft.

Wenn Sie Gott wären, dann würden Sie alle Egozentriker und Schlitzohren in „gute" Menschen verwandeln (oder sie alle zum Teufel jagen). Glücklicherweise wird keiner von uns jemals Gott sein. Und noch besser ist, daß Gott niemanden zum Guten zwingt. So zwingt er auch Sie nicht, Ihre eigene Schlitzohrigkeit und Ihre krankhafte Sucht nach Leid aufzugeben. Er verheißt lediglich, daß er Ihnen bei Ihren eigenen Anstrengungen zur Seite stehen will, wenn Sie darauf bauen, von ihm Führung und Stärkung zu bekommen.

Zwei Schriftstellen aus dem Brief von Paulus an die Christen in Philippi sprechen von jenem Abhängigwerden:

> *Bewirkt euer Heil mit Furcht und Zittern! Denn Gott ist es, der in euch wirkt sowohl das Wollen als auch das Wirken zu seinem Wohlgefallen (2:12-13).*

> *Alles vermag ich in dem (Christus), der mich kräftigt (4:13).*

Wenn Sie versuchen, eingefahrene Gleise zu verlassen, um sich von den Fesseln des Egoismus und des Masochismus zu befreien, dann bekommen Aussagen wie: „Gott wirkt in mir" oder: „Ich vermag alles durch Christus" eine ganz neue, aktuelle Bedeutung.

Wenn Sie sich mit Ihrer eigenen Wut auseinandersetzen, dann brauchen Sie jeden erdenklichen Beistand. Und Gott ist erstaunlicherweise selbst dann noch bereit, uns zur Seite zu stehen, wenn wir ihm alles Mögliche übelnehmen! Glücklicherweise ist Gott allwissend. Wir wissen so manches nicht, aber er weiß einfach alles. Vor allem kennt er Sie und mich ganz genau - was wir früher gedacht haben, was wir heute denken und was wir morgen denken werden.

Sobald ich auf Gott wütend werde (und das passiert mir immer noch ein- bis zweimal in der Woche), sage ich ihm, was ich denke und fühle, auch wenn er es ja längst weiß. Ich erzähle ihm, daß mir etwas klar geworden ist: Meine Wut auf ihn ist ein Abwehrmechanismus. Ich bediene mich der Verschiebung. In Wahrheit bin ich auf jemand anders wütend. Aber auch das weiß er ja längst.

Dann bitte ich ihn, er möge mir helfen, ihm zu vertrauen, auch wenn ich nicht verstehe, warum er das Leid in dieser Welt zuläßt. Ich bitte ihn, mir beizustehen, wenn ich meinen Zorn darüber zu verarbeiten beginne, daß er mir nicht erlaubt, ihm ins Handwerk zu pfuschen. Ab und zu erwächst aus meinem egozentrischen Wesen eine schier unglaubliche Arroganz, und dann denke ich tatsächlich darüber nach, was ich tun würde, wenn ich einmal Gott sein könnte. Haben Sie nicht auch schon hin und wieder im stillen gedacht, es hier und da ein bißchen besser als Gott machen zu können – vor allem dann, wenn Sie den größeren „Durchblick" zu haben scheinen? Ich habe es jedenfalls gelegentlich getan. Doch ich bin froh und glücklich, daß ich mit jedem Tag wieder ein kleines Stückchen weiser geworden bin.

Man könnte das Wort aus den Sprüchen Salomos in unserem Zusammenhang auch folgendermaßen lesen: „Zu begreifen, daß es dumm ist, sich für klüger als Gott zu halten, ist der Anfang der Erkenntnis."[2] Zur Erkenntnis gelangen wir aber nicht, wenn wir unseren Groll gegen Gott bewahren und pflegen, vielleicht noch hinter einem aufgesetzten Lächeln, das jedem sagen soll: „Ich habe keine Probleme." Dann werden Wut und Groll eines Tages chronisch, und das wiederum bedeutet oft, daß sich eine endogene (biochemische) Depression einstellt. (Mehr darüber in Kapitel 9.)

Es geht nicht so sehr darum, ob wir moralisch verpflichtet sind, zu vergeben oder es unbedingt sollten. Nein, wir haben keine andere Wahl! Wir müssen denen vergeben, die uns etwas angetan haben, und wir müssen auch Gott vergeben, obgleich er uns mit Sicherheit nicht schaden wollte. Bitterkeit und Rachegelüste in einem nicht vergebungsbereiten Geist werden dauerhaften Schaden anrichten, es sei denn, wir befreien uns endlich davon. Wie bei einer Zwiebel müssen wir Schicht um Schicht abtragen. In unseren Kliniken haben wir die Erfahrung gemacht, daß es Monate, wenn nicht Jahre dauern kann, bis jemand seine Wut im Bauch loswird, die er vom Verstand her längst aufzugeben entschlossen war.

Wir alle wissen ja eigentlich, daß Groll uns nicht zerfressen sollte, und von Kindesbeinen an ist uns das Gebot geläufig, daß wir unseren Schuldigern zu vergeben haben. Aber wie funktioniert Vergebung eigentlich ganz konkret? Wie bringen wir sie zustande?

Weil Vergebung so unerläßlich ist, wenn wir es lernen wollen, reif und erwachsen und weniger leidenssüchtig zu werden, wird es beim *vierten Schritt* nun darum gehen, Wege aufzuzeigen, wie man seinen unbequemen Mitmenschen „siebzigmal sieben" (also unbegrenzt) mal vergibt, und das für den Rest seines Lebens.

9. Mit Wut im Bauch kann man nicht ewig leben

Vierter Schritt: Begraben Sie das Kriegsbeil mit Klinge und Stiel

Ungefähr 5000 Amerikaner kommen Woche für Woche in die Minirth-Meier-Kliniken zur Psychotherapie. Es sind Menschen aller Altersstufen, Rassen, Glaubensbekenntnisse und Schichten. Bei 75 % dieser Klienten diagnostizieren wir entweder eine Depression oder irgendeine Angstneurose. Bei den restlichen 25 % sind ca. 50 sehr unterschiedliche Krankheitsbilder zu beobachten.

Im offiziellen Handbuch der Psychiatrie findet man leider noch nicht die Diagnose „Mißbrauch durch Schlitzohren und eingefleischte Egoisten“. Das sollte aber eigentlich so sein. In der Realität sieht es nämlich so aus, daß 95 % aller Depressionen durch verdrängte Wut auf sich selber oder auf diejenigen, die einem übel mitgespielt haben, entstehen. Und die Mehrzahl aller Angstneurosen sind Ausdruck der Furcht vor dem Gewahrwerden verdrängter Wut.

Ich behaupte deshalb einmal, daß die Mehrzahl aller seelischen Probleme dadurch verhindert werden kann, daß es uns zunehmend gelingt, den *vierten Schritt* ganz bewußt zu tun:

Lernen Sie es, durch Vergebung und andere geeignete Maßnahmen den täglich aufkommenden, unvermeidlichen Ärger über rücksichtslose Mitmenschen zu verarbeiten.

Das bedeutet, daß wir lernen, sowohl mit den Schlitzohren in unserer Umgebung fertig zu werden als auch mit dem Schlitzohr in uns selber. Denn gerade das Schlitzohr in uns kann uns sehr zu schaffen machen, vor allem wenn wir Perfektionisten sind oder unter starken Schuldgefühlen leiden.

In unseren Akten finden sich Dutzende von Fallstudien, die die zerstörerische Macht von Wut und Groll demonstrieren. Wir wollen nun drei ganz typische Beispiele besprechen.

Pete und Joe litten an Serotoninmangel

Vor ungefähr zehn Jahren wurden zwei Theologiestudenten – wir wollen sie Pete und Joe nennen – im selben Monat in unsere Klinik in Dallas eingewiesen. Beide waren von ihren perfektionistischen, niemals zufriedenen Eltern verbal mißhandelt worden. Deshalb waren auch Pete und Joe schließlich Perfektionisten geworden. Die Folge war, daß sie sich bereits als junge Männer völlig überforderten. Auch waren sie beide der irrigen Meinung, Gott verlange unglaublich viel von ihnen, denn sie verwechselten den wahren Gott der Bibel mit ihrer eigenen Vaterprojektion.

Pete und Joe konnten nicht genug Seminare gleichzeitig belegen. Das hielten sie zwar in den ersten Semestern ihres Studiums gut durch. Aber bereits im Laufe des zweiten Studienjahres zeigten sich bei beiden die ersten Anzeichen einer Depression. Serotonin ist eine natürliche Substanz, die man in den Synapsen, den Übergangsstellen zwischen den Nervenfasern, überall im Körper findet. Wenn wir denken oder uns bewegen, dann wandert Serotonin über den kleinen Spalt der Synapse von einer Zelle zur andern und übermittelt das richtige Signal.

Da das Gehirn auf Serotonin angewiesen ist, wie ein Auto Benzin braucht, kann man sagen, daß beiden Männern das Serotonin ausgegangen war – geistig und seelisch. Wenn wir verbittert sind, gibt das Gehirn zuviel Serotonin ins Blut ab, und dort wird es aufgespalten, so daß es als Substanz verlorengeht und über den Harn ausgeschieden wird. Wenn das geschieht, leiden wir an den klassischen Symptomen der Depression: Schlaflosigkeit, Antriebsschwäche, Niedergeschlagenheit, Kopfschmerzen und Selbstmordgedanken.

Antidepressiva bewirken eine zeitweilige Linderung beim erkrankten Patienten, indem der Serotoninspiegel in den Zellen wieder aufgebaut wird. Aber solange die eigentliche Ursache der Depression nicht verarbeitet wird, so lange wird sich wenige Tage nach Absetzen der Medikamente die Depression wieder einstellen. In den meisten Fällen ist unterdrückte Wut die eigentliche Ursache für die Depression eines Patienten. Und solange er einem Menschen nicht vergeben kann, der an ihm schuldig geworden ist, so lange wird sein Gehirn Serotonin ausscheiden, und die Depression wird bleiben – vielleicht ein Leben lang.

Bis der Patient lernt, zu vergeben und sich von seiner angestauten Wut zu befreien, vergehen meist mehrere Monate. In dieser Zeit verabreichen wir dem Patienten zur Überbrückung Antidepressiva, damit er Zeit bekommt, seine Wut durch Seelsorge und Therapie endgültig aus der Welt zu schaffen.

Mit der richtigen Therapie wird der Patient vergeben können, und dadurch ist das Gehirn wieder imstande, das Serotonin zu halten. Sein Körper bildet es aus dem Tryptophan, einer Substanz, die in Lebensmitteln wie Bananen, Milch, anderen Früchten und im Vollkorn vorkommt. Ein Patient kann jahrelang depressiv gewesen sein. Doch dann vergibt er demjenigen, der seine verdrängte Wut ausgelöst hat, und er wird wieder vollkommen gesund, weil der Serotoninspiegel nun auf natürliche Weise gehalten wird. Das Gehirn kann wieder richtig funktionieren. Ohne Antidepressiva ist das ein Prozeß von mehreren Monaten, während man mit den Medikamenten nur wenige Wochen braucht.

Weder Pete noch Joe unternahmen etwas gegen die Depressionen. Beide dachten, das gehöre einfach dazu, wenn man sich beim Studium durchboxen muß. Doch ihr Zustand verschlimmerte sich zusehends. Schließlich geriet auch die Dopaminproduktion im Gehirn aus dem Gleichgewicht. Dopamin ist eine weitere chemische Substanz, die über die Synapsen von einer Nervenzelle zur anderen wandert. Bei schweren Depressionen kann es nun passieren, daß das Dopamin blockiert wird und nicht mehr von einer Zelle zur anderen gelangen kann.

Wenn das passiert, wird der Betreffende psychotisch: Er glaubt, Stimmen zu hören, die in Wirklichkeit gar nicht da sind, oder er leidet an Größenwahn. Indem er glaubt, er sei eine Berühmtheit, kompensiert er nur die eigenen unbewußten Minderwertigkeitsgefühle. Es kann sich aber auch Verfolgungswahn einstellen, wobei die verdrängte Wut auf andere projiziert wird. Es fällt leichter zu glauben, es seien andere da, die ihre Wut an uns auslassen wollen, statt sich die eigene Wut auf andere einzugestehen.

Probleme mit dem Dopamin haben jedenfalls ernstere Folgen als ein zu geringer Serotoninspiegel. Schon sechs Wochen mit psychotischen Zuständen durch Dopaminmangel genügen meist, um eine lebenslange Psychose auszulösen, die kaum mehr heilbar ist. Wird jedoch in den ersten sechs Monaten ausreichend mit angstlösenden und beruhigenden Neuroleptika therapiert, so kann in den meisten Fällen eine vollständige Wiederherstellung oder zumindest eine wesentliche Verbesserung beim Dopaminaustausch zwischen den Zellen erreicht werden, und der Betreffende kann wieder normal leben.

Warum es Pete bald besser ging, Joe aber nicht

Sowohl Pete als auch Joe bekamen fast gleichzeitig eine Psychose, und die Bibelakademie schickte beide zu uns in die Klinik. Pete kam aus einer bibeltreuen Gemeinde, deren Pastor den Einsatz von Psychotherapie befürwortete. Wir gaben Pete ein Neuroleptikum, um die Dopaminproduktion zu regulieren, und Antidepressiva, um den Serotoninspiegel anzuheben. Später, als Pete in der Lage war, die Wahrheit über seine perfektionistischen Eltern zu erkennen, halfen wir mit intensiver, die Selbsterkenntnis fördernder Therapie nach. Es war richtig schön mitanzusehen, wie schnell er sich erholte. Inzwischen ist er ein guter Pastor und Familienvater.

Auch Joe kam aus einer bibeltreuen Gemeinde, in der es aber weit gesetzlicher zuging. Joes Pastor vertrat jenes Gedankengut, das man bereits seit der Unabhängigkeit unseres Landes in gesetzlichen Gemeinden verkündet. Schon damals wurden unter den Pastoren Stimmen laut, die die von Benjamin Franklin erfundenen Bifokalgläser als „Teufelsaugen" bezeichneten. Da konnte man Einwände hören wie: „Wenn Gott gewollt hätte, daß du klar siehst, hätte er dir bessere Augen gegeben. Und wenn du Glauben hättest, würde er dir den klaren Blick auch ohne Brille schenken!"

Noch heute, zweihundert Jahre später, findet man dasselbe gesetzliche Denken unter uns. Heute tragen die „Gesetzestreuen" zwar auch Brillen, aber sie verdammen die Psychotherapie dafür, indem sie von der „Psychoheräsie" sprechen und Psychologie und Psychiatrie in Bausch und Bogen als heidnisch und weltlich abtun. „Bibeltreue Christen" hätten sich davon fernzuhalten.

Obgleich Joe ganz eindeutig an einer Psychose litt, überredete ihn sein Pastor, die Klinik zu verlassen. Der fromme Mann tat dies mit Bibelversen, die Joe gar nicht verstehen konnte, weil bei ihm der Dopamin- und Serotoninhaushalt völlig aus dem Gleichgewicht geraten war. Erst später sollte sich herausstellen, wie fatal diese Entscheidung für Joe war.

Wie ich schon weiter oben betonte, werden die psychotischen Symptome fast immer chronisch, wenn bei einem Patienten nicht innerhalb von sechs Wochen die Dopaminproduktion reguliert wird. Von einem bestimmten Zeitpunkt an gibt es keine Heilung mehr. Und Joe hatte diesen Punkt längst überschritten. Er wurde ein Opfer „pastoralen Mißbrauchs", und noch heute, zehn Jahre später, hört er Stimmen und lebt in einer Welt voller Wahnvorstellungen.

Jener Pastor gibt Joes „Glaubensmangel" die Schuld, doch in Wahrheit war es gerade Joes Glaube an einen selbstgerechten Pastor, der sein Leben zerstört hat. Selbst wenn wir heute bei Joe mit der Behandlung beginnen könnten, wären die Heilungschancen sehr gering, denn der Dopaminaustausch zwischen den Zellen ist bei ihm auf Dauer gestört. Ich habe allerdings die Hoffnung, daß die Forschung eines Tages ein Medikament entwickeln wird, das Heilung für Unheilbare bringt – vielleicht schon im nächsten Jahrzehnt.

Warum Masochisten eher zu Depressionen neigen

Therapie, die die Selbsterkenntnis fördert, will dem depressiven Dulder all seine verdrängte Wut und seine verborgenen Rachegelüste bewußt machen. Es soll die Wut auf sich selbst, auf andere und auf Gott offengelegt werden. Wahre Heilung geschieht nur durch Vergebung dem Verursacher gegenüber, ob er es verdient oder nicht. Wen wundert es da, wenn nette, gewissenhafte Masochisten eher zu Depressionen neigen als Egoisten zweiten und x-ten Grades. Die Menschen, die ihre Ellenbogen einsetzen, teilen aus, wenn sie sich benachteiligt fühlen, und sie machen sogleich ihrem Ärger Luft. Die Masochisten aber schlucken ihren Ärger lieber herunter und lassen sich nichts anmerken. Der Groll wird ins Unterbewußtsein verdrängt, und so manövriert sich der Betreffende selbst ins Abseits, weil ihm das Serotonin im Körper fehlt.

Es ist interessant, daß König David eine Reihe von typischen Symptomen für Serotoninmangel schon vor fast 3000 Jahren in einigen seiner Psalmen beschreibt. Er hatte Groll auf seine Feinde, aber auch auf das „Schlitzohr in ihm selber". Er hatte immerhin Ehebruch mit Batseba begangen und anschließend die Ermordung ihres Ehemanns arrangiert. Er klagte über Gewichtsverlust, schmerzende Glieder, Schlaflosigkeit, allgemeine Schwäche und Weinkrämpfe („ . . . mache mit meinen Tränen mein Lager zerfließen . . . " [Ein Beispiel aus Psalm 6]).

In der Schrift finden wir schon modernste Erkenntnisse der Psychologie darüber, wie man mit Ärger und Wut umgeht. Paulus bezieht sich auf

Psalm 4:4, wenn er den Ephesern schreibt: „Zürnet, und sündigt dabei nicht! Die Sonne gehe nicht unter über eurem Zorn."[1] Jedermann hat also das Recht, zornig zu werden über Ungerechtigkeiten und Angriffe auf die eigene Unversehrtheit. Aber man soll diesen Zorn nicht hegen und pflegen und noch tagelang nachtragend sein. Das wäre nämlich Sünde. Und jede Sünde schadet jemandem, entweder uns selber oder einem anderen Menschen, je nachdem, was durch sie zum Ausdruck kommt – Schlitzohrigkeit oder Masochismus. Wenn wir es zulassen, daß der Zorn bei uns Wurzeln schlägt, dann schaffen wir die besten Voraussetzungen dafür, daß uns das Serotonin ausgeht und wir Depressionen bekommen.

Immer wenn wir Unrecht erleiden und darüber wütend sind, stehen wir in der Versuchung, auf Rache zu sinnen. Aber Paulus warnte die römischen Christen davor, es irgend jemand heimzuzahlen. Sie sollten die Rache Gott überlassen, der verheißen hat, von all jenen auf dieser Welt Rechenschaft zu fordern, die rücksichtslos nur an sich denken und ihn nicht ernsthaft um Vergebung bitten.[2]

Jemand hat einmal gesagt, es sei buchstäblich eine schwere Last, Groll mit sich herumzutragen. Wenn man bedenkt, daß 90-95 % aller schweren Depressionen etwas mit Wut und Groll zu tun haben, dann fragt man sich schon, woher all diese Wut kommt. Unsere Erfahrung mit Tausenden von Patienten zeigt, daß es sehr verschiedene Quellen für den sich allmählich ansammelnden Groll gibt: Es sind die Menschen, die ungerecht und gemein zu uns in der Kindheit waren; es sind wir selber, wenn wir uns schlimme Dinge vorwerfen; es ist Gott, weil er Boshaftigkeiten, unter denen wir leiden, zuläßt; und es können ganz allgemein unsere Lebensumstände sein, weil wir ständig unter Streß stehen oder unerfüllbare Erwartungen an uns selber stellen.

Depressionen sind fast immer vermeidbar, wenn ...

Serotoninmangel tritt allerdings nicht nur bei Groll und Verbitterung auf. Ungefähr 5 % aller Depressionen haben eine oder mehrere der folgenden Ursachen, von denen alle den Serotoninspiegel im Blut senken:

1. Weniger als sieben bis acht Stunden Schlaf
2. Regelmäßiger Genuß von Alkohol oder Marihuana
3. Vom Arzt verschriebene Medikamente, die süchtig machen (z. B. leichte Beruhigungsmittel)

4. Betablocker, die gegen Bluthochdruck eingesetzt werden (vermindern das Serotonin bei ca. 20 % der Patienten)

Auch verschiedene Krankheiten können Serotoninmangel bewirken. Dazu gehören Hypothyreose (Unterfunktion der Schilddrüse), Hirntumore, bestimmte Krebserkrankungen, viele Virusinfektionen einschließlich der Mononukleose und der normalen Grippe.

Wahrscheinlich die Hälfte aller Bewohner unseres Landes werden irgendwann in ihrem Leben depressive Phasen erleben. Und manch einer bleibt sein Leben lang depressiv. Aber fast allen Erkrankten kann geholfen werden, wenn sie richtig behandelt werden.

Seltener werden Depressionen durch eine Krankheit ausgelöst, bei der man vom „manisch-depressiven Irresein" spricht. Im Gehirn des Erkrankten herrscht ständig ein Serotoninmangel, auch wenn gerade kein äußerer Anlaß wie Zorn und Verbitterung vorliegt. Plötzlich ändert sich bei diesen Geisteskranken die chemische Konstellation in den Gehirnzellen, wodurch sie nun hyperaktiv und eventuell auch größenwahnsinnig werden.

Man spricht in diesem Zusammenhang auch von einer *bi-polaren* Erkrankung, und man meint damit, daß die Stimmung des Erkrankten zwischen zwei Extremen hin und her schwankt – zwischen extremer Euphorie und tiefer Niedergeschlagenheit.

Die manisch-depressive Psychose läßt sich dadurch beherrschen, daß man dem Patienten Antidepressiva gegen seine depressiven Tiefpunkte verabreicht und Lithium gegen seine manische Euphorie. Dadurch können solche Menschen ein verhältnismäßig normales Leben führen.

Ungefähr 1 % der Weltbevölkerung leidet an dieser Psychose. Die große Mehrheit aller depressiv Erkrankten ist allerdings nicht psychotisch, so daß ihnen durch Psychotherapie und eine entsprechende Medikation geholfen werden kann. Sie müssen Kontakt bekommen zu ihrer verborgenen Wut und dann vergeben lernen. Die entscheidenden Schritte zur Überwindung einer Depression sind, sich die eigene Verbitterung bewußt zu machen, die Dinge beim Namen zu nennen und dann demjenigen zu vergeben, der Auslöser der Verbitterung gewesen ist.

Deshalb ist es auch so wichtig, etwas über unsere eigene Schlitzohrigkeit und die der anderen in Erfahrung zu bringen, wenn wir glücklich und zufrieden leben wollen. Dazu müssen wir aber auch lernen, die Angriffe schlitzohriger Egoisten abzuwehren. Für die meisten von uns sind Depressionen vermeidbar, *wenn wir bereit sind, nach der Wurzel des Problems zu suchen und bestimmte Schutzmaßnahmen zu ergreifen.*

Wer nur ein Antidepressivum nimmt, aber nichts gegen die tief im Innern schlummernde Wut unternimmt, der wird sich zwar für den Augenblick besser fühlen, weil sich der Serotoninspiegel erholt und die Beschwerden verschwinden. Doch in dem Moment, da er das Medikament absetzt, herrscht wieder Serotoninmangel, und die Depressionen sind auch wieder da. Solange der Betreffende seinen Groll – bewußt oder unbewußt – nicht verarbeitet, so lange wird er an Serotoninmangel und an Depressionen leiden und von einem Medikament abhängig sein. Er wird die Symptome (die Depressionen) zu kurieren suchen, aber nicht die Ursachen (seine verdrängte Wut).

Wenn Sie bei sich selbst oder bei einem Ihrer Angehörigen die typischen Symptome einer Depression beobachten (Erschöpfungszustände, Kraftlosigkeit, Pessimismus, Ängste, Schlaflosigkeit, Weinkrämpfe, Spannungskopfschmerzen, Migräne, „nervöser“ Magen, um ein paar zu nennen), dann sollten Sie mehr zu dem Thema lesen und sich überlegen, ob Sie nicht einen geschulten Seelsorger aufsuchen.

Zu den Begleiterscheinungen von Depressionen, die man nicht ernst genug nehmen kann, gehört es, daß man auf den Gedanken kommt, sich das Leben zu nehmen. Wenn Sie selber oder jemand, der Ihnen nahesteht, wiederholt daran denkt, seinem Leben ein Ende zu setzen, dann sollten Sie oder die betreffende Person auf jeden Fall ärztlichen Rat suchen und sich eventuell sogar stationär aufnehmen lassen. Lieber rechtzeitig etwas tun, bevor es zu spät ist. (Erster Ansprechpartner kann die Telefonseelsorge sein, deren jeweilige Nummer Sie in den Telefonbüchern finden.)

Der Serotoninmangel kann sich bei einem sonst völlig normal empfindenden Menschen derart gravierend auswirken, daß er den Freitod für die einzige logische Befreiung von seinen Depressionen hält und ihn deshalb herbeisehnt. Wenn diese Menschen wegen ihrer Depressionen behandelt werden, können sie sich hinterher kaum mehr vorstellen, daß sie sich zuvor fast umgebracht hätten!

Wenn einer Ihrer nächsten Angehörigen den Freitod gesucht hat, geben Sie sich vielleicht völlig zu Unrecht die Schuld dafür (viele tun das). Oder Sie tragen es dem Verstorbenen nach, daß er durch die eigene Hand starb. Es hilft sicher, wenn man sich klar macht, daß der Betreffende an Serotoninmangel litt und deshalb diesen schlimmen Entschluß faßte. Vergeben Sie ihm diesen tragischen und irrationalen Schritt, der sicher zum großen Teil auf einer defekten Hirnchemie beruhte.

Ich hoffe, daß ich Sie inzwischen davon überzeugen konnte, welche Gefahren es in sich birgt, voller Groll zu sein. Das ist fast immer ein Zeichen dafür, daß aufgestaute Wut tief im Unterbewußtsein schlummert und dort ihr Unwesen treibt – das Serotonin aufbraucht oder andere verheerende Schäden anrichtet. Vielleicht haben Sie jetzt genug Serotonin-Horror-Geschichten gehört, und Sie fragen sich, was Sie sinnvollerweise gegen Ihre aufgestaute Wut tun können. Mit dem Rest dieses Kapitels wollen wir Ihnen nun ganz praktische Hinweise geben.

Ist Zorn denn keine Sünde?

Sie würden staunen, wie viele Patienten zu uns in die Klinik kommen, die glauben, Zorn sei in jeder Form Sünde. Schon als Kinder hat man zu ihnen gesagt: „Wer wird denn so ausfallend werden! ... So läßt man sich nicht gehen! ... Es ist Sünde, so wütend zu sein!"

Doch die Bibel lehrt das keineswegs! Jakobus, der Halbbruder Jesu, schrieb in seinem Brief an gläubige Geschwister, daß sie „*langsam* zum Zorn" sein sollten. Doch damit sagt er ja nicht, daß wir *niemals* zornig sein dürfen. Andererseits machte er durchaus deutlich, daß Zorn nicht gerade Gottes Gerechtigkeit wirkt. Aber dem Zusammenhang ist zu entnehmen, daß Jakobus hier unkontrollierte Wutausbrüche meint.[3]

Für die meisten Menschen ist es völlig normal, einmal oder gar mehrmals am Tag „auszurasten". Was rastet aber aus? Normalerweise denkt man dabei an Wutausbrüche, Schreie, Schläge und Flüche. Jemand verliert die Beherrschung. Aber dann erzählen uns Patienten oft, daß sie gar nicht richtig wütend geworden seien, sondern sich eher tief gekränkt gefühlt hätten. „Ich war gar nicht wütend, sondern einfach nur sprachlos." „Wütend? Eigentlich nicht. Eher frustriert."

Was diese Menschen nicht verstehen, ist, daß all diese Gefühlsregungen durchaus etwas mit Zorn zu tun haben und alle Ausdrucksformen ein und derselben Sache sind. Zorn entlädt sich nicht immer explosionsartig. Oft gleicht er eher einer schmorenden Sicherung, die tief unter der Oberfläche heiß wird, während man nach außen lächelt und sagt: „Ich bin ja gar nicht wütend. Das würde sowieso nichts bringen."

Die schmorende Sicherung ist die unterdrückte „Wut im Bauch". Auf Dauer ist der Wutanfall mit verbalen Attacken und eventuellen Handgreiflichkeiten längst nicht so gefährlich wie unterdrückter Zorn. Derjenige, der explodiert, befreit sich, weil er sich „Luft macht". Derjenige aber, der alles hinunterschluckt, wird seine Wut nicht los. Er glaubt, es gehe ihm gleich wieder gut, während er in Wirklichkeit als wandelnde Zeitbombe herumläuft.

Was tun Sie, wenn die Wut Sie packt?

Der erste Schritt beim Umgang mit der Wut ist einfach: *Geben Sie zu, daß Sie wütend sind!* Das gilt für den kleinen Ärger genauso wie für die große Wut. Diese Wut zu spüren ist an sich aber noch keine Sünde. Auch Jesus wurde zornig, aber war doch „ohne Sünde", weil er seine Wut so kanalisierte, daß sie immer noch Gott verherrlichte.[4] Sündig sind allenfalls die Motive, die hinter unserem Zorn stecken (Egoismus, Eifersucht), und die Art und Weise, wie wir ihn ausleben.

Es gibt viele Techniken, die dazu dienen, unseren Zorn besser zu beherrschen. Wir empfehlen unseren Patienten und den Zuhörern unseres Radioprogramms einen einfachen Drei-Stufen-Plan, der folgende Schritte vorsieht:

1. Analysieren Sie Ihren Zorn nüchtern und in aller Ruhe.
2. Verbalisieren Sie Ihren Zorn so behutsam wie möglich.
3. Neutralisieren Sie Ihren Zorn durch Vergebung.

Wie man seinen Zorn analysiert

Diese Analyse geht in mehreren Schritten vonstatten. Wenn Sie spüren, wie die Wut in Ihnen aufsteigt (auch Enttäuschung oder Verblüffung), dann sollten Sie sich augenblicklich fragen: „Welches meiner Rechte wird hier in Frage gestellt?" Es ist erstaunlich, wie schnell diese schlichte Frage oft für Abkühlung sorgt und sich so mancher Zorn in Luft auflöst.

Sie erinnern sich vielleicht, daß ein Hauptmerkmal des eingefleischten Egoisten die Grundüberzeugung ist, ihm stehe einfach alles zu, er könne grundsätzlich alles tun, was ihm beliebt. Und so kommt es, daß wir bei so manchem Wutanfall uns schlichtweg auf ein „Recht" berufen, das uns gar nicht zusteht. Die einfachste Art, herauszubekommen, ob uns ein Recht überhaupt zusteht, ist, sich eine weitere Frage zu stellen: „Macht mir hier jemand ein Recht streitig, das Gott mir verliehen hat?"

Nehmen wir an, ich fahre 100 Stundenkilometer auf einer Strecke, wo eine Geschwindigkeitsbegrenzung von 80 km/h verordnet ist. Plötzlich werde ich von der Polizei angehalten und bekomme einen Strafzettel. Aus eigener Erfahrung weiß ich – und auch viele, mit denen ich gesprochen habe, geben zu –, daß die typische Reaktion auf einen Strafzettel Verärgerung und Wut ist. Doch welches Recht wird mir hier streitig gemacht? Die Analyse ergibt, daß man mir das Recht nehmen will, beliebig schnell zu fahren. Aber dieses Recht habe ich doch gar nicht! Es steht mir nicht zu, und deshalb hat mein Zorn keine Rechtsgrundlage.

Der nächste Schritt ist klar: Ich muß mir bewußt machen, daß kein Recht da ist, auf das ich pochen kann. Also lasse ich meine Wut ohne Rechtsgrundlage fahren und sehe zu, daß ich nicht noch Unbeteiligte mit hineinziehe.

Die drei Hauptursachen für ungerechtfertigte Wut sind Egoismus, Perfektionismus und die paranoide Grundhaltung „Jeder ist gegen mich – keiner liebt mich – jeder ist hinter mir her". Wenn der Egoismus mich beherrscht, werde ich aus meiner Verärgerung kaum mehr herauskommen, weil ich viel zuviel erwarte. Ich erwarte, daß jeder ausweicht, wenn ich fahre, daß jeder mir den Vortritt in der Schlange läßt und niemand mich in Frage stellt. Niemand darf sich mir in den Weg stellen, ein Widerwort geben oder mich berichtigen. Meine Erwartungen sind also viel zu hoch, und wenn sie nicht erfüllt werden (was häufig vorkommt), dann werde ich wütend. Folglich bin ich notorisch verärgert, leide unter Serotoninmangel und bin todunglücklich.

Zu den verbittertsten Menschen, die ich kenne, gehören die Perfektionisten. Wenn der Perfektionismus Ihr Leben beherrscht, dann sind Sie selber es, von dem Sie zuallererst Fehlerlosigkeit erwarten. Das genügt schon, um pausenlos verärgert zu sein. Aber darüber hinaus erwarten Sie ja auch von Ihrem Partner, Ihren Kindern, Ihrem Pastor und Ihren Freunden, daß sie vollkommen sind. Sie erwarten Perfektion von jedermann. Und wenn die andern oder Sie selbst dem nicht genügen, dann geraten Sie in Wut.

Wer kennt nicht den Spruch: „Nobody is perfect"? Aber wie viele dahergesagte Worte trifft er den Nagel auf den Kopf. Es gibt immer wieder Christen, die weisen auf Jesu Worte in der Bergpredigt hin, die er seinen Anhängern sagt: „Ihr nun sollt vollkommen sein, wie euer himmlischer Vater vollkommen ist."[5] Das griechische Wort im Grundtext, das fast immer mit „vollkommen" übersetzt wird, lautet *teleios* (von telos – Ziel, Ende). Es steht also gar nicht die Makel- oder Fehlerlosigkeit im Vordergrund.

Man sollte eher „reif" oder „vollendet" sagen. Wenn Jesus seinen Anhängern gebietet, sie sollen „vollendet" sein, dann würde dies in heutiger Sprache vielleicht so klingen: „Werdet reif, und werdet so, wie Gott euch geplant hat. Werdet frei von Egoismus und Masochismus, von unterdrückter Wut und Depressionen, und füllt den Raum aus, der euch zugedacht war, als ihr erschaffen wurdet."

Auch die paranoide Vorstellung, jeder sei gegen uns, keiner möge uns oder jeder habe es auf uns abgesehen, ist ein klassisches Beispiel für ungerechtfertigte Wut. Wer sich ständig verfolgt oder kritisiert fühlt, hat selber eine zutiefst kritische Einstellung seiner Umwelt gegenüber. Im Laufe eines Tages kann man unzählige Gründe dafür finden, sich zu ärgern. Man murmelt ein freundliches „Guten Morgen", und der andere grüßt nicht zurück. Man ist verärgert, weil man natürlich genau weiß, daß der andere einen mit Absicht geschnitten hat. In Wirklichkeit war der andere vielleicht nur in Gedanken und hat nichts gesehen oder gehört.

Wer ständig glaubt, nicht gemocht zu werden, deutet das Verhalten, die Worte oder nur die hochgezogenen Augenbrauen seiner Mitmenschen allzuoft falsch. Diese Einstellung kann schließlich zu einer echten Persönlichkeitsstörung führen oder sich sogar zu einer Psychose entwikkeln.

Was sind „legitime" Rechte?

Wenn wir von falschen Rechten sprechen, müssen wir davon ausgehen, daß es auch legitime, von Gott verliehene Rechte gibt. Ich hatte schon Gläubige in der Therapie, die die fromme Vorstellung hatten, Christen hätten überhaupt keine Rechte. Aber das entspricht einfach nicht den Tatsachen. Die sogenannte „Goldene Regel" Jesu lehrt, daß wir andere so behandeln sollen, wie auch wir behandelt werden wollen. Ein Übertreten der Goldenen Regel heißt immer auch, das Recht des andern zu mißachten, mit genau der Würde behandelt zu werden, mit der Gott uns alle ausgestattet hat. Jedesmal, wenn wir jemanden dieser Goldenen Regel zuwider behandeln, mißachten wir seine gottgegebenen Rechte.

An vielen Stellen spricht die Bibel direkt davon, oder es läßt sich aus dem Zusammenhang deuten, daß wir durchaus Rechte haben, z. B. das Recht auf Sexualität mit dem Ehepartner (1. Kor. 7:3-5).

Auch spricht die Schrift eindeutig davon, daß wir das Recht haben, von andern nicht belogen zu werden. In den Sprüchen lesen wir dazu: „Ein falscher Zeuge bleibt nicht ungestraft, und wer Lügen vorbringt, geht zugrunde."[6]

Das Recht auf körperliche Unversehrtheit wird in Abschnitten wie 2. Mose 21:18-27 deutlich hervorgehoben. Es werden hier die verschiedensten Strafmaßnahmen genannt, die bei Handgreiflichkeiten in den verschiedensten Situationen anzuwenden sind. Hebt Christi Lehre in Matthäus 5:39 über das „Hinhalten der anderen Wange" etwa die Gesetze aus 2. Mose auf? Jesus selber sagte von sich, er sei nicht gekommen, das

Gesetz aufzuheben, sondern es zu „erfüllen". In seiner Bergpredigt gebietet Jesus denn auch seinen Anhängern, sie sollten die andere Wange hinhalten, falls sie *wegen ihres Christseins* angegriffen werden. Er verbietet ihnen keineswegs grundsätzlich, sich bei Angriffen auf die eigene Person zur Wehr zu setzen.

In Matthäus 5:40 sagt Jesus seinen Zuhörern, daß sie demjenigen, der von ihnen das Unterkleid haben möchte, auch noch den Mantel geben sollen. Wenn aber jemand mit Gewalt kommt und Mantel und Hemd, vielleicht sogar die Brieftasche fordert, dann haben Sie das Recht, die Polizei zu rufen! Raub und Diebstahl werden eindeutig von der Schrift geächtet (s. z. B. 3. Mose 19:11).

Die Bibel verurteilt auch das Reden hinter dem Rücken anderer (s. 3. Mose 19:16). Und daraus kann man schließen, daß wir das Recht auf einen unbeschädigten Leumund haben.

Allerdings ist es selbst mit der Goldenen Regel als Maßstab nicht immer ganz leicht zu sagen, ob in einer konkreten Situation gottgegebene Rechte mißachtet werden. Eine ganz praktische Methode, dies aufzuklären, schlägt mein Bruder Richard des öfteren in der Seelsorge vor. Man sollte sich fragen: „Ist das Ganze kaum ein paar Groschen wert oder doch ein paar Hunderter?" Wenn das Ereignis eine Bagatelle ist – kaum ein paar Groschen wert –, dann sind mit einiger Wahrscheinlichkeit auch keine legitimen, gottgegebenen Rechte beschnitten worden. Wenn wir der ganzen Sache aber wesentlich mehr Wert beimessen, dann ist dies schon ein Zeichen dafür, daß unsere Grundrechte und die Goldene Regel mißachtet wurden.

Wie man seinen Zorn in Worte faßt

Leider sind wir Menschen nur zu menschlich. Wir kümmern uns wenig um die gottgegebenen Rechte anderer und mißachten sie auf vielerlei Weise. Wie geht man nun aber mit seinem Zorn um, wenn einem ein anderer Rechte streitig macht? Das bringt uns zur zweiten Technik unseres Drei-Stufen-Plans, mit dem wir unsere Wut beherrschen lernen wollen: Äußern Sie Ihren Zorn, aber achten Sie immer darauf, daß Sie „die Wahrheit in Liebe bekennen."

In seinem Brief an die Christen von Ephesus drängt Paulus die Gläubigen zur Einheit und zu tieferer Erkenntnis Christi, auf daß sie vollkommen (reif) werden und das „Vollmaß des Wuchses der Fülle Christi" erlangen. Paulus möchte nicht, daß die Christen wie Kinder „hin- und hergeworfen werden von jedem Wind der Lehre durch die Betrügerei der Menschen (Egoismus, Schlitzohrigkeit, Gemeinheit). Statt dessen möchte er, daß die Christen „*die Wahrheit in Liebe bekennen*", damit sie reif werden wie ihr Haupt, Jesus Christus selbst.[7]

Wenn Paulus davon spricht, daß wir die Wahrheit in Liebe bekennen sollen, dann ist dies zwar nicht speziell für unser Problem gedacht, aber wir können es trotzdem als einen guten Rat für den Umgang mit Menschen gebrauchen, auf die wir wütend sind. Wie macht man das aber: die Wahrheit in Liebe bekennen?

Auch wenn man wütend ist, kann man versuchen, seinen Ton zu mäßigen, und taktvoll ausdrücken, was einen bewegt. Die Wahrheit in Liebe zu bekennen heißt, Ich-Botschaften zu vermitteln, statt immer nur Du-Botschaften an andere zu richten. Typische Du- Botschaften sind:

„Du hättest doch mal anrufen können!" „Das hättest du nicht sagen sollen!" „Du bist vielleicht ein schlampiger Kerl!"

Wie können wir diese Du-Botschaften in Ich-Botschaften umwandeln? Versuchen wir es einmal:

„Ich war furchtbar beunruhigt, weil ich nichts von dir gehört habe." „Ich habe es als ganz unfair empfunden, was du da gesagt hast." „Es stört mich furchtbar, wenn die Küche (das Schlafzimmer, das Bad) so unaufgeräumt sind."

Diese Ich-Botschaften lassen sich eigentlich sehr einfach formulieren, aber es fällt gar nicht so leicht, sich an ihren stetigen Gebrauch zu gewöhnen. Wir neigen normalerweise viel eher dazu, stets nur all jene Du-Botschaften zu wiederholen, die wir unser ganzes Leben lang von anderen gehört haben. Bemühen Sie sich ganz bewußt darum, Ich-Botschaften zu vermitteln, besonders, wenn Sie wütend sind. Wenn Sie in Worte fassen, was Sie empfinden, dann überlegen Sie genau, was Sie wirklich mitzuteilen haben, und übertreiben Sie nicht. Der Schlüssel zu den Ich-Botschaften ist die Bereitschaft, zu den eigenen Empfindungen zu stehen und auch selbst die Verantwortung dafür zu übernehmen. Seien Sie nicht derjenige, der zuerst andere anklagt, „herunterputzt" oder angreift.

Vergebung – die schwerste Aufgabe der Liebe

Der letzte Schritt im Umgang mit der Wut ist auch gleichzeitig der schwerste. Sie müssen Wege finden, Ihre Wut zu neutralisieren, indem Sie demjenigen vergeben, der Ihnen etwas angetan hat. Vergebung ist genau das Gegenteil von dem, was wir natürlicherweise tun wollen – uns rächen oder zumindest das Gefühl bekommen, wir seien quitt.

Ich spreche oft mit Patienten, die glauben, es sei einfach nicht gerecht, dem Ehepartner, dem Elternteil oder dem Freund zu vergeben, der ihnen übel mitgespielt hat. Der andere verdiene die Vergebung einfach nicht.

Ich sage diesen Patienten dann, daß sie eigentlich völlig recht hätten. Wenn uns übel mitgespielt wurde, dann verdient der Urheber unsere Vergebung nicht unbedingt, aber wir persönlich verdienen es durchaus, daß wir anderen vergeben, denn damit tun wir selbst uns einen Gefallen.

Ich finde gut, was Lewis Smedes, Literaturpreisträger und Autor des Buches *Die heilende Kraft des Vergebens (Verlag der Francke-Buchhandlung GmbH)*, über das Heimzahlen bei erlittenem Unrecht sagt. Für ihn ist es ein Spiel, bei dem es nur Verlierer gibt. Man sei hinterher frustrierter und empfinde mehr Schmerz als durch den eigentlichen Übeltäter.

Innerhalb einer von den Minirth-Meier-Kliniken für den Rundfunk produzierten Sendereihe befaßten wir uns eine ganze Woche lang mit dem Thema Vergebung. Eines Tages rief die Frau eines Pastors an. Sie war offensichtlich sehr erregt, und mit bebender Stimme erzählte sie, was vorgefallen war. Ein Gemeindemitglied hatte beim Aufräumen in der Kirche eine größere Menge von Notenblättern seltener und deshalb unersetzbarer Orgelkompositionen einfach weggeworfen. Die Frau des Pastors, die auch gleichzeitig die Organistin der Gemeinde war, verlor daraufhin die Fassung. Auch wenn die Noten nicht absichtlich fortgeworfen worden waren, so wußte diese Frau nicht, wie sie mit ihrer Wut und Trauer umgehen sollte.

Mein Bruder Richard ist oft dabei, wenn wir unsere Sendungen machen, und auch an jenem Tag war er bei uns im Studio. Gemeinsam konnten wir der Frau ein paar gute Ratschläge mit auf den Weg geben.

Zuallererst legten wir ihr ans Herz, sich selber zu vergeben. Vielleicht war sie ja auch nicht ganz schuldlos. Und vielleicht ärgerte sie sich ja auch über sich selber, weil sie die Noten dort herumliegen ließ, wo jeder sie für Altpapier halten mußte. Darüber hinaus legten wir ihr nahe, ein Gespräch unter vier Augen mit der Frau zu suchen, die die Noten weggeworfen hatte, und ihr persönlich Vergebung zuzusprechen. Schließlich sollte sie auch Gott vergeben, daß er diese Tragödie überhaupt zugelassen hatte.

Ganz praktisch war dann der Vorschlag, den mein Bruder Richard für diese Frau hatte. Er bat sie, eine ganze Woche lang jeden Tag jeweils eine halbe Stunde lang ihre Wut und ihren Kummer ganz auszuleben. Sie sollte sich einen Ort suchen, wo sie sich niedersetzen und völlig ungestört trauern, weinen und wehklagen konnte. Wichtig dabei sei nur, daß es ihr half, ihren Zorn über die verlorenen Noten auch äußerlich zu verarbeiten. Nach einer Woche würde sie viel eher bereit sein, ihren Zorn fahrenzulassen und sich wieder dem normalen Leben zuzuwenden.

Und genau darauf kommt es an: abzugeben, was uns erzürnt, dem zu vergeben, der uns verletzt hat, und wieder befreit *das eigene Leben zu genießen*. Schon der Apostel Paulus wußte, daß jeder im Herzen bewahrte Zorn sich in Feindseligkeit, Haß und Groll verwandelt. All das kann man jahrelang mit sich herumtragen, manchmal bis in den Tod. Deshalb schrieb Paulus auch an die Christen von Ephesus: „Zürnt ihr, so sündigt nicht; laßt die Sonne nicht über eurem Zorn untergehen, und gebt dem Teufel keinen Raum.“[8]

Für Lewis Smedes ist die Vergebung wohl die schwerste Aufgabe der Liebe. Und damit hat er sicher recht. Aber Sie können kaum etwas Besseres tun – für sich selber, für den, der Ihnen Böses getan hat, und auch für Gott.

Wer nicht leiden will, der meide die Peiniger!

Man hört öfter, daß jemand sagt: „Das ist doch längst vergeben und vergessen.“ Wir in den Minirth-Meier-Kliniken aber vermeiden dieses Wort. Vergeben, ja! Aber vergessen nicht! Man vergißt ja nicht einfach, nur weil man es gerade so will. Und das ist vielleicht gar nicht so schlecht, weil so manches gar nicht vergessen werden sollte. Wir sollten uns lieber mit den Dingen auseinandersetzen, sie verarbeiten und uns ihrer erinnern, um gewarnt zu sein und nicht immer wieder dasselbe durchmachen zu müssen.

Wenn Sie früher schon Opfer rücksichtsloser Mitmenschen geworden sind oder es vielleicht sogar im Augenblick sind, dann sollten Sie einen Rat vom Apostel Paulus annehmen. In einem Brief an seinen Freund, den Pastor Timotheus, beschäftigt er sich mit der Tatsache, daß die eingefleischten Egoisten und Schlitzohren so oft ihr Unwesen unter uns treiben. In seinem zweiten Brief an Timotheus erwähnt Paulus verschiedene Menschen, von denen einige ihn im Stich gelassen hatten und andere wieder fest zu ihm hielten. Er fährt dann fort: „Alexander, der Schmied, hat mir viel Böses erwiesen; der Herr wird ihm vergelten nach seinen Werken. Vor ihm hüte auch du dich, denn er hat unseren Worten sehr widerstanden.“[9]

Den Rat, den er den römischen Christen gegeben hatte, befolgte Paulus nun selbst, indem er die Rache an Alexander Gott überließ: Der Herr werde Alexander schon vergelten nach seinen Werken. Wer weiß? Vielleicht hat Alexander ja noch Buße getan und um Vergebung gebeten. Wenn er aber unbußfertig ein Feind Jesu und des Evangeliums geblieben ist, wird er die Vergeltung spüren, die nur Gott zusteht, der mit jedem von uns völlig unparteiisch und gerecht verfährt.

Ich glaube, daß Paulus Alexander vergeben hat. Aber die Begegnung mit ihm hat ihn auch etwas gelehrt. Er kannte nun die Grenzen, die im Umgang mit Alexander nötig waren. Und diese Erfahrung gab Paulus nun weiter an Timotheus, indem er sagte: „Nimm dich in acht vor diesem Mann. Habe ihn lieb, aber vertraue ihm nicht." Ganz allgemein gesprochen, heißt das doch: „Nimm dich vor denen ich acht, die dir schaden können."

In den Aussagen von Paulus finden wir alle drei von uns erwähnten Schritte zur Überwindung der Wut und des Grolls wieder. Zunächst einmal analysiert Paulus seinen Zorn. Es wird ziemlich deutlich, daß hier tatsächlich eins seiner legitimen Rechte von jemand bestritten wurde – das Recht, die Frohe Botschaft zu verkünden: Alexander behinderte auf hinterlistige Weise diese Arbeit.

Und dann redet Paulus über seinen Ärger. Er erzählt Timotheus, daß Alexander ihm übel mitgespielt habe und daß er, Timotheus, klug sein und keinen Umgang mit diesem Mann pflegen solle.

Schließlich neutralisiert Paulus seine Wut, indem er die Rache an Alexander Gott überläßt. Paulus vergab zwar, aber er blieb auch Realist. Schließlich war Alexander nach wie vor ein unbußfertiges Schlitzohr, bei dem man sehr vorsichtig sein mußte.

Und gerade das ist es, was jeder beherzigen muß, der zum Masochismus neigt. Jemandem zu vergeben bedeutet ja noch lange nicht, daß man sich bei dem Betreffenden einschmeicheln und mit ihm überstürzt Freundschaft schließen muß. In den meisten Fällen sollte man vielmehr seinen Peinigern aus dem Weg gehen. Sehen Sie zu, daß sich Ihre Wege nicht mehr kreuzen. Wenn es nötig ist, wechseln Sie den Arbeitsplatz, den Tennispartner oder den Weg zur Arbeit.

Sind Sie mit einem rücksichtslos egoistischen Partner verheiratet, dann suchen Sie einen Seelsorger auf. Sollten Sie von ihm so mißbraucht werden, daß Sie es nicht mehr aushalten, so sollten Sie sich vom Partner trennen, bis auch er den Rat eines Seelsorgers sucht und Sie sich wieder sicher in seiner Gegenwart fühlen können. Indem Sie den Schritt vom Masochisten zum persönlich gereiften Menschen tun, begeben sie sich ja gerade nicht auf die Ebene eines Fußabtreters. Der Masochist ist der geborene Fußabtreter, der seinen Ärger immer nur herunterschluckt und dabei auch noch glaubt, dies sei besonders „fromm".

Vergeben will gelernt sein

Ich glaube, daß man etwas tun muß, um Vergebung zu erlernen. Letztlich tut man sicher gut daran, sich Rat suchend an den zu wenden, von dem alle Vergebung ausgeht. In einem ihrer vielen Bücher schreibt Corrie ten Boom über die Erfahrungen, die sie in einem Konzentrationslager der Nazis machen mußte. Sie erzählt, daß ihr mit ihrer Schwester Betsie befohlen worden war, Wrackteile von Flugzeugen auf Lastwagen zu laden. Das war schwere körperliche Arbeit. Und Betsie, die eher zierlich gebaut war, war damit überfordert. Als eine der Aufseherinnen mitbekam, daß Betsie immer nur die kleineren Teile aufnahm, befahl sie ihr, auch die schweren Teile zu tragen. Darauf erwiderte Betsie in freundlichem Ton: „Verlangen Sie bitte nicht mehr von mir, als ich schaffen kann. Ich bin einfach nicht stark genug, die schweren Teile anzuheben."

„Nicht du entscheidest, was du tust. Ich bestimme hier!" schrie die Aufseherin und fing an, Betsie brutal zu schlagen. Corrie war außer sich vor Wut, und hätten ihre Mithäftlinge sie nicht zurückgehalten, so hätte sie sich auf die Schergin gestürzt.

Nachdem die Aufseherin gegangen war, rannte Corrie zu ihrer Schwester und versuchte, ihr das Blut abzuwischen, das ihr über das Gesicht lief. Betsie sagte zu ihrer Schwester: „Nicht Corrie! Du sollst nicht hassen. Du mußt lieben und vergeben."

„Das kann ich nicht!" rief Corrie wutschnaubend. „Das schaffe ich nie."

Nachdem die Gefangenen am Abend in ihre Baracken zurückgekehrt waren, kletterte Corrie aus dem Fenster und machte einen kleinen Rundgang, um sich mit ihrem Gott zu unterhalten. Sie betete: „Herr, ich kann dieser brutalen Frau nicht vergeben. Es ist viel schwerer zu vergeben, wenn die leiden, die man lieb hat, als wenn man selber leidet."

In diesem Augenblick war sich Corrie ganz sicher, daß der Herr sie an eine Bibelstelle im Römerbrief erinnerte. Sie griff nach einer kleinen Bibel, die sie unter ihren Kleidern versteckt hatte, öffnete sie und las: „... denn die Liebe Gottes ist ausgegossen in unsere Herzen durch den Heiligen Geist, der uns gegeben worden ist."[10]

Corrie erzählt, daß sie in dem Augenblick, da sie diesen Vers las, etwas begriff: Der Herr, der in ihrem Herzen lebte, konnte das für sie tun, was sie nicht vermochte. Sie dankte Gott für das Wort, das ihr in den Sinn gekommen war, und für seine Liebe, die sie in sich spürte, denn sie war stärker als ihr Haß auf die Wächterin. Sie schreibt weiter:

In dem Augenblick, da ich imstande war zu vergeben, legte sich auch mein Haß ... Vergebung ist der Schlüssel, der die Tür der Feindseligkeit öffnet und die Handfesseln des Hasses löst. Sie ist die Macht, die die Ketten der Verbitterung sprengt und die Fesseln der Ichsucht abfallen läßt. Was für eine Befreiung ist es, wenn du vergeben kannst."

Ja, was für eine Befreiung! Bei uns in Amerika spricht man manchmal scherzhaft davon, daß jemand zwar die Klinge vom Beil begräbt, den Stiel aber aus der Erde ragen läßt. Das ist ein gutes Bild für all die Wut, die wir verdrängen. Wenn aber Gott uns die Kraft zur Vergebung schenkt, dann können wir das Kriegsbeil ganz begraben – mit Klinge und Stiel.

10. Existenzkampf bis zum bitteren Ende?

Fünfter Schritt: Werden Sie sich selbst der beste Freund

Wer regelmäßig unser Radioprogramm hört, kennt einen Satz von mir sicher in- und auswendig, weil ich ihn schon so oft wiederholt habe. Ich beabsichtige aber, ihn auch weiterhin bei jeder sich bietenden Gelegenheit zu wiederholen:

Es gibt sechs Milliarden Menschen auf diesem Planeten Erde, und jeder einzelne dieser sechs Milliarden fühlt sich mehr oder weniger minderwertig.

Warum ist nun ausgerechnet diese eher pessimistische Aussage es wert, so häufig wiederholt zu werden? Weil gerade das Gefühl, nichts wert zu sein, eine Antriebskraft ist, die uns in einen sinnlosen Existenzkampf treibt. Dessen Ziel ist es, uns am Ende doch noch ein bißchen Selbstachtung zu bewahren. Denn tief im Innern werden wir das Gefühl nicht los, eine große Null zu sein. Und wir setzen alles ein – Zeit, Energie und Geld –, um der Welt zu beweisen, daß wir in Wirklichkeit eben doch nicht eine solche Null sind.

Trotz all der akademischen Auszeichnungen, die bei mir zu Hause an der Wand hängen, habe auch ich ab und zu Minderwertigkeitsgefühle. Das müßte eigentlich nicht sein, denn ich tue alles Erdenkliche, um dieses Unbehagen zu vermeiden oder abzumildern. Aber es bleibt immer ein Rest von Unwohlsein, und so wird es auch immer bleiben bis zu meinem letzten Atemzug auf dieser Erde.

Psychologische Forschungsergebnisse, die ich in den letzten Jahren verfolgt habe, belegen, daß nur wenige Menschen von sich behaupten, sie hätten überhaupt keine Minderwertigkeitsgefühle. Doch wenn diese seltenen Exemplare bereit sind, sich einem psychologischen Test zu unterziehen, dann kommt sehr schnell heraus, daß sie sich ganz besonders minderwertig fühlen, und zwar in einem solchen Maß, daß sie sich ihre Minderwertigkeitsgefühle gar nicht mehr eingestehen können.

Woher kommen aber diese Minderwertigkeitsgefühle? Sind sie uns angeboren, oder entstehen sie erst im Laufe des Lebens. Man kann zwar genetische Ursachen nicht ganz ausschließen, aber es ist doch offensichtlich so, daß die Minderwertigkeitsgefühle hauptsächlich in den ersten sechs Lebensjahren erworben werden.

85 % unserer Persönlichkeit ist mit dem sechsten Geburtstag bereits fertig ausgebildet. Doch gerade in diesen ersten sechs Jahren sind wir den meisten Personen unserer Umgebung unterlegen – in Größe, Stärke, Kenntnissen, Gestaltungsfähigkeit und der Fähigkeit, zu denken und zu verstehen. Ausgerechnet in diesen Jahren, in denen sich die Grundstrukturen der Persönlichkeit herausbilden, ist man den wichtigsten Personen der eigenen Umgebung gegenüber – und das sind vor allem die Eltern – immer derjenige, der alles etwas schlechter kann. Wenn Ihre Eltern es in der Erziehung einigermaßen geschickt angefangen haben, konnten die meisten dieser Minderwertigkeitsgefühle recht gut abgebaut werden, aber leider sind Eltern immer auch von ihren eigenen Eltern erzogen worden, die ihrerseits Fehler gemacht haben.

Ein weitverbreiteter Fehler der Eltern ist, daß sie meist unbewußt mit Abwehrmechanismen reagieren. (Wir haben darüber ausführlich in Kapitel 6 gesprochen.) Wie Sie sich vielleicht erinnern, ist Projektion jener Vorgang, bei dem wir unsere eigenen gefürchteten Gedanken, Gefühle und Motive anderen Menschen zuschreiben. Jesus beschrieb diesen Vorgang der Projektion, als er uns davor warnte, nur immer den Splitter im Auge des anderen zu sehen, statt wahrhaben zu wollen, daß ein Balken im eigenen Auge steckt.[1]

Zur Verschiebung kommt es, wenn wir unsere seelische Energie von einem angsterzeugenden Objekt auf ein harmloseres verschieben. Wohl jeder kennt Zeiten, da wir die Wut auf uns selbst, auf unseren Vorgesetzten oder auf jemand anders nicht wahrhaben wollen und auf einen harmlosen Sündenbock verschieben.

Leider bedienen sich gerade Eltern gern dieser Abwehrmechanismen im Umgang mit ihren Kindern. So projizieren z. B. alle Eltern bestimmte Dinge auf ihre Kinder, wobei sich die Väter dazu meist ihren ältesten Sohn aussuchen und die Mütter ihre älteste Tochter. Das ist ein Grund dafür, daß man es als Erstgeborener meist am schwersten hat.

Darüber hinaus verschieben Eltern die Wut gegen sich selbst, gegen Arbeitgeber oder gegen die eigenen Eltern auf einen möglichst harmlosen „Sündenbock“. Und welcher ist ungefährlicher als die eigenen Kinder?

Denken Sie einmal darüber nach: Als Sie heranwuchsen, kam es da nicht immer wieder vor, daß Ihre Eltern sehr zurecht auf sie wütend waren, weil Sie ungehorsam oder rebellisch gewesen waren? Wie war es aber, wenn sie Sie schalten oder gar bestraften und Sie gar nicht wußten, warum? Mit einiger Wahrscheinlichkeit sind Sie nur deshalb bestraft worden, weil Sie Ihre Eltern durch irgendeine Tat an ihre eigenen, ins Unterbewußtsein verdrängten Fehler erinnert haben. Und nun wurden diese Fehler auf Sie projiziert.

Ein andermal waren Sie Ziel der elterlichen Wut und Verachtung, weil sie die Wut, die sie auf sich selber oder andere hatten, einfach verschoben, und Sie waren der willkommene Sündenbock. Was war weniger riskant für Ihren Vater – auf seinen Chef oder seine Frau wütend zu sein oder auf Sie?

Was aber hat das alles mit Ihrem Selbstwertgefühl, mit Ihrer Selbstachtung zu tun? Fast alles! Die meisten Menschen neigen dazu, ihr Selbstwertgefühl von der elterlichen Meinung abhängig zu machen. Diese ist aber leider viel zu oft von Abwehrmechanismen geprägt. Und wenn Eltern auch nicht die beiden wichtigsten Abwehrmechanismen – Projektion und Verschiebung – einsetzen, so bedienen sie sich doch bestimmt einer der 38 Mechanismen, die aus der psychiatrischen Praxis bekannt sind (s. Kapitel 6 mit dem Anhang auf Seite 249).

Aber so sehr Ihre Selbstsicherheit auch Schaden gelitten haben mag, es gibt auf jeden Fall Hilfe. Ihr Alter spielt dabei überhaupt keine Rolle. Sie können Ihr Selbstwertgefühl jederzeit noch stärken. In diesem Kapitel wollen wir nun zeigen, daß jeder sich ändern kann, der dazu bereit ist.

Wieviel sind Sie persönlich wert?

Ein angeschlagenes Selbstwertgefühl ist die entscheidende Ursache dafür, daß viele Menschen leidenssüchtig sind und sich von Schlitzohren ausnutzen lassen. Wenn wir erst einmal von solchen eingefleischten Egoisten abhängig geworden sind, können wir ohne sie gar nicht mehr leben. Im Grunde sind wir Sklaven geworden, angehalten, unseren Zwang zur Sucht zu befriedigen. Ständig sind wir auf der Suche nach Zustimmung, Aufmerksamkeit und Einfluß. Wir haben uns ins Getümmel des großen Existenzkampfes geworfen, und der Siegeskranz ist das Gefühl, es zu etwas gebracht zu haben. Das Problem ist nur, daß wir die Ziellinie niemals überschreiten!

Im Wettlauf um die größte Anerkennung scheint nichts einen dauerhaften Gewinn zu bringen. Die Freude über eine neu erklommene Sprosse auf der Erfolgsleiter hält nicht lange an. Der Sieg im Tennis oder Fußball ist kein Sieg für die Ewigkeit. Der Seitensprung versetzt uns zunächst in Hochstimmung, aber am Ende zerstört er das Lebensglück und die Selbstachtung. Und dieser Zustand ist oft von Dauer. Es macht Spaß, Geld zu haben. Aber wieviel genau braucht man, um glücklich zu sein? Wir brauchen doch immer noch ein bißchen mehr.

Wir alle fühlen uns mehr oder weniger minderwertig. Dabei meinen wir, genau zu wissen, welchen Wert wir im Vergleich zu all den anderen sechs Milliarden menschlichen Wesen auf unserem Erdball haben. Allerdings fühlt sich manch einer eben doch ein bißchen wertvoller als andere. Wir sprechen von Selbstwert, Selbstbewußtsein, Selbstachtung, aber dahinter steckt immer nur die eine Frage: Was empfinde ich, wenn ich ohne rosarote Brille eine Reise in mein Innerstes tue?

Sie können nun über sich selber ein Gutachten erstellen, das Ihren Wert bestimmt. Dabei sollten Sie nicht nur aus dem Augenblick heraus entscheiden, sondern auch berücksichtigen, wie Sie sich in der Vergangenheit selbst eingeschätzt haben:

GUTACHTEN

Mein Name ______________________

Worauf gründet sich mein Selbstwertgefühl am meisten? ______________________

Wessen Meinung ist vor allem maßgeblich für mein Selbstwertgefühl? ______________________

Mein bester Freund in dieser Welt ist ______________________

____

Auf eine Skala von 1 bis 10 (10 ist der höchste Wert) stufe ich meinen Wert als Mensch wie folgt ein ________ .

Wie haben Sie dieses Dokument ausgefüllt? Gründet sich Ihr Selbstwertgefühl auf Ihre Potenz, Ihr gutes Aussehen, Ihren Einfluß, Ihre Macht oder Ihren Einfluß auf andere Menschen? Oder ist es die gehobene Wohngegend, in der Sie leben, die Kleidung, die Sie tragen, oder vielleicht Ihre bemerkenswerte Spiritualität? Es könnte aber auch Ihre Fähigkeit sein, leidenssüchtig anderen aus der Klemme zu helfen. Es gibt kaum etwas, was man hier nicht als Grundlage für sein Selbstwertgefühl eintragen könnte.

Die Person hinter Ihrem Selbstwertgefühl ist allerdings noch wichtiger als die dingliche Grundlage. Wer beeinflußt Ihre Bewertung am meisten? Wessen Meinung läßt Ihr Selbstwertgefühl Berg- und Talbahn fahren? Mutter, Vater, Geschwister, gleichaltrige Freunde und Bekannte, Lehrer, der Pastor, die nächsten Angehörigen, Kollegen, der Arbeitgeber oder Ihre Angestellten, alte Schulkameraden, Kommilitonen, verflossene Liebhaber, Ihr früherer oder derzeitiger Lebensgefährte?

Sie sollten nun einen Augenblick Ihre Lektüre unterbrechen und darüber nachdenken, ob nicht die eine oder andere oben genannte Person auch bei Ihrer Selbstbewertung eine Rolle spielt. Es sollte Sie nicht überraschen, wenn der Betreffende auch derjenige ist, der Sie ausnutzt. Nur sehr wenige Menschen trauen sich zu, Ihr persönliches Gutachten über den eigenen Wert unbeeinflußt abzugeben. Die meisten von uns lassen sich – auch wenn sie es nicht wahrhaben wollen – von anderen „beraten".

Wenn wir das aber tun, werden wir Masochisten, die leicht abhängig werden und sich ausnutzen lassen. Obgleich es ziemlich dumm ist, das eigene Selbstwertgefühl von der Meinung anderer abhängig zu machen, so tun wir es doch alle mehr oder weniger. Deshalb ist auch der *fünfte Schritt* so wichtig, um zur vollen Reife des Erwachsenen zu gelangen.

Nehmen Sie die Feststellung Ihres persönlichen Wertes in die eigene Hand, und lassen Sie sich durch niemanden beeinflussen. Das gelingt Ihnen am besten, wenn Sie sich ein möglichst genaues und ungetrübtes Bild von sich selber machen.

Woraus setzt sich dieses Selbstbild zusammen?

Zu den besten Büchern, die ich zum Thema Selbsteinschätzung gelesen habe, gehört zweifellos *The Sensation of Being Somebody* von Dr. Maurice Wagner. Er ist Theologe und Psychologe. Im Zusammenhang mit der Frage, wie das Selbstbild eines Menschen entsteht, spricht Wagner von drei Empfindungen, die „wie die drei Beine eines Stativs zusammenwirken ... Wenn eine der drei Empfindungen schwächer ausgeprägt ist, schwankt das Selbstbild wie die Kamera auf einem Stativ mit ungleichen Beinen."[2] Die drei Empfindungen, die aus Wagners Sicht das Selbstbild eines Menschen ergeben, sind:

1. Zugehörigkeitsgefühl
2. Wertschätzung
3. Kompetenz

Zugehörigkeit heißt, sich gewollt und angenommen fühlen und wissen, daß man als Mensch beachtet und gemocht wird. In unseren Kliniken haben wir es immer wieder mit Menschen zu tun, die nicht wissen, wohin sie gehören. Sie beklagen sich darüber, daß sie ihr ganzes Leben lang im Grunde nur Zuschauer gewesen sind. Zu Hause gehörten sie nicht richtig dazu, in der Schule nicht und auch nicht am Arbeitsplatz. Sie gehören niemals zum inneren Kreis einer Gruppe. Sie haben ihr Leben im Freien verbracht und immer nur durchs Fenster nach innen geschaut.

Wertschätzung heißt, daß man sich selber sagen kann: „Ich bin ein ganz ordentlicher Kerl" oder: „Ich mache das alles schon ganz richtig." Dieses Gefühl stellt sich bei uns ein, wenn Menschen aus unserer Umgebung uns loben und mit uns einverstanden sind. Wenn wir ständig nur kritisiert, abgekanzelt und vor anderen lächerlich gemacht werden, verlieren wir allmählich das Gefühl, wertgeschätzt zu werden.

Wagner beschreibt einen Mann, der sich ein Auto ausgesucht hatte. Das wollte er unbedingt kaufen. Aber er machte den Fehler, davon seinem dominanten älteren Bruder zu erzählen. Der wußte natürlich gleich alles besser. Solch ein Auto sei natürlich eine äußerst ungünstige Investition. Außerdem sei er sicher, sein jüngerer Bruder werde das Geld dafür niemals aufbringen. Doch dieser hatte in Wirklichkeit einen soliden Finanzierungsplan aufgestellt, so daß er das Auto durchaus bezahlen konnte. Aber damit ihm sein älterer Bruder auch gewogen blieb, gab er nach und ließ seine Kaufpläne fallen. Natürlich war er hinterher tieftraurig.

Wenn Sie den jüngeren Bruder für einen Masochisten halten, dann haben Sie vollkommen recht. Ihm ist es wichtiger, daß ihm sein Bruder gewogen bleibt, als eigene Entscheidungen zu treffen, hinter denen er stehen kann und durch die er es im Leben zu etwas bringen würde.[3]

Wagner schreibt, daß eine noch extremere Variante dieses Verhaltens derjenige zeigt, der nicht einmal mehr den Versuch unternimmt, eine Entscheidung zu treffen. Solch ein Mensch fragt immer nach, was andere denken, auch wenn es nur um Nebensächlichkeiten geht. Wagner schreibt dazu: „Diese Menschen haben nie das Gefühl entwickelt, etwas wert zu sein, weil sie nie selbständig Entscheidungen für sich treffen und immer abhängig von anderen sind."[4] Auch hier finden wir wieder eine Beschreibung typisch masochistischer Neigungen.

Das Selbstwertgefühl des Masochisten ist ziemlich schwach ausgeprägt, und deshalb glaubt er auch, daß die Meinungen der anderen immer eher etwas taugen als seine eigene.

Der Mensch mit einem ausgeprägten Selbstwertgefühl trifft selbständig Entscheidungen, und wenn er kritisiert wird, so wird dadurch sein positives Selbstbild keineswegs zerstört. Ist die Kritik unberechtigt, so sagt er sich vielleicht: „*Die verstehen mich einfach nicht ... Sie waren noch nie in meiner Lage ... Er ist sowieso ein Nörgler.*" Ist die Kritik aber berechtigt, denkt der Selbstbewußte vielleicht: „*Er hat recht. Das nächste Mal mache ich es bestimmt besser ... Gut, ich habe es verpatzt, aber davon geht die Welt nicht gleich unter.*"

Ein stark ausgeprägtes Selbstwertgefühl ist die beste Verteidigung gegen die Manipulationsversuche und Übergriffe schlitzohriger Zeitgenossen. Es fällt leider ganz besonders schwer, gerade dieses Standbein unseres Selbstbildes zu stärken und tragfähig zu machen, vor allem, wenn wir zum Masochismus neigen und das Bedürfnis haben, es immer nur den anderen recht zu machen.

Vielleicht sind Sie in einer Familie aufgewachsen, in der es strenge Regeln und Gesetze gab. Vielleicht haben Sie sich ja sogar zugehörig gefühlt, aber Sie haben ständig gehört: „Nein, da hast du unrecht ... Das machst du nicht ... Das ist verkehrt." Weil Sie immer nur Negatives gehört haben, haben Sie es sich nun ebenfalls angewöhnt, nur negativ mit sich selber zu reden. (Wie man hier eine Veränderung bewirkt, werden wir noch später in diesem Kapitel besprechen.)

Kompetenz, das dritte Standbein, das unser Selbstbild ausgeglichen hält, ist Wagner zufolge das „,Ich-kann-etwas-Gefühl', die innere Gewißheit also, sich erfolgreich dem Leben stellen zu können und auch mit seinen eher komplizierten Seiten fertig zu werden."[5] Wer sich kompetent fühlt, der empfindet Mut, Hoffnung und Stärke. Er sagt: „Ich kann." Die Jugendjahre sind ganz besonders entscheidend für die Herausbildung des Gefühls von Kompetenz, wobei es selbstverständlich ist, daß Erfolg dieses Gefühl fördert und Mißerfolg es abnehmen läßt.

Das Bild vom dreibeinigen Stativ ist zwar recht hilfreich, wenn man verstehen will, was es mit dem Selbstbild auf sich hat, aber man darf es auch nicht überstrapazieren. Zugehörigkeitsgefühl, Wertschätzung und Kompetenz sind Gefühle, die stark miteinander in Beziehung stehen. Seinen eigenen Wert empfindet man nur, wenn man sich irgendwo zugehörig fühlt. Und die Gewißheit, etwas leisten zu können, stellt sich nur durch ein Zugehörigkeitsgefühl und die Gewißheit ein, wertgeschätzt zu werden. Ein gesundes Selbstbild entsteht, wenn alle drei Gefühle in einem rechten Verhältnis zueinander stehen.

Ich war ein Workaholic – wenn nicht mehr

Immer wieder begegnen mir Menschen, die alles tun, um ihren Mangel an Zugehörigkeit und Wertschätzung dadurch auszugleichen, daß sie ihre persönlichen Leistungen in den Vordergrund stellen. Ihr Selbstwertgefühl hängt vollständig davon ab, was sie vollbringen, von ihren Fertigkeiten, ihren Talenten und dem Geld, das sie verdienen. Aber ohne das Gefühl, irgendwo dazuzugehören oder von jemand wertgeschätzt zu werden, rinnt einem alles, was man geleistet hat, wie Sand durch die Finger. Ich weiß, was diese Menschen empfinden, denn auch mir ist es so ergangen.

Schon sehr bald nach unserer Hochzeit wurde ich ein Workaholic, um dem „heiligen Gral der eigenen Reputation" nachzujagen. Als ich dreißig war und meine Ausbildung zum Psychiater beendet hatte, verbrachte ich kaum Zeit mit Jan und den Kindern. Statt dessen war ich bemüht, mein Ansehen zu steigern, indem ich das Gebot meines arbeitssüchtigen Vaters befolgen wollte, der mir von klein auf seinen Wahlspruch nahezubringen versucht hatte: „Arbeit macht das Leben süß."

Ich war ein religiöser Workaholic, der in die Fußtapfen seiner Vorfahren trat, es dabei aber nicht bewenden ließ. Ich hatte noch nicht erfahren, daß Arbeitswut das Leben keineswegs süß macht. Ich übte eine vollzeitige Lehrtätigkeit an der Trinity Theologischen Universität bei Chicago aus, und nebenher praktizierte ich noch in Milwaukee mit einem Anfahrtsweg von 60 Meilen. Schließlich wollte ich mich noch weiterbilden, und so nahm ich an entsprechenden Lehrgängen teil. Um meinen masochistischen Neigungen nachzukommen, kümmerte ich mich außerdem noch fast jeden Abend bei mir zu Hause seelsorgerlich um Studenten, die oft mit ihren Partnern kamen. Samstags ging ich in das Stadtviertel, wo Minderheiten ihre Heimat gefunden hatten, und kümmerte mich um Problemfälle. Sonntags leitete ich dann noch Seminare und Lehrveranstaltungen in verschiedenen Gemeinden.

Und ich fing an, Bücher zu schreiben. Es ist geradezu eine Ironie, daß ich mein erstes Buch über Kindererziehung und Persönlichkeitsentwicklung schrieb. Während ich vollkommen überzeugt von meinem arbeitswütigen Lebensstil war und auch gar nicht mehr anders leben konnte, schrieb ich fröhlich mein Buch zum Thema: „Wie herrlich ist es doch, Eltern mit einem christlichen Glauben zu sein.“ Dabei war ich mir gar nicht im klaren darüber, daß ich trotz meines frommen Lebenswandels – ich stand morgens um 5 Uhr 30 zur Stillen Zeit auf – meine Frau und meine drei kleinen Kinder weitgehend vernachlässigte. Das aber war ein Verhaltensmuster, das ich in meiner Kindheit gelernt hatte.

So ging es einige Jahre, und ich war vollkommen überzeugt davon, daß ich mein Bestes tat, um Gott und meinen Mitmenschen zu dienen. Doch mit dreißig, im besten Mannesalter also, bekam ich die Folgen zu spüren. Es mehrten sich die Anzeichen, daß ich bereits ausgebrannt war.

Eines Morgens wachte ich zur üblichen Zeit auf, schlug meine Bibel auf und las, was Jesus in Matthäus 11 sagte: „. . . denn mein Joch ist sanft, und meine Last ist leicht.“[6] Ich erinnere mich noch, daß ich damals himmelwärts schaute, mit der Faust drohte und Jesus zurief: „Warum sagst du das? Deine Last und dein Joch sind schier *unerträglich*!“

Ich führte darauf ein Ferngespräch mit meinem Freund Frank Minirth, der damals an der Dallas Theologischen Universität lehrte. Ich sprach mit ihm über meine Aufgewühltheit angesichts dieses Wortes von Jesus. Doch Frank ließ sich von meiner Kritik am Allmächtigen nicht irritieren.

„Wenn Gott sagt, sein Joch ist leicht, dann ist es leicht“, antwortete Frank damals. „Wenn du das Joch, das du zu tragen meinst, als niederdrückend empfindest, dann ist dir dieses Joch von deinen Eltern auferlegt worden, die dir ihre Arbeitswut vorlebten.“

Im Laufe unseres Gesprächs erinnerte mich Frank daran, daß es immer ein Fehler sei, den himmlichen Vater mit dem leiblichen zu verwechseln. Es war mir richtig peinlich, daß ich auf diese einfache Wahrheit nicht selber gekommen war. Ich mußte noch lernen, daß man andere oft viel leichter beurteilen kann, während Einsichten über die eigene Person schon nicht mehr so leichtfallen. Da ist man oft blind für wichtige Dinge, und die Psychologen bilden da keine Ausnahme.

Von der Arbeitssucht zur Spielsucht

Ich setzte mich mit Jan zusammen, und wir hatten ein sehr langes Gespräch. Wir sprachen über meine Arbeitssucht und darüber, wie sehr ich sie und die Kinder vernachlässigt hatte. Jan gab allerdings zu, daß ihr das gar nicht so viel ausgemacht habe, da sie – was typisch für einen Masochisten ist – die Last, für die Familie sorgen zu müssen, fast freudig auf ihren Schultern trug. Diese Gespräche zwischen mir und Jan führten dazu, daß ich für mich einige wichtige Entscheidungen traf.

Ich setzte neue Prioritäten in meinem Leben und paßte meinen täglichen Terminplan dieser Prioritätenliste an. In dieser Liste kamen nun auch Jans Bedürfnisse vor: Ich verbrachte mehr Zeit mit ihr. Aber auch den Kindern wollte ich mich mindestens 18 Stunden in der Woche widmen und mit ihnen ausgelassen etwas anfangen, ohne ständig an ihnen herumzuerziehen. Ich gab mein Ehrenwort, daß ich mindestens drei Wochenenden im Monat zu Hause bleiben würde, statt kostenlos Seelsorge anzubieten, für wohltätige Zwecke unterwegs zu sein oder in einer nahe gelegenen Gemeinde Vorträge zu halten.

Die Straße zur persönlichen Reife war zwar gepflastert mit guten Vorsätzen, aber ich geriet trotzdem wieder auf Abwege. Ich hatte geglaubt, meine Arbeitssucht auf elegante Weise losgeworden zu sein. Aber es dauerte nicht lange, da wurde ich bereits wieder von einer Sucht gepackt. Ausgerechnet Videospiele hatten es mir plötzlich angetan. Während ich ganz bewußt viel Zeit mit meinen Kindern verbrachte, lernte ich ihre Videospiele kennen. Und ehe man sich's versah, spielte ich stundenlang Video-Bridge. Eine Ausrede hatte ich natürlich auch parat: „Das mache ich alles doch nur zur Entspannung." In Wahrheit war ich schon wieder dabei, mich von meiner Familie zu entfernen. Gelernt habe ich das von meinem Vater, der durch übertriebenen Fleiß und seine Sucht nach Gemeindeaktivitäten sich genauso von der Familie fernzuhalten suchte. Auch er war selten zu Hause.

Wieder reich sein wie einst die Väter, aber ...

In jener Zeit ließ ich mich auf das väterliche Gebot ein, das ich mein ganzes Leben lang immer wieder gehört hatte und das dadurch zu einem der wichtigsten Gebote des Vaters geworden war: „Sieh zu, daß du viel Geld verdienst mit deiner Arbeit, und stelle den Wohlstand unserer Familie wieder her, der uns damals in der Kommunistischen Revolution verlorengegangen ist." Ich sah mich also nach einer vollzeitigen Position in der Psychiatrie um, wo ich mehr verdienen würde als in Trinity.

Schon nach ein paar Wochen bekam ich das ausgezeichnete Angebot einer psychiatrischen Klinik in der Nähe von Chicago. Als Jahreseinkommen konnte ich eine sechsstellige Summe erwarten. Doch noch bevor ich kündigen und die gut bezahlte Stellung antreten konnte, kam ein guter Freund von mir, der an der Trinity Theologischen Universität arbeitete, durch einen Autounfall ums Leben. Es war Paul Little, ein gläubiger Mann, der wohl am bekanntesten durch sein Buch *How to Give Away Your Faith* geworden ist. Zu den Rednern an Pauls Beerdigung gehörte auch Leighton Ford, ein angesehener Mann, der lange Jahre in der Evangelisationsarbeit von Billy Graham gestanden hatte.

Als Leighton über Paul Littles Pioniergeist sprach, über seine Bereitschaft, Gott und den Menschen zu dienen, da stellte er ganz unverblümt ein paar Fragen, die mich mitten ins Herz trafen: „Wenn Sie einmal alt sind und auf Ihr Leben zurückschauen, was wollen Sie dann sehen? Werden Sie Ihr Leben damit verbracht haben, Geld zu verdienen und dem Erfolg nachzujagen, oder werden Sie es als ein Pionier verbracht haben, der wie Paul Little seine von Gott verliehenen Talente zum Nutzen seiner Mitmenschen eingesetzt hat?"

In dem Augenblick mußte ich an ein Telefonat mit Frank Minirth denken, das ich ein paar Tage zuvor geführt hatte. Frank hatte mich eingeladen, vollzeitig mit ihm an der Dallas Theologischen Universität zu lehren, wo wir gemeinsam ein neues Seelsorgeprogramm ins Leben rufen könnten. Als Gehalt könne ich gut 12.000 Dollar im Jahr erwarten.

Nun begann ein Tauziehen in meinem Kopf, während ich versuchte, mir Klarheit darüber zu verschaffen, welche elterlichen Gebote mich mein Leben lang beeinflußt hatten. Sollte ich den Wohlstand der Meiers wiederherstellen und über 100.000 Dollar im Jahr verdienen? Oder sollte ich ein Diener Gottes für gut 12.000 Dollar werden? Auch wenn die sechsstellige Summe verlockend klang, so mußte ich doch an all jene Bibelverse über den Dienst im Reich Gottes denken, die meine Mutter mich gelehrt hatte. Ich konnte natürlich auch in einer psychiatrischen Praxis ein „Diener Gottes" sein, aber ich verspürte doch die innere Gewißheit, daß Gott es lieber sähe, wenn ich in Dallas lehrte. Ich suchte das Gespräch mit Jan, um herauszufinden, wie sie darüber dachte. Jan war einverstanden. Wir gelobten darauf, uns mit den wenigen Einnahmen zu begnügen und zogen mit unseren drei kleinen Kindern nach Dallas in Texas.

Wenn Sie auch zu denen gehören, die ihre Lebensführung Gott überlassen, dann werden Sie erfahren haben, daß er unsere Pläne und Prognosen auf unerwartete Weise ausgestaltet. Jan und ich hatten uns auf knappe Finanzen eingestellt. Aber es dauerte gar nicht lange, da wußten wir gar nicht, welche Segnung wir zuerst wertschätzen sollten. Nachdem ich mich an der Universität eingearbeitet hatte, tat ich mich mit Frank Minirth zusammen, und gemeinsam verfaßten wir verschiedene Lehrbücher, die erstaunlicherweise auch beim breiten Publikum gut ankamen. Nachdem einige unserer Studenten ihre Ausbildung abgeschlossen hatten, gingen sie in die Radio- und Fernseharbeit. Und so bekamen auch wir zunehmend Kontakte zu diesem Arbeitsbereich. Bald bekamen Frank und ich die Gelegenheit, ab und zu in Radiosendungen zu sprechen, in denen wir Höreranfragen zu geistlichen und seelischen Problemen beantworteten.

Unsere Leser und Zuhörer trugen immer öfter den Wunsch an uns heran, sich von uns beraten zu lassen. Aber dazu fehlte uns ganz einfach die Zeit. Mit unserer Lehrtätigkeit an der Universität hatten wir genug zu tun, und außerdem hatten wir 1976 gemeinsam eine psychiatrische Praxis eröffnet, die wir noch nebenher betrieben. Bald wurde die Nachfrage so groß, daß wir gleichgesinnte Psychiater und Psychologen einstellten, und aus unserer Nebenbeschäftigung entwickelte sich ein ansehnliches Unternehmen – die Minirth-Meier-Kliniken.

Nach kurzer Zeit waren wir derart eingespannt, daß wir unsere Bereitschaft zur Arbeitssucht schon wieder zügeln mußten. Und da wir Menschen nun einmal dazu neigen, begann auch ich, mir selbstgefällig auf die Schulter zu klopfen – ganz geistlich, versteht sich! Ich glaubte, das Schlitzohr in mir gut unter Kontrolle zu haben und auf dem besten Weg zu einer gereiften Persönlichkeit zu sein.

In Wahrheit aber geriet der Masochist in mir außer Rand und Band. Gerade zu jener Zeit kam es immer häufiger vor, daß ich mich mit Geldanlagen verkalkulierte, zu denen mir gewisse Leute geraten hatten. Aber eine Zeitlang war ich noch fest davon überzeugt, ein mit allen Wassern gewaschener Geschäftsmann zu sein, bei dem sich alles, was er anfaßt, in Gold verwandeln würde. Die „Wiederherstellung des Wohlstands der Familie" schien nun plötzlich möglich als ein unerwartetes Geschenk von Gott.

Die Quittung bekam ich 1985 gleich auf zweifache Weise: zunächst in der Einöde einer türkischen Berglandschaft und dann durch ein Erdbeben in der Finanzwelt, das ganz Texas erfaßte – und mein Bankkonto auch.

Wir wollten die Arche Noah finden

Anfang 1985 wurde ich eingeladen, die medizinische Betreuung einer Expedition zu übernehmen, mit der man die Arche Noah finden wollte. Die Gelehrten sind eigentlich immer davon ausgegangen, daß sie damals auf dem Gipfel des Ararat in der Türkei gelandet ist. Die Gruppe, die mich zu der Expedition einlud, wollte keineswegs aufs Geratewohl dort hinreisen. Man hatte Zugang zu geheimen Aufklärungsfotos gehabt, die ziemlich deutlich zeigten, wo sich die Überreste der Arche befanden. Eine Teilnahme an dieser Expedition bedeutete zwar, daß ich trotz eines vollen Terminkalenders im Seminar und in der Klinik noch Zeit erübrigen mußte, doch diese Gelegenheit konnte ich mir einfach nicht entgehen lassen.

Im August brachen wir in die Türkei auf, wo wir uns mit Jim Irvin, dem amerikanischen Astronauten, treffen wollten. Er war der Leiter einer zweiten Gruppe, die dasselbe Ziel hatte wie wir. Ich kam mir so großartig vor, wenn ich nur daran dachte, daß ich dort am Ararat für Gott und die Menschheit mein Leben riskierte. Ganz und gar nicht bewußt war mir damals allerdings, daß das Schlitzohr in mir kräftig feierte. Mein unbewußtes Motiv für die Teilnahme an dieser Expedition war, daß sie mir Anerkennung und Ruhm einbringen würde und ich so die einmalige Chance hätte, als Berühmtheit in die Geschichtsbücher einzugehen.

Unser Expeditionsteam erreichte die Türkei und passierte den Zoll ohne Schwierigkeiten. Doch aus unerfindlichen Gründen befand ein türkischer Bürokrat, daß irgend etwas mit meinen Papieren nicht stimmte, so daß es mir nicht gestattet war, mit meiner Mannschaft den Ararat zu besteigen.

Zwei Tage nachdem das Team aufgebrochen war, lag ich abends in meinem schmuddeligen Hotelzimmer und konnte nicht einschlafen. Ich stand auf, ging zum Fenster und schaute mit einem Fernglas zum Berg hinüber. Ich sah ein flackerndes Licht, das an ein Feuerwerk erinnerte. Ich fragte mich, ob an jener Stelle meine Kameraden seien, denn soweit hätten sie inzwischen vorgedrungen sein können. Je länger ich hinüberschaute zu diesem flackernden Licht, desto sicherer wurde ich, daß etwas nicht stimmte. Ein ungutes Gefühl beschlich mich. Ich legte mich wieder ins Bett, aber statt einzuschlafen, lag ich nur da und schlotterte am ganzen Leib. Gegen Mitternacht hörte ich plötzlich das Geräusch einer zerberstenden Fensterscheibe. Konnte es ein Erdstoß gewesen sein oder ein Eindringling, der es auf meine Brieftasche oder gar auf mein Leben abgesehen hatte?

Ich griff nach meinem Jagdmesser, das auf dem Nachttisch lag, und schaltete das Licht an. Zu meiner großen Überraschung mußte ich feststellen, daß mein Fenster von *innen nach außen* zerborsten war, so daß die Scherben draußen auf dem Balkon lagen. Ich habe nie herausbekommen, wie es passieren konnte, daß Glas ohne erkennbaren Grund von innen nach außen bricht.

Ein paar Stunden später bin ich dann endlich eingeschlafen. Am nächsten Morgen erreichten die Mitglieder meines Teams mit letzter Kraft die Stadt. Ihre Augen waren rot unterlaufen, und Angst war ihnen ins Gesicht geschrieben. Sie erzählten eine wilde Geschichte. Von Terroristen seien sie gefangengenommen worden, man habe ihre wertvolle Ausrüstung verbrannt (das Feuer, das ich mit dem Fernglas die Nacht davor gesehen hatte). Dann habe man sie plötzlich vor ein Erschießungskommando gezerrt, es sich dann aber doch noch anders überlegt. Schließlich habe man sie den Berg hinabgejagt und dabei immer wieder in die Luft gefeuert.

Die Pläne unserer Expedition, den Ararat zu besteigen, mußten zwar aufgegeben werden, aber wir hofften doch immer noch, daß wenigstens Jim Irwins Gruppe einen weiteren Versuch unternehmen würde. Irwins Expeditionsteam kam ein paar Tage später bei uns an. Man hatte den Aufstieg, begleitet von türkischen Soldaten, zwar begonnen. Doch weniger als eine halbe Meile vor der Stelle, wo Luftaufnahmen die Arche vermuten ließen, hinderten die Soldaten plötzlich Irwin am weiteren Vordringen. „Die Russen könnten sich provoziert fühlen“, hieß es. Und die russische Grenze lag tatsächlich nicht weit entfernt.

Ich fühlte mich als Versager, als ich nach Hause zurückkehrte. Und ein bißchen wütend auf Gott war ich auch. Frank Minirth und ich hatten geplant, eine landesweit ausgestrahlte Rundfunksendung zu produzieren, die Millionen von Zuhörern am Tag erreichen und Hilfe und Rat bei geistigen und seelischen Problemen anbieten sollte. Bei der Premiere wollte ich gleich mit einem „Knalleffekt“ aufwarten und von meinem Beitrag zur Entdeckung der Arche berichten. Der Herausgeber des *National Geographic* hatte gesagt, daß die Entdeckung der Arche tatsächlich das größte archäologische Ereignis aller Zeiten gewesen wäre. Statt dessen waren wir als ein weiteres gescheitertes Expeditionsteam heimgekehrt. Und das machte meinem Ego ganz schön zu schaffen.

Das Schlitzohr in mir machte Überstunden, und ich war manchmal ganz schön wütend auf Gott. Zwei der drei Standbeine meines Selbstbildes – Wertschätzung und Kompetenz – wackelten sehr. Das alte Gefühl, „es nicht zu schaffen, gut genug zu sein“, nagte an meiner Seele. Ich hatte meinem Vater doch zeigen wollen, daß ich imstande war, „etwas Bedeutsames zuwege zu bringen".

Aber das waren längst nicht meine einzigen Probleme. Ich sprach zwar nicht viel darüber, aber die Vorstellung, zu Millionen von Menschen in einer Live-Sendung zu sprechen, machte mir doch Angst. Auch die Finanzierung der Sendungen machte mir Sorgen. Frank und ich hatten uns darauf verständigt, daß die von uns mitgestalteten Radio- und Fernsehprogramme niemals von Spenden abhängig sein dürften. Doch inzwischen wuchsen die Ausgaben ins Unermeßliche, und ich wußte nicht mehr, wie wir all das aus eigener Tasche finanzieren sollten.

Wir machten unsere Sendungen, und alles lief sehr gut, nachdem wir unser anfängliches Lampenfieber überwunden hatten. Wir bekamen immer mehr Anfragen von Menschen, die sich in unseren Kliniken behandeln lassen wollten, weil sie von uns im Radio gehört hatten. Einige konnten wir ja aufnehmen, und wir überwiesen so manchen Interessenten an eine zweite Minirth-Meier-Klinik, die ein paar Monate zuvor von meiner Schwester Nancy in Betrieb genommen worden war.

Ich war gerade ein paar Wochen aus der Türkei zurück, und unsere Radiosendungen liefen sehr erfolgreich, da ereilte mich ein zweites Unglück. Und diesmal waren es die Finanzen. Der „Texas Crash von 85", der den ganzen Bundesstaat erschütterte, ließ die Grundstückspreise ins Bodenlose stürzen. Gleichzeitig geriet die gesamte texanische Wirtschaft in eine Rezession. Die Grundstücke, die ich erworben hatte, verloren ein Drittel ihres Wertes, und ich war mehr oder weniger pleite. Ich mußte mir sogar Geld besorgen, um meine Verbindlichkeiten erfüllen zu können. Nun mußte die Wiederherstellung des Vermögens unserer Familie leider doch noch etwas auf sich warten lassen.

Ich tat mir selber so leid, und wütend war ich auf die Menschen, die mich zum Kauf von „ganz sicheren" Anlageobjekten überredet hatten. Auch auf Gott war ich wieder einmal nicht gut zu sprechen. Erstens waren meine Hoffnungen, dauerhaften Ruhm beim Auffinden der Arche zu erlangen, unwiederbringlich dahin. Und zweitens war nun auch noch all mein Geld verschwunden. Ich fragte mich, ob er denn überhaupt all die Opfer würdigte, die ich ihm brachte. Stand es den Gerechten denn nicht einfach zu, gesegnet zu werden? War es den Christen nicht gegeben, den Himmel schon hier auf Erden zu schmecken?

Zurück zu den Anfängen mit dem Schlitzohr in mir

Diese Gedanken waren schon etwas mehr als ein bißchen schlitzohrig, und mein Selbstbild lag in tausend Scherben. Ich fühlte mich wie der sprichwörtlich begossene Pudel, der ohne rechten Grund auch noch Schläge bekommen hatte. Meine Frau mußte sich inzwischen auch noch mit den Leuten von der Bank auseinandersetzen, die meine Bonität anzweifelten (s. Kapitel 5). Es war höchste Zeit, in mich zu gehen, und alles zu tun, um endlich einen Großteil meines alten Selbstwertgefühls wiederzugewinnen.

Weil ich von meinem Vater als junger Mensch so streng erzogen worden war, hatte ich eine unbewußte Abneigung gegen jede Form der Autorität entwickelt. Außerdem war ich der Meinung, daß es mein gutes Recht sei, gegen Autoritäten aufzubegehren. Gleichzeitig hatte mein Selbstwertgefühl Schaden gelitten, weil mein Selbstbild zu sehr von der Meinung meiner Eltern abhängig war. Die Rebellion gegen Gott war eine sehr naheliegende Ersatzhandlung in dieser vom Zorn beherrschten Phase meines Lebens. So konnte ich bei ihm meine Rachegefühle loswerden und mich gleichzeitig dem Druck entziehen, ihm dienen zu müssen.

Glücklicherweise zog ich mich damals nicht ins Schneckenhaus zurück. Ich wollte meine Wut nicht einfach verdrängen und schließlich depressiv werden. Ich begriff, daß ich zu den Anfängen zurückkehren und mich dem Schlitzohr in mir selber stellen mußte. Dieser unangenehme Zeitgenosse in mir mit seinen masochistischen Neigungen versuchte noch immer, mich dazu zu überreden, Freunde auf die eine oder andere Weise zu kaufen. Ich begann, Kollegen aus der Klinik um Rat zu fragen. Durch sie bekam ich Einsichten über meinen eigenen Masochismus und vor allem auch über einige meiner ziemlich schlitzohrigen Lebenseinstellungen. Von noch größerem Wert war wahrscheinlich, daß ich mich nun regelmäßig mit einem guten Freund traf, der im geistlichen Dienst stand. Ich sprach über all meine geistlichen und seelischen Probleme mit ihm. Ich erzählte ihm von meinen egoistischen und rebellischen Gedanken und Taten, die, soweit ich zurückdenken konnte, ein Teil meines Lebens gewesen waren.

Geteiltes Leid ist halbes Leid, sagt man. Und es stimmt. Indem ich über all das, was mich bewegte und verwirrte, mit guten Freunden und Therapeuten unseres Mitarbeiterstabes sprach, wurde meine Sicht zu den Realitäten des Lebens zurechtgerückt. Vor allem begriff ich nun, daß Gott keineswegs den Bewohnern dieser Erde Wohlstand und Ruhm verspricht. Auch verspricht er uns nicht die Befreiung von allen Widrigkeiten des Lebens. Was er uns aber verheißt, ist, die höhere Macht zu sein, die uns zur Seite steht, wenn wir *durch* die Widrigkeiten des Lebens gehen. Er verheißt uns darüber hinaus, unserem Leben Sinn zu geben. Vollkommene Gerechtigkeit, Zufriedenheit und ewige Freude werden wir nach dem Tod erleben, nicht aber bereits hier und jetzt.

Dadurch, daß meine Freunde und Seelsorger ihren Finger auf die Wunden legten und auf meine Denkfehler hinwiesen, konnte ich „Dampf ablassen". Ich war nun längst nicht mehr so aufgebläht überheblich, denn ich „vergab Gott", als wenn er zuerst meinen ganzen Zorn verdient hätte. Ich steckte auch mit meinen Erwartungen zurück, und ich entschloß mich, Gott bestimmen zu lassen, wieviel Wohlstand ich zusammentragen sollte. Noch einmal ordnete ich meine Prioritäten neu. Dazu gehörte es, daß ich all die Gebote meiner Eltern überdachte, die ich seit meiner Kindheit einfach akzeptiert hatte. Mir wurde klar, daß ich niemals perfekt werden würde, und möglicherweise war es ja auch gar nicht Gottes Absicht, daß ich reich werden und den Wohlstand der Familie wiederherstellen sollte.

Ich schätzte nun auch meine eigene Schlitzohrigkeit besser ein. Es war schmerzlich, sich vor Augen führen zu müssen, daß ich gar nicht so heilig war, wie ich immer gedacht hatte. Doch indem ich hier hinzulernte, erfuhr ich sehr viel über echte Demut. Jan sagte damals, ich sei nun viel „echter" als in den Jahren zuvor.

Ich entschloß mich, einige meiner „Fehlprogrammierungen" loszuwerden, die typisch für meine Schlitzohrigkeit ersten Grades waren und mich andererseits zu einem Masochisten machten, der sich von zu vielen „Freunden" ausnutzen ließ. Ein typisches Beispiel für solch eine Fehlprogrammierung war: „Ich muß meine eigenen finanziellen Mittel auch auf ein gewisses Risiko hin einsetzen, um anderen den finanziellen Erfolg zu ermöglichen. Dann kann ich mich als ganzer Kerl fühlen und mir die Zuneigung der anderen erkaufen. Wenn ich pleite bin, werde ich nicht mehr so unter Druck stehen, mir meine Freunde ‚kaufen' zu müssen."

Nachdem ich meine Scheuklappen entfernt und die Wahrheit erkannt hatte, stellte sich auch mein Selbstwertgefühl wieder ein, und ich fing an, mir Freunde auszusuchen, die nicht mehr so gewissenlos waren. Ich lernte, daß „gekaufte" Freunde meine Zuneigung nicht wert sind und daß ich am Verhalten von schlitzohrigen Mitmenschen, die wütend werden, weil ich mir nicht mehr alles gefallen lasse, meinen Wert als Mensch nicht ablesen kann. Ich lernte, daß mein Wohlbefinden nicht von denen abhängig ist, die mir einmal die kalte Schulter zeigen und mich ein andermal hofieren. Ich wurde daran erinnert, daß das *eigene Wohlbefinden immer von meiner eigenen Entscheidung* abhängt. Das war eine Erkenntnis, über die ich schon Jahre zuvor geschrieben hatte, doch nie zuvor war ich gezwungen gewesen, sie auch praktisch anzuwenden.

Aber am entscheidendsten war wohl, daß ich mich entschloß, mir selbst der beste Freund zu werden, auch wenn ein Schlitzohr in mir wohnt. Ja, dieses Schlitzohr in mir ist immer noch da, und es wird da sein, solange ich lebe. Dieser Egozentriker im Innern ist immer noch ziemlich überheblich und eigensüchtig, aber doch längst nicht mehr so stark wie früher.

Er ist wie ein beißwütiger Hund, der an die Kette gelegt worden ist. Zuweilen versucht er, mich zu Selbstmitleid, Rachegelüsten und anderen egoistischen Verhaltensweisen anzustacheln, doch je deutlicher mir bewußt wird, wie wenig ich im Grunde gegen ihn ausrichten kann und wie sehr ich die Liebe und Korrektur durch Gott, meine Familie und meine Freunde brauche, desto stärker wird auch die Kette.

Indem ich das Schlitzohr in mir an der kurzen Leine halte, lerne ich es mehr und mehr, mich anzunehmen und zu lieben – trotz der Erkenntnis, daß es ein Teil von mir ist und bleibt. Mein Selbstwertgefühl wird stärker von Tag zu Tag, und dabei ist mir deutlich geworden, wie wichtig ein gesundes Selbstbild ist. Denn mit einem gesunden Selbstbild muß ich nicht ständig versuchen, mir Anerkennung und Wertschätzung dadurch zu erkämpfen, daß ich den Erwartungen anderer genüge.

Warum „Selbstbewußtsein" kein anrüchiges Wort ist

Dieselben erzkonservativen Kritiker, die Psychologen und Psychotherapeuten verdammen, äußern sich meist auch abfällig über das Streben nach mehr Selbstbewußtsein und Selbstachtung. Sie mißdeuten verschiedene Bibelstellen, die von der Gefahr der Selbstüberhebung sprechen und uns sagen, wie unabdingbar es sei, sich selbst zu verleugnen, sein Kreuz auf sich zu nehmen und Jesus nachzufolgen.[7] Es ist natürlich vollkommen richtig, daß man sich allzu leicht selbst zu wichtig nimmt. Wie wir im ersten Kapitel herausgestrichen haben, sind wir alle mehr oder weniger Egoisten, weil wir mit dem eigensüchtigen Instinkt geboren wurden, ein Recht auf alles zu besitzen. Aber Begriffe wie „*Selbstbewußtsein*" oder „*Selbstachtung*" können gar nicht aus unserem Sprachschatz gestrichen werden, denn jeder von uns ist ein „*Selbst*", eine Person, die sich selbst bewußt wahrnimmt und achtet. Nur sollte dies in einem gesunden Maß geschehen.

Die Worte von Paulus in seinem Brief an die römischen Christen stellen eine perfekte Zusammenfassung dessen dar, was zu einem von uns zu entwickelnden gesunden Selbstbild gehört. Durch solch eine gesunde Selbsteinschätzung weisen wir nicht nur unseren ausufernden Egoismus in die Schranken, wir haben dadurch auch unsere masochistischen Einstellungen und Handlungen einfach nicht mehr nötig. Der Apostel rät uns in Römer 12:3, „nicht höher von uns zu denken, als zu denken sich gebührt, sondern darauf bedacht zu sein, daß wir besonnen sind". Das gesunde Urteil ist also gefragt, die Erkenntnis, daß Gott jeden von uns individuell geschaffen und uns verschiedene Fähigkeiten, Talente und Eigenschaften gegeben hat. „Ein gesundes Selbstbild haben wir dann, wenn wir uns so sehen, wie Gott uns sieht – *nicht mehr und nicht weniger.*

Wie sieht Gott uns denn?

Wenn sich zwei Menschen zum ersten Mal begegnen, sind eigentlich sechs verschiedene Personen daran beteiligt: die zwei, wie sie sich gegenseitig sehen – die zwei, wie sie sich selber sehen – und die zwei, wie Gott sie sieht. Wen würden Sie zu Rate ziehen, wenn Sie Entscheidendes über diese zwei Menschen erfahren wollten – über Äußerliches und ihr Innenleben, über bewußte und unbewußte Motive und über ihren wahren Wert als Menschen?

Da braucht man eigentlich gar nicht lange nachdenken. Mich würde natürlich nur Gottes Meinung interessieren, denn er allein ist allwissend. Er sieht uns so, wie wir wirklich sind. Und weil er uns geschaffen hat, ist er auch der einzige, der genau weiß, was wir wert sind. Alle Fallstudien in diesem Buch beweisen doch, wie wenig wir uns als Menschen selber verstehen und wie wenig wir voneinander wissen. Mißbrauchte junge Menschen glauben, sie seien der letzte Dreck. Kinder von Alkoholikern heiraten Alkoholiker und glauben, genau das Richtige zu tun. Psychologische Tests beweisen immer wieder: 85 % der Menschen in unserer Gesellschaft heiraten jemanden, der dem Elternteil des anderen Geschlechts sehr ähnelt, und doch glauben wir, diese wichtige Entscheidung im Leben ganz souverän zu treffen.

Wen versuchen wir da eigentlich hinters Licht zu führen? Was Gott von uns hält und welchen Wert wir als Mensch haben, erfahren wir nur durch ihn selbst. Deshalb wollen wir einmal nachlesen, was Gott über Sie und mich in Psalm 139 sagt.

HERR, du hast mich erforscht und erkannt.

Gott würde wohl kaum seine Zeit damit vergeuden, uns zu erforschen (sich mit unseren Gedanken und Gefühlen zu beschäftigen), wenn wir bedeutungslos für ihn wären, oder?

Du kennst mein Sitzen und mein Aufstehen, du verstehst mein Trachten von fern.

Donnerwetter! Wir sind für Gott so wichtig, daß er wahrnimmt, wenn wir uns setzen oder aufstehen! Er schaut sogar vom Himmel herab und liest unsere Gedanken! Ich weiß nicht, wie es bei Ihnen ist, aber manchmal wäre es besser, er könnte meine Gedanken nicht lesen. Denn wie soll er mich so noch lieben und wertschätzen?

Mein Wandeln und mein Liegen – du prüfst es. Mit allen meinen Wegen bist du vertraut.

Jetzt bekommen wir richtig Probleme. Er kennt offenbar unsere Schlitzohrigkeit und unseren Masochismus ganz genau! Wenn ich Gott wäre – ich könnte Sie und mich nicht ausstehen. Da bin ich ganz sicher!

Denn das Wort ist noch nicht auf meiner Zunge – siehe, HERR, du weißt es genau.

Wie steht es da mit unseren Grundrechten? Gott liest einfach unsere Gedanken, erforscht unser Verhalten, und nun hört er auch noch unsere innersten Zwiegespräche ab. Das klingt für meine Begriffe doch alles ziemlich dubios!

Von hinten und von vorn hast du mich umschlossen, du hast deine Hand auf mich gelegt. und wunderbar ist die Erkenntnis für mich, zu hoch: Ich vermag sie nicht zu erfassen.

Einen Augenblick mal! Ist er am Ende doch nicht der berüchtigte „Große Bruder“ aus George Orwells Roman, der alles sieht und hört? Wir erfahren hier, daß Gott uns umhüllt mit seiner Gegenwart; und da Gott Liebe ist, sind wir von Liebe umgeben. Aber ich muß dem Psalmisten recht geben: Das ist mir alles zu hoch. Das ist alles so unerklärlich. Und obwohl ich es schätze, erschreckt es mich doch auch ein bißchen. Wie reagiert der Psalmist? Er möchte ein bißchen auf Distanz gehen zu Gott. Und ich kann ihm gut nachfühlen. Es gibt Zeiten, da möchte auch ich mich verkriechen:

Wohin sollte ich gehen vor deinem Geist, wohin fliehen vor deinem Angesicht? Stiege ich zum Himmel hinauf, so bist du da. Bettete ich mich in dem Scheol, siehe, du bist da. Erhöbe ich die Flügel der Morgenröte, ließe ich mich nieder am äußersten Ende des Meeres, auch dort würde deine Hand mich leiten und deine Rechte mich fassen.

Es spielt gar keine Rolle, wo wir uns aufhalten – auf geistlichen Höhenflügen, weil wir Verbindung zu Gott aufgenommen haben, oder in der Hölle unserer eigenen Werke, weil wir uns rücksichtslos durchsetzen oder lustvoll erniedrigen – Gott ist immer da. Wir sind so wichtig für ihn, daß er uns niemals aus den Augen seiner Liebe läßt. Und während die eine Hand uns birgt, weist die andere uns den Weg zu den Geheimnissen eines sinnerfüllten Lebens.

Denn du bildetest meine Nieren. Du wobst mich in meiner Mutter Leib. Ich preise dich darüber, daß ich auf eine erstaunliche, ausgezeichnete Weise gemacht bin. Wunderbar sind deine Werke, und meine Seele erkennt es sehr wohl.

Da kann man nur staunen! Gott hat uns als ein Wunderwerk erschaffen, daß selbst unser Körper davon zeugt, wie wertvoll wir sind. Wenn ich wieder einmal in eine Identitätskrise gerate und mich ernsthaft frage, wer ich überhaupt bin, dann sage ich mir: „Du bist auf eine erstaunliche und ausgezeichnete Weise gemacht, und Gott schafft nichts Verwerfliches!

Für mich aber – wie schwer sind deine Gedanken, o Gott! Wie gewaltig sind ihre Summen! Wollte ich sie zählen, so sind sie zahlreicher als der Sand. Ich erwache und bin noch bei dir.

Ich muß gestehen, daß ich einigermaßen peinlich berührt bin. Für einen Augenblick habe ich doch tatsächlich an Gottes Liebe für Sie und für mich gezweifelt. Aber lesen Sie noch einmal, was Gott uns hier sagt. In der Bibel heißt es: „Aber wie schwer sind für mich, Gott, deine Gedanken! Wie ist ihre Summe so groß! Wollte ich sie zählen, so wären sie mehr als der Sand: Am Ende bin ich noch immer bei dir."[8]

Das ist es, was wir uns immer wieder vergegenwärtigen müssen: Gott denkt an Sie und mich so oft am Tag, daß wir es nicht zählen können. Seine Gedanken, die er jedem von uns widmet, sind wie die Sandkörnchen an den Stränden dieser Welt. Zweifeln Sie noch immer daran, daß Sie aus Gottes Sicht unermeßlich wertvoll sind?

Mögest du, o Gott, den Gottlosen töten! Ihr Blutmenschen, weicht von mir! Sie, die mit Hinterlist von dir reden, vergeblich die Hand gegen dich erheben! Sollte ich nicht hassen, HERR, die dich hassen, und sollte mir nicht ekeln vor denen, die gegen dich aufstehen? Mit äußerstem Haß hasse ich sie. Sie sind Feinde für mich.

Nun habe ich doch tatsächlich gedacht, ich würde das allererste Buch über den rechten Umgang mit boshaften Egozentrikern und Schlitzohren schreiben. Und nun lese ich hier, daß Gott bereits den Psalmisten inspirierte, ein paar unschöne Dinge über die zu sagen, die sich ihre Boshaftigkeit nicht eingestehen – die Gottes Namen unnützlich führen, die das Leben anderer Menschen zerstören, die sich über geistliche Dinge lustig machen und die gewohnheitsmäßig und ganz bewußt gegen Gott sündigen.

Ist es nicht merkwürdig, daß Gott ausgerechnet an dieser poetischen Stelle König David inspiriert, handfeste Warnungen auszusprechen? Es sind immerhin Verse, die davon sprechen, wie sehr Gott uns liebt und wie sehr er an unserem Leben interessiert ist. Aber David soll sich hier klar und deutlich gegen jede Abhängigkeit von den psychopathischen Schlitzohren und Egozentrikern dieser Welt aussprechen. Haben Sie sich schon einmal gefragt, warum Gott dies gerade in diesem Zusammenhang sagen läßt? Könnte es sich um einen ganz besonders deutlichen Liebesbeweis handeln? Will er damit einfach nur erreichen, daß wir uns selber schützen, damit wir nicht unter rücksichtslosen Mitmenschen unnötig leiden müssen? Und tun wir das nicht am wirkungsvollsten, indem wir geradezu verabscheuen, was sie tun, und damit so wenig wie möglich von ihnen beeinflußt werden?

> *Erforsche mich, Gott, und erkenne mein Herz. Prüfe mich und erkenne meine Gedanken! Und sieh, ob ein Weg der Mühsal bei mir ist, und leite mich auf dem ewigen Weg!*

Zum Schluß des 139. Psalms bittet David Gott, er möge ihm seine eigenen unbewußten und geheimsten Gedanken, Gefühle und Motive offenbaren. Aber nicht nur das. David möchte von Gott auch seine Boshaftigkeiten und Gemeinheiten gezeigt bekommen, nicht um mit Schuld beladen zu werden, sondern um dadurch zu erfahren, wie Gott denkt, handelt und spricht. Denn nur so kann letztlich auch er wie Gott denken, handeln und sprechen.

David war noch ein Jüngling, da nannte Gott ihn schon „einen Mann nach seinem Herzen". Er sollte eines Tages Saul ersetzen, der bewiesen hatte, daß er nicht ein Mensch mit dieser Eigenschaft war.[9] Gott nannte David einen Mann nach seinem Herzen, viele Jahre bevor dieser sich schrecklich versündigte. Er würde Ehebruch mit Batseba begehen und Uria, ihren Ehemann, ermorden lassen, um die Tat zu vertuschen. Aber offenbar zählt vor Gott nicht der untadelige Wandel, sondern ein williges Herz.

David tat Buße. Er gestand seine Fehler öffentlich ein und entschuldigte sich bei Gott durch Gebet und manche Schrift. In Psalm 51 nimmt sich David selbst als ein Beispiel für einen bußfertigen Egoisten x-ten Grades, der ein gereifter und weiser Mensch werden möchte. Er war einer der mächtigsten Könige, die auf dieser Erde geherrscht haben. Aber er schämte sich nicht, in seiner Zerknirschtheit Gott um Vergebung und um einen neuen Geist zu bitten.

David lernte aus seinen Fehlern

Der Psalm 139 spendet zwar Trost, er führt uns zu neuen Einsichten und flößt uns Ehrfurcht vor dem großen Gott ein, aber er ist keine magische Zauberformel, mit der man ohne eigenes Zutun ein angeschlagenes Selbstbild zurechtrücken kann. Wenn Sie ein Jahr lang täglich den 139. Psalm lesen, sich nebenher aber ständig negative Dinge einreden, so wird das Bild, das Sie von sich selber haben, nicht positiver, und Ihr Selbstwertgefühl wird auch nicht gestärkt.

Außerdem besteht dabei immer die Gefahr, daß auch noch unser Gottesbild beschädigt wird. Es ist nämlich immer riskant, ganz bestimmte Bibelstellen besonders herauszuheben und dazu die Behauptung aufzustellen, man möge diese Stelle nur oft genug lesen, dann werde schon alles gut werden. So lesen wir dann vielleicht den Psalm 139, ohne daß wir uns hinterher selbstbewußter fühlen. Und daraus folgern wir, daß Gottes Wort nicht „funktioniert".

Was aber bestimmt „funktioniert", spricht David am Ende seines Psalms an. Er lädt Gott ein, sein Herz zu erforschen, seine Gedanken zu prüfen und zu erkennen und nachzusehen, ob ein Weg der Mühsal bei ihm sei.[10] Ich glaube, daß diese Verse sehr treffend eine Möglichkeit aufzeigen, wie man seelisch gesund werden kann. In Fachkreisen spricht man von der „kognitiven Restrukturierung". Dieser etwas geschwollen klingende Begriff meint nichts anderes als die Neuorientierung der persönlichen Selbsteinschätzung, damit wir endlich ehrlicher und realistischer mit uns selber reden und umgehen.

David war bereit, dazuzulernen und sich neue Wege zeigen zu lassen. Er lehnte sich nicht selbstzufrieden zurück und wartete darauf, daß ihm die richtigen Antworten von Gott schon in den Schoß fallen werden. Er erwartete nicht, eines Morgens aufzuwachen und festzustellen, daß sich jemand seines gestörten Selbstwertgefühls angenommen hat. David hatte so manche Schandtat auf dem Gewissen, doch bei jedem Schicksalsschlag hielt er inne und fragte sich, was er daraus lernen könne, um als Mensch noch reifer zu werden.

Die Worte in Psalm 119:71 stammen wahrscheinlich gar nicht aus Davids Feder (manche Psalmen wurden von verschiedenen Autoren verfaßt), doch inhaltlich paßt dieser Vers genau zu der Situation, in der sich David damals befand und in der wir uns oft genug noch immer befinden: „Es war gut für mich, daß ich gedemütigt wurde, damit ich deine Ordnungen lernte." Jakobus, Jesu Bruder, nimmt diesen Gedanken viele Jahrhunderte später wieder auf, wenn er schreibt: „Achtet es für lauter

Freude, meine Brüder, wenn ihr in mancherlei Versuchungen geratet, indem ihr erkennt, daß die Bewährung eures Glaubens Ausharren bewirkt. Das Ausharren aber soll ein vollkommenes Werk haben, damit ihr vollkommen und vollendet seid und in nichts Mangel habt.“[11]

Als Psychiater bin ich fest davon überzeugt, daß es für viele Seelenqualen, die wir Menschen uns selber machen, keinen vernünftigen Grund gibt. Und viel von diesem grundlosen Leid wird durch Gedanken verursacht, die wir uns selber ständig einreden. Es sind ungefähr 1.500 Wortbotschaften in der Minute, die wir innerhalb unseres tagtäglichen Denkprozesses an uns selber richten.

Wie man frei wird von negativer Selbstkritik

Sofern Sie auf irgendeine Weise zum Masochismus neigen, kann man mit ziemlicher Wahrscheinlichkeit davon ausgehen, daß Sie sich regelmäßig allzu selbstkritisch beurteilen. Versuchen Sie es doch einmal mit einer kleinen Übung, die wir auch oft unseren Patienten empfehlen. Legen Sie für einen Augenblick dieses Buch zur Seite, und besorgen Sie sich ein rotes Gummibändchen. Das legen Sie sich ums Handgelenk, wo Sie es mindestens 24 Stunden lassen. (Wenn es Ihnen peinlich ist, mit einem Gummiband am Handgelenk herumzulaufen und anderen den Grund dafür zu erklären, dann verstecken Sie es doch unter Ihrer Armbanduhr.)

Einen ganzen Tag lang sollten Sie nun genau darauf achten, was Sie über sich selber denken. Jedesmal, wenn Sie mitbekommen, daß Sie wieder schlecht über sich gedacht haben, sollten sie einmal kurz am Gummiband schnippen. So bleibt besser im Gedächtnis haften, wie oft Sie sich selber verächtlich machen.

In den vergangenen 15 Jahren habe ich Tausende von Patienten, Seminarteilnehmer und Studenten unserer Theologischen Akademie gebeten, dieses Experiment zu machen. Die meisten waren furchtbar erschrocken darüber, wie unnachgiebig und geradezu herzlos sie mit sich selber umgingen. Ihnen war gar nicht bewußt, wie sehr sie sich selber herabwürdigten und sich einredeten, minderwertig zu sein, bis sie dann eines Tages schnippten und schnippten und wieder schnippten. Ich hatte schon Theologiestudenten, die am nächsten Tag mit blau unterlaufenen Handgelenken zum Unterricht kamen.

Ich selber wiederhole das Experiment vielleicht einmal im Jahr. Und jedesmal stelle ich einen gewissen Fortschritt fest. Aber ganz geheilt bin auch ich noch nicht. Ich trug wieder einmal mein Gummibändchen, als ich in großer Eile zusehen mußte, noch rechtzeitig zum Unterricht zu erscheinen. Ich war schon viel zu spät von zu Hause losgefahren, und nun eilte ich vom Parkplatz hinauf zum Seminarraum. Ich hätte es wohl gerade noch geschafft. Da fiel mir ein, daß ich meine Notizen für die Vorlesung im Auto vergessen hatte. Als ich wieder zum Parkplatz stürzte, war ich so wütend auf mich, daß ich mich selber beschimpfte: „Du bist doch vielleicht ein blöder Kerl!"

Normalerweise hätte diese typische Reaktion eines Perfektionisten zwar Schaden angerichtet, aber ich hätte nicht weiter darüber nachgedacht. Damals aber fiel mir ein, daß ich ja mein Gummiband trug, und so schnippte ich es an meinem Handgelenk. Das leichte Brennen erinnerte mich daran, daß ich genau das tat, was ich anderen auszutreiben versuchte. Ich dachte wieder daran, daß ich wiederholt versprochen hatte, mein eigener bester Freund zu sein. Was würde ich empfunden haben, wenn meine Frau Jan oder ein anderer guter Freund damals dabeigewesen wäre und wütend „Du blöder Kerl!" gerufen hätte? Ich wäre doch sehr verblüfft gewesen. Aber ich selber nahm meine eigene Beschimpfung einfach so hin.

Ich entschuldigte mich damals bei mir selber, und während ich zum Auto ging, sah ich einen größeren Stein und einen Baumstumpf am Rand des Parkplatzes. Und während ich meine Notizen aus dem Auto holte, sprach ich folgendes kurze Gebet:

> *Lieber Gott, ich danke dir, daß du meine negative Einstellung mir selbst gegenüber korrigierst. Danke, daß ich nicht wie dieser belanglose Stein oder dieser unbeachtete Baumstumpf bin. Weder Stein noch Stumpf können denken, fühlen oder dich erfahren. Kein Stein und kein Baumstumpf können lieben oder Liebe empfangen. Danke, Herr, daß du mich nach deinem Bild geschaffen hast und mir eine liebende Frau und die Zuneigung meiner Freunde geschenkt hast. Hilf mir, mich so zu sehen, wie du mich siehst, trotz all meiner menschlichen Schwächen und Fehler. Amen.*

Es ging mir plötzlich gut, weil ich nicht mehr wütend auf mich war, und die gedanklichen Streicheleinheiten bauten mich so auf, daß es mir gar nichts mehr ausmachte, ein paar Minuten zu spät den Seminarraum zu betreten. Nachdem ich mich bei meinen Studenten für meine Verspätung entschuldigt hatte, behandelte ich spontan ein ganz anderes Thema als geplant. Wir diskutierten darüber, wie man sein Selbstwertgefühl stärken kann; und als Illustration erzählte ich von meinem Erlebnis auf dem Parkplatz.

Ganz wichtig war mir, zu vermitteln, daß ich als sogenannter Fachmann, der sich eigentlich mit diesen Dingen auskennen müßte, immer noch ab und zu mein Gummiband schnippen muß, um mich an die gewaltige Macht der Gedanken zu erinnern. Solange wir leben, müssen wir daran arbeiten, mit uns selber freundlich umzugehen. Und immer müssen wir aufpassen, daß wir nicht rückfällig werden und den Lügen, die wir über uns selbst verbreiten, Glauben schenken.

Allerdings wies ich auch nachdrücklich darauf hin, daß ein freundlicherer Umgang mit uns selbst nicht bedeutet, daß wir anfangen, uns etwas vorzumachen, was unsere Fehler und Schwächen betrifft. Wenn ich z. B. gewohnheitsmäßig wegen vergessener Unterlagen oder notorischer Bummelei zu spät käme, müßte ich schon etwas dagegen unternehmen. Das täte ich mit allem Ernst, aber doch freundlich und wohlwollend. Sich selber in einem positiven Licht zu sehen bedeutet, jede Schwarz-weiß-Malerei zu unterlassen. Ich darf mich nicht länger entweder als schwarzes Schaf, das keine Hoffnung hat, sehen oder gleich als Tausendsassa mit falschem Stolz. Schwarz-weiß-Denken kann hier nur schaden. Weil ich ein ganz typisches menschliches Wesen bin, überwiegen bei mir die Grautöne in allen Schattierungen, und das ist gut so. Denn Jesus liebt mich ohnehin!

Ich kämpfe nicht mehr!

Diese Einsichten haben mir so geholfen, daß ich mich dem großen Gerangel um Anerkennung und Selbstbestätigung entziehen konnte. Ich war schon in den Dreißigern, als mir dies endlich gelang. Ab und zu bin ich immer noch versucht, mich wieder ins Getümmel zu werfen, aber geholfen hat mir, regelmäßig über den Psalm 139 nachzudenken und die Gummibandübung mindestens einmal im Jahr zu machen. Dadurch, daß ich mir selbst der beste Freund geworden bin, habe ich erfahren, was es heißt, ohne Masochismus und Egoismus wirklich frei zu sein.

Ich habe vor einigen Jahren angefangen, als Freizeitbeschäftigung Golf zu spielen. Besonders sportlich bin ich eigentlich nicht, aber nach ein paar Übungsstunden habe ich dann doch gelernt, den Ball über ein paar hundert Meter zu schlagen. Das ist allerdings auch schon alles, womit ich andere beim Spiel beeindrucken kann. Ich fluche allerdings auch nicht und werfe den Schläger vor Wut auf den Boden, wenn der Ball wieder einmal im Gebüsch oder im Wasser landet. Viel wichtiger ist mir, Gemeinschaft mit Freunden zu haben, Gottes schöne Natur zu genießen und in der frischen Luft tief durchzuatmen. Die Punkte, die ich erziele, sind für mich keineswegs ein Maßstab für mein Selbstwertgefühl.

Ob beim Spiel oder bei der Arbeit, ob mit Freunden oder mit Fremden, für mich ist wichtig, daß mein Leben immer ein freudiger Ausdruck dessen ist, was Gott in mich hineingelegt hat. Die Vergangenheit aber mit all ihren unerfreulichen Erinnerungen sollte das Bild bestimmt nicht mehr trüben.

Wer um Anerkennung und Selbstbestätigung ringen muß, wird nicht offen und ehrlich sein können. Er wird sich immer unsicher fühlen und masochistisch darauf reagieren. Er wird sich ein Image geben, das nicht den Tatsachen entspricht; und sein Selbstwertgefühl basiert deshalb auch nur auf den Reaktionen seiner Umgebung auf dieses Image. Es bestimmen letztlich andere darüber, wie wertvoll er sich fühlen darf.

Die Alternative ist, den eigenen Wert von Gottes Meinung abhängig zu machen (lesen Sie noch einmal Psalm 139), sich selbst der beste Freund zu werden und das „Gutachten" über den Wert der eigenen Person nicht andere abgeben zu lassen. Nur so sind Sie in der Lage, den Existenzkampf um Ihren persönlichen Wert zu beenden, denn Sie begreifen nun, wie belanglos seine Ziele in Wahrheit sind. Endlich sind Sie frei, zu Ihrer eigenen Person zu stehen, statt immer nur einem falschen Image nachzujagen. Sie werden Bindungen eingehen können zu Freunden, die Sie so sehen, wie Sie wirklich sind. Und Sie werden trotzdem von ihnen gemocht!

Bevor Sie nun mit der Lektüre fortfahren, sollten Sie vielleicht noch einmal den Masochismus-Test in Kapitel 5 machen, um Ihren Entschluß zu testen, sich selbst der beste Freund zu werden. Wenn Sie dazu fest entschlossen sind, dann sollten Sie eigentlich ein paar Punkte weniger erreichen als bei Ihrem ersten Durchgang.

Und noch einmal sollen Sie sich zu Ihrem eigenen Wert äußern. Sie haben es schon einmal in diesem Kapitel getan, als Sie Ihr persönliches „Gutachten" erstellten. Diesmal sollen Sie eine Erklärung mit durchweg positiven, Ihre seelische Gesundheit bekräftigenden Aussagen unterschreiben. Lesen Sie die Erklärung in aller Ruhe durch. Und dann sollten Sie als ein Zeichen Ihres Wunsches, den entscheidenden Schritt zur persönlichen Reife zu tun, die Erklärung unterzeichnen.

ERKLÄRUNG

Von diesem Tag an will ich mein Selbstwertgefühl allein darauf gründen, was Gott *über meinen Wert* sagt. Ich werde nicht mehr andere über meinen Wert bestimmen lassen, denn ich weiß, daß ich *mir selber unter den Menschen der beste Freund bin.* Kein menschliches Wesen kann abschätzen, welch hohen Stellenwert ich auf ewig bei Gott habe.

Unterschrift ______________________________

11. Auf dem Weg zur persönlichen Reife

Sechster Schritt: Legen Sie Rechenschaft ab – ein Leben lang

Bisher haben wir fünf der sechs Schritte zur persönlichen Reife besprochen.

Beim *ersten Schritt* ging es uns darum, das Schlitzohr in uns zu suchen und die Abwehrmechanismen offenzulegen, die wir einsetzen, um uns selbst zu betrügen, Ängste zu vermeiden und unser schwaches Selbstwertgefühl zu stärken.

Mit dem *zweiten Schritt* sollten wir unser Familiensystem und die Rolle, die wir darin spielen, untersuchen. Wir sollten analysieren, welche elterlichen Gebote und Verhaltensregeln unser Leben bestimmt haben und noch heute unser Denken weitgehend prägen.

Der *dritte* Schritt sollte den Ausbruch aus dem Teufelskreis der Sucht nach Abhängigkeit bringen und die Trauerarbeit einleiten, die uns von unserer Schlitzohrigkeit und unserem Masochismus langsam entfernt.

Der *vierte Schritt* bringt uns dazu, den „Atomreaktor" abzuschalten, den wir wohl alle in uns installiert haben. Das ist unsere Wut. Wir tun dies, indem wir vergeben.

Mit dem *fünften Schritt* lernen wir, uns selbst der beste Freund zu sein, indem wir ein gesundes Selbstbild entwickeln.

Diese fünf Schritte sind der Schlüssel zur Befreiung von eingefleischtem Egoismus oder masochistischen Neigungen. Doch mit diesen fünf Schritten ist es nicht getan. Gerade, wenn wir meinen, fest zu stehen, erleben wir oft Rückfälle in unsere alten Verhaltensmuster. Die Psychologen sprechen dann von „Regression". Die Bibel nennt es „Abtrünnigkeit", aber es ist ein und dasselbe. Und das ist auch der Grund, warum wir den *sechsten Schritt* tun müssen:

Halten Sie, solange Sie leben, ein Korrekturprogramm bereit, durch das Sie immer wieder gezwungen werden, anderen gegenüber Rechenschaft abzulegen. So können Sie regelmäßig Ihren Reifegrad und Ihre Wachstumsrate zu größerer persönlicher Reife überprüfen.

Wir alle sollten jemandem Rechenschaft schuldig sein

Ich habe mir geschworen, niemals einer Gemeinde anzugehören, deren Pastor nicht dem Ältestenrat oder der Gemeindeversammlung gegenüber Rechenschaft schuldig ist, auch wenn der Pastor nach außen sehr zuverlässig wirkt. Ich traue niemandem, der nicht irgendwo Rechenschaft schuldig ist. Dafür sind wir alle viel zu große Schlitzohren und Egoisten.

Das heißt aber auch, daß ich meinem völlig frei entscheidenden Ich nicht traue. Gute Vorsätze habe ich immer: Ich würde zu gern alle meine gottgegebenen Talente einsetzen, um so vielen Geschwistern wie möglich zu helfen. Ich wünschte, ich wäre ein vorbildlicher Vater und Ehemann und ein selbstloser Freund. Könnte ich doch im hohen Alter mein Leben mit der Erkenntnis aushauchen, hundert Jahre ohne einen Fehltritt gelebt zu haben.

Aber das sind ja doch nur schöne Träume. Ich habe schon so oft versagt und werde es auch noch häufig genug tun. Es gab Zeiten in meinem Leben, da glaubte ich, der „große weise Mann" zu sein, der sich auf seine eigene Stärke stützte. Doch dann fiel ich sehr schnell auf die Nase. Ein andermal tat ich genau das Gegenteil: Ich legte die Hände in den Schoß und wartete darauf, daß Gott mich ohne eigenes Zutun zum „großen weisen Mann" machen würde. Das war natürlich die „supergeistliche Faulheit", die so häufig bei Christen zu beobachten ist. Aber auch diesmal hatte ich den Schaden zu tragen.

Inzwischen versuche ich, in die Tat umzusetzen, was der Apostel Paulus rät: „Ich tue alles in dem, der mich kräftigt (*nämlich Christus*)."[1]

Kommt es trotzdem noch vor, daß ich auf die Nase falle? Ja, ab und zu schon, denn ich bin immer noch ein menschliches Wesen und längst noch nicht zur vollen Reife gelangt. Wenn ich aber wieder einmal etwas verkehrt gemacht habe, dann halte ich mich an den Rat von Jakobus, der schrieb: „Bekennt nun einander die Vergehungen."[2] *Ohne auch nur einen Bereich meiner Fehlleistungen* zu verschweigen, lege ich meiner Frau und ein paar engen Freunden regelmäßig Rechenschaft ab. Ich habe darüber hinaus einen speziellen „Beichtfreund", der auch Psychiater ist. Einmal in der Woche telefonieren wir miteinander, und dann erzählen wir, was wir geschafft haben und was uns Freude gemacht hat. Wir bekennen uns aber auch unsere Fehler und Schwächen (d. h. unsere Sünden). Und dann beten wir füreinander.

Es ist mir inzwischen schon so in Fleisch und Blut übergegangen, ohne Scheu über meine Fehler zu sprechen, daß meine Hörfunkproduzenten oft erschrocken zusammenzucken, wenn ich bei unseren Sendungen aus der Klinik vor Millionen Zuhörern offen über meine Schwächen rede. Es würde uns allen gut tun, über unsere Fehler so offen zu reden. Und es würde auch gar nicht so schwerfallen, wenn wir alle es ohne Ausnahme täten. Aber leider gibt es immer noch genug Menschen, die glauben, gar keine Fehler zu haben!

Ich falle zwar immer noch ab und zu auf die Nase, aber es ermutigt mich auch wieder, wenn ich feststelle, daß ich längst nicht mehr das Schlitzohr bin, das ich einmal war. Es gibt einem ein gutes Gefühl, wenn man merkt, daß man auf dem richtigen Weg ist. Ich tröste mich bei Bedarf mit Salomos Worten: „Denn siebenmal fällt der Gerechte und steht doch wieder auf."[3] Auch ein anderer Ausspruch von Salomo gefällt mir: „Denn mit Überlegung soll man Krieg führen, und wo viele Ratgeber sind, da ist der Sieg."[4]

Mir ist durchaus bewußt, daß ich Krieg führe gegen den Egozentriker in mir, und ich werde ihn nie besiegen und beherrschen, wenn ich mich auf meine eigene Weisheit, Stärke oder Gerechtigkeit verlasse. Auch Salomo wußte dies ganz genau, vielleicht besser als jeder andere. Lesen Sie einmal das Buch der Sprüche, das zum großen Teil von Salomo verfaßt wurde. Sie werden feststellen, daß er anfällig für so manchen Fehltritt war, aber dann auch ohne weiteres seine Schlitzohrigkeiten eingestand. Salomo wußte, wie wertvoll ein Leben sein kann, wenn es im Sinne Gottes und in Abhängigkeit von ihm geführt wird. Profunderen Rat hat eigentlich niemand nach ihm mehr geben können:

> *Vertraue auf den HERRN mit deinem ganzen Herzen und stütze dich nicht auf deinen Verstand! Auf all deinen Wegen erkenne nur ihn, dann ebnet er selbst deine Pfade!*[5]

Leider hat sich Salomo nicht immer an seinen eigenen Rat gehalten. Oft genug hat er sich im Laufe seines Lebens wie ein Egoist zweiten Grades benommen, und er mußte einen hohen Preis dafür bezahlen. Ich möchte einmal nicht enden wie Salomo. Wenn ich Probleme mit meinem egozentrischen Wesen bekomme, dann spreche ich darüber mit Jan oder mit meinen engsten Freunden, und augenblicklich scheint sich die Last zu halbieren. Ihr Mitgefühl, ihre Liebe und ihre eigene Verletzbarkeit und Schwäche stärken mich und machen mir Mut weiterzumachen. Ihre Vergebung gibt mir Kraft, wenn ich zu meinen Fehlern stehe.

Entwickeln Sie Ihr eigenes Sicherheitssystem

Wenn Sie sich um persönliche Reife bemühen, werden Sie Ihr individuelles Sicherheitssystem brauchen. Weil wir nicht alle gleich sind, gibt es keine Einbindung in ein System der gegenseitigen Verantwortlichkeit, die für jeden gleich geeignet ist. Ich möchte Ihnen Mut machen, sich Ihr eigenes Sicherheitssystem zu schaffen, indem Sie reife Freunde und Seelsorger, die Sie gut kennen, um Rat fragen – Ihren Partner, Pastor oder engen Freund.

Wenn Sie z. B. alkoholkrank sind, wären die Anonymen Alkoholiker genau das Richtige für Sie, um bei ihnen Ihr Sicherheitssystem zu etablieren. Genauso gibt es spezielle Programme und Organisationen für Übergewichtige, Spielsüchtige, Workaholics, mißhandelte Kinder und Jugendliche, Sexsüchtige und fast jede andere Suchtproblematik.

Wenn irgend möglich, sollten Sie sich auch einer Gruppe anschließen, die durch Ihre Gemeinde gefördert wird. Leider bieten nur sehr wenige Gemeinden eine entsprechende Bandbreite verschiedenster Gruppenaktivitäten an. Bevor Sie sich einer gemeindefremden Gruppe anschließen, sollten Sie erst einmal durch ein oder zwei unverbindliche Besuche feststellen, ob Sie mit der dort vertretenen Theologie übereinstimmen.

Vielleicht brauchen Sie aber auch therapeutischen Rat, sei es für kurze Zeit oder auch langfristig. Menschen, die an richtigen Psychosen leiden (manisch-depressive Psychose oder Schizophrenie), müssen meist ein Leben lang einen Therapeuten als festen Ansprechpartner zur ständigen Rückversicherung haben. Alle anderen brauchen meist nur Therapie für eine begrenzte Zeit – ein paar Monate oder ein paar Jahre vielleicht.

Ziel der Psychotherapie in diesen Fällen ist es, dem Patienten so weit zu helfen, daß er es eines Tages auch ohne fremde Hilfe versteht, einen ständigen Draht zu jemandem zu halten, bei dem er Rechenschaft ablegen kann. Hüten Sie sich vor Psychiatern und Psychologen, die ihre eigene Unsicherheit dadurch zu überdecken suchen, daß sie Sie von sich abhängig machen (und gleichzeitig ihre Brieftasche damit füllen). Die meisten Psychologen und Psychiater, die ich kenne, handeln sehr verantwortungsbewußt. Aber schwarze Schafe gibt es leider in jedem Beruf.

Wenn Sie durch die Lektüre dieses Buches erkannt haben, daß Sie ein ausgeprägter Masochist sind (der Schlitzohren und Egoisten zum Leben braucht), dann sind bestimmt ein bis drei Jahre Therapie nötig, um Ihnen zu helfen. Anschließend sollten Sie sich für den Rest Ihres Lebens Ansprechpartner suchen, bei denen Sie Rechenschaft ablegen können, für das, was Sie tun und lassen. Ich selber habe Psychotherapie für mich und meine Familie in Anspruch genommen, was sehr zu unserem persönlichen Wachstum beigetragen hat. Und noch immer suche ich in gewissen Abständen einen Therapeuten auf, der mir mit gutem Rat zur Seite steht.

Reife bleibt lebenslang eine Aufgabe

Die Bereitschaft, Rechenschaft abzulegen, gehört ganz maßgeblich zu meinem Sicherheitssystem. Ein solches Sicherheitssystem brauche ich ja nur deshalb, weil mir bewußt ist, daß ich niemals ein ausreichendes Maß an persönlicher und geistlicher Reife erreichen werde, um mich eines Tages ausruhen zu können. Solch ein Leben wäre auch langweilig und würde seine Dynamik verlieren. Man kommt dann gut vorwärts auf dem Weg zur Reife, wenn einem bewußt ist, daß man niemals das Ziel wirklich erreicht. Die totale *persönliche* Reife werden Sie in diesem Leben niemals erreichen.

Auf dem Weg zur persönlichen Reife heißt Rückversicherung vor allem, daß man sich selbst der beste Freund bleibt, während man gleichzeitig alles daran setzt, immer in Bewegung zu bleiben und den Fortschritt zu suchen. Man möchte reifer werden und zu neuen Einsichten gelangen. Man lernt aus den täglich neu hinzukommenden Erfahrungen, während man bemüht ist, die „Löcher in der eigenen Seele" auszufüllen. Und jeden Tag stellt man aufs neue fest, daß die Unsicherheit nachläßt und das Bedürfnis, zur Selbstbestätigung Erfolg um jeden Preis zu haben, wieder etwas abgenommen hat.

Die Krankengeschichten bei uns in den Minirth-Meier-Kliniken belegen, daß von den Personen, die eine Radikaldiät zur Gewichtsabnahme gemacht haben, fast 90 % bereits nach einem Jahr wieder ihr altes

Gewicht haben. Das geschieht immer dann, wenn der Betreffende das dem Übergewicht zugrundeliegende Problem nicht zuvor löst. Die Verdrängungsfähigkeit des Menschen ist leider sehr stark entwickelt. Wenn wir uns selber in unseren Gedanken negativ beeinflussen, fallen wir leicht zurück in die Versagensängste der Vergangenheit. Ein Sicherheitssystem ist deshalb unumgänglich, ganz gleich, ob man sich gerade von Eßsucht, Alkoholismus und Arbeitssucht oder vom Zwang zum Egoismus und Masochismus befreit.

Ihre lebenslange Selbstverpflichtung, immer wieder Rechenschaft abzulegen, ist Ausdruck Ihres Wunsches, so wenig wie möglich selber egoistisch bzw. abhängig von Egoisten zu sein. Es wird Ihnen niemals bis zur Vollendung gelingen, aber mit jedem Jahr, das vergeht, können Sie ein paar Schritte weitergekommen sein. Es folgen nun ein paar Ratschläge, wie man erfolgreich sein eigenes Sicherheitssystem aufbaut:

1. Die ersten fünf Schritte sollten Sie nicht nur einmal gehen

Wenn Sie zum ersten Mal die von uns skizzierten fünf Schritte geistig durcharbeiten, dann brauchen Sie dafür vielleicht eine Woche, möglicherweise aber auch ein paar Monate oder länger. Das hängt von allen möglichen Faktoren ab. Doch schon beim zweiten Mal sollten Sie nur noch einen Bruchteil der Zeit vom ersten Mal benötigen. Wenn Sie einmal im Jahr folgenden Plan durcharbeiten, dann sollten Sie eigentlich nur noch einen Tag dafür brauchen. Wie der Kapitän eines Schiffes, der regelmäßig seinen Kurs überprüft, sollten auch Sie anhand der folgenden Fragen Ihre Kursbestimmung durchführen.

Erster Schritt:

1. Wenn ich das Schlitzohr in mir genau beobachte, stelle ich fest, daß die folgenden Abwehrmechanismen Bereiche anzeigen, in denen ich noch etwas tun muß: ______________________________

   ____

Zweiter Schritt:

2. Bin ich emotional endgültig aus meinem Elternhaus ausgezogen? Elterliche Gebote, die mich immer noch negativ beeinflussen und mein Leben bestimmen, sind: ______________________________

____

____

Elterliche Gebote, die gut für mich sind und die ich in mein eigenes Wertesystem mit einbeziehe, sind: ____________________

____

____

3. Geben Sie sich Punkte zwischen 1 und 10, und bestimmen Sie damit den Grad der emotionalen Loslösung von Ihrem Elternhaus (10 = weitestgehende Loslösung – 1 = noch engste Bindung). ________

Dritter Schritt:

4. Befinde ich mich noch in einem Teufelskreis irgendeiner Sucht, den ich durchbrechen müßte? ________________________

____

____

5. Welche Ermahnungen und Zurechtweisungen aus meiner Kindheit und Jugend habe ich noch immer im Ohr, so daß ich selbst jetzt noch Schuldgefühle bekomme, kein entwickeltes Selbstwertgefühl habe, seelisch leide und auf die eine oder andere Weise Abhängigkeiten entwickelt habe? ____________________________

____

6. Wenn ich süchtig oder abhängig bin (vor allem von rücksichtslosen Mitmenschen), was sind die unmittelbaren Folgen (welchen Preis muß ich bezahlen)? ____________________________

____

7. Welche meiner eigenen Werte und Normen übertrete ich, und welche Gründe gibt es dafür? __________________________

____

____

8. Gibt es seelisches Leid, das ich noch nicht verarbeitet habe? Muß ich

mich von liebgewordenen, aber schädlichen Angewohnheiten erst noch durch echte Trauerarbeit lösen? ____________________

____

____

Vierter Schritt:

9. Geben Sie sich Punkte zwischen 1 und 10, und bestimmen Sie damit, wie leicht oder wie schwer es Ihnen im allgemeinen fällt, Ihre Wut offen auszusprechen (10 = ohne Probleme – 1 = es gibt riesige Hürden). ________

10. Geben Sie sich Punkte zwischen 1 und 10, und bestimmen Sie damit, wie leicht oder wie schwer es Ihnen im allgemeinen fällt, Ihren Zorn zu verarbeiten (10 = problemlos – 1 = das ist eins meiner größten Probleme). ________

11. Ist im vergangenen Jahr meine Bereitschaft zu vergeben („siebzigmal siebenmal") größer geworden, gleich geblieben, oder hat sie abgenommen? ____________________

    ____

Fünfter Schritt:

12. Ist im letzten Jahr mein Selbstwertgefühl stärker geworden, oder hat es sich abgeschwächt? ____________________. Welche Gründe könnte es dafür geben? ____________________

    ____

13. Bin ich mir selber im letzten Jahr der beste Freund gewesen? Welche Verhaltensweisen und welche meiner Gedanken deuten darauf hin, daß ich mir selbst der beste Freund werde? ________________

    ____

Ich arbeite diesen Fragenkatalog am liebsten jedes Jahr zwischen Weihnachten und Neujahr durch. Gerade die Weihnachtszeit läßt mich die Nähe zu Gott und zu meinen Lieben besonders spüren, und außerdem möchte ich den Jahreswechsel immer wieder als Neuanfang begreifen.

Während ich die Fragen durcharbeite, vergebe ich mir selbst meine egoistischen Anwandlungen, die ich im vergangenen Jahr wieder gehabt habe. Doch ich klopfe mir auch belobigend auf die Schulter, denn jedes Jahr habe ich doch den Eindruck, wieder etwas weniger egoistisch und schlitzohrig gewesen zu sein, und ich habe mich wieder etwas weniger von anderen Schlitzohren ausnutzen lassen.

Die guten Vorsätze zum Neujahrstag habe ich mir allerdings abgewöhnt, denn gerade am Sylvesterabend neige ich zu allzu idealistischen Vorstellungen, und so verspreche ich mir und anderen Dinge, die ich garantiert nicht einlösen kann. Deshalb mache ich nur eine Bestandsaufnahme. Ich überlege, welche Stärken und Schwächen ich habe, ich gestehe sie mir ein, hoffe auf Besserung und bete dafür. So hat es uns auch Paulus im Galaterbrief (6:4-5) gelehrt:

> *Ein jeder aber prüfe sein eigenes Werk, und dann wird er nur im Blick auf sich selbst Ruhm haben und nicht im Blick auf den anderen; denn jeder wird seine eigene Bürde tragen.*

Wenn ich mehr Fortschritte als Rückschritte zu verzeichnen habe, dann darf ich zurecht stolz auf mich sein, weil ich in der Zusammenarbeit mit Gott und anderen auf dem lebenslangen Weg zu mehr persönlicher Reife wieder ein Stück vorangekommen bin.

2. Beschäftigen Sie sich täglich meditativ mit Gottes Wort

Sowohl mein persönliches Leben als auch die Erfahrungen aus meinem Berufsleben haben mich gelehrt, daß die meditative Beschäftigung mit der Schrift die Tätigkeit ist, die am stärksten zum Wohlbefinden von Geist, Seele und Leib beiträgt. 1985 schrieb ich ein Büchlein, in dem ich zusammengefaßt die vielen medizinischen, psychologischen und geistlichen Segnungen der Meditation erläuterte. Geist, Seele und Leib sind eng miteinander verwoben, und die Forschung belegt, daß es sogar möglich ist, durch Meditation den Blutdruck zu senken.

Ich rate allerdings dringend davon ab, nichtchristliche Meditationspraktiken auszuüben, bei denen Sie aufgefordert sind, stumpfsinnig Ihre „Mantras“ zu wiederholen oder gar bestimmte Geister um Hilfe zu rufen. Wenn Sie bereits zum Masochismus neigen, dann werden nichtchristliche Meditationspraktiken diese Neigung nur noch verstärken und Sie für Übergriffe schlitzohriger Mitmenschen anfälliger machen. Wenn Sie andererseits mit hartnäckigen egoistischen Zügen bei sich zu kämpfen haben, so kann die egozentrische Ausrichtung der nichtchristlichen Meditation Sie u. U. noch egoistischer und narzißtischer machen.

Statt dessen empfehle ich nachdrücklich die Meditation mit der Bibel, denn sie allein ist Gottes Liebesbrief an uns. Die Meditation mit der Bibel erleichtert es Ihnen, sich von angeborenem narzißtischen Denken zu lösen und christliches Gedankengut in sich aufzunehmen. Es ist dann so, als träfen Sie sich täglich mit Gott zur Therapie.

Es gibt zahlreiche Möglichkeiten, mit der Bibel zu meditieren. Zum Beispiel benutze ich gerne Kassetten vom Billy Graham Team, auf denen die Bibel von Cliff Barrows gelesen wird. Ich höre sie täglich, selbst wenn ich im Auto sitze. Alle paar Monate habe ich auf diese Weise die Bibel einmal ganz durchgehört. Und immer, wenn mir ein bestimmter Vers besonders auffällt, weil er mich überführt oder ermutigt, schreibe ich ihn auf ein Kärtchen! Ich habe diese Kärtchen fast immer bei mir, um die darauf geschriebenen Verse nach und nach auswendig zu lernen und um darüber nachzusinnen.

Meditieren heißt „wiederkäuen“. Ich sitze gern in meinem Lehnstuhl, oder ich suche mir ein anderes friedliches Plätzchen – einen einsamen Strand z. B. – um eine halbe Stunde über einen Satz aus der Schrift nachzudenken (ihn wiederzukäuen). Dabei befasse ich mich gedanklich mit Verhaltensänderungen, die ich vornehmen sollte, weil sie mir beim Lesen in der Bibel wichtig geworden sind. Mein Leben ist nachhaltig beeinflußt worden, und mein Denken und Fühlen hat viele Male durch die meditative Beschäftigung mit bestimmten Bibelstellen eine völlig andere Richtung bekommen. Ich denke da an

- den trügerischen Wert des Reichtums (Markus 4:18-22)
- die Goldene Regel (Matthäus 7:12)
- Jesu Wort vom sanften Joch und der leichten Last (Matthäus 11:30)

Ich könnte hier noch so viele andere Bibelstellen nennen, ganz zu schweigen von den zahllosen Verhaltensregeln in den Sprüchen Salomos, die alle mein Leben nachhaltig beeinflußt haben.

Die Schriftmeditation ist die regelmäßige Betätigung in meinem Leben, von der ich am meisten profitiere. Ich verbringe viele Stunden in der Woche damit, zuzuhören, aufzuschreiben, auswendig zu lernen und zu meditieren. Ich bete auch um Gottes Führung und um seine Weisheit. Wenn ich doch einmal ein oder zwei Tage hintereinander damit aufhöre, dann ist es, als würde ich mich von meinem besten Freund zurückziehen. Wäre ich jemals gezwungen, den Rest meines Lebens auf einer einsamen Insel oder in Gefangenschaft zu verbringen, so würde ich mit meiner Bibel und der Auslegung von der Dallas Theologischen Universität wohl überleben.

3. Prüfen Sie ständig, wie Sie über sich selbst denken

Wir haben ausführlich in Kapitel 10 das Phänomen des inneren Zwiegesprächs besprochen. Es sind 1.500 Wortbotschaften in der Minute, die wir innerhalb unseres tagtäglichen Denkprozesses an uns selber richten. Mindestens einmal im Jahr, wenn nicht öfter, sollten Sie sich fragen, was Sie sich selbst zu sagen haben. Sofern der Perfektionismus Ihr Problem ist und Sie dazu neigen, sich selber zu verdammen, dann sollten Sie wenigstens einmal im Monat eine entsprechende Bestandsaufnahme machen.

Die einfachste, aber gleichzeitig wirkungsvollste Methode der Überprüfung, die ich kenne, ist die Gummibandtechnik, von der ich in Kapitel 10 ausführlich berichtet habe. Jedesmal, wenn Sie negativ über sich selber denken oder reden, schnippen Sie am Gummiband, das Sie ums Handgelenk tragen, um sich bewußt zu machen, wie oft dies geschieht. Immer wieder konnte ich beobachten, wie Patienten gewaltige Fortschritte im Umgang mit sich selbst gemacht haben, nachdem sie anfingen, sich dieser einfachen Methode zu bedienen.

Aber auch die Schriftmeditation ist eine ausgesprochen wirkungsvolle Methode, die eigenen negativen Einflüsterungen nach und nach abzulegen.

4. Überwachen Sie Ihre Fortschritte auf dem Weg zur persönlichen Reife

Schon mehrfach in diesem Buch sind Sie mit verschiedenen Tests konfrontiert worden, um Ihre egoistischen bzw. masochistischen Neigungen zu überprüfen. Der folgende Test nun soll Ihnen zeigen, wie weit Sie es schon gebracht haben mit Ihren Bemühungen, eine gereifte Persönlichkeit zu werden.

Wenn Sie den Test zum ersten Mal durcharbeiten, dann sollten Sie Datum und Ergebnis auf Seite 241 vermerken. Wiederholen Sie dann nach sechs bis zwölf Monaten den Test, um festzustellen, ob Sie überhaupt Fortschritte gemacht haben. Seien Sie sich darüber im klaren, daß man durchaus in bestimmten Bereichen Rückfälle erleben wird. Zur vollkommenen Reife werden wir erst im Himmel gelangen. In der Zwischenzeit können wir allerdings viel tun, um das Schlitzohr in uns in seine Schranken zu weisen, indem wir uns aller unnötigen Lasten entledigen und damit unserem Ziel beim großen Wettlauf viel schneller näherkommen.[6]

Beim Test sollten Sie sich Punkte von 0 bis 3 geben, wobei 0 „niemals" bedeutet, 1 steht für „manchmal", 2 für „regelmäßig" und 3 für „fast immer".

Der Minirth-Meier-Reife-Test

I. Reife in Beziehungen

______ 1. Ich vertrete im Umgang mit anderen einen festen Standpunkt, und ich versuche gegebenenfalls andere davon zu überzeugen, doch erwarte ich nicht, daß sie sich nach mir richten.

______ 2. Ich verschweige nicht, in welches Restaurant ich am liebsten mit anderen gehen möchte, aber wenn die Mehrheit sich für ein anderes entscheidet, schließe ich mich auch gern an, obwohl ich das Essen dort gar nicht so gut finde.

______ 3. Es ist mir nicht unangenehm, Komplimente von anderen entgegenzunehmen und mich dafür zu bedanken.

______ 4. Ich vermeide es, mit meinem Besitz, meinen Fähigkeiten oder Leistungen zu prahlen.

______ 5. Wenn jemand mich kränkt, dann vergebe ich ihm und trage es ihm nicht nach.

______ 6. Ich bin jedesmal entrüstet, wenn ich beobachte, daß jemand anders (oder ich selbst) Opfer von Ungerechtigkeiten wird, aber ich kann mit meinem Zorn richtig umgehen.

______ 7. Ich weigere mich, Gerüchte über andere in die Welt zu setzen.

______ 8. Ich weigere mich, auf Gerüchte zu hören. Außerdem weise ich im konkreten Fall immer darauf hin, wie sehr solches Reden hinter dem Rücken anderer dem Ruf eines derart angegriffenen Menschen schaden kann.

______ 9. Wenn mir Fehler vorgeworfen werden, versuche ich, die Einwände zu verstehen und mein Verhalten gegebenenfalls zu verändern.

______ 10. Ich weiß, daß meine Kinder Fehler und Schwächen haben. Dabei versuche ich, ihnen zur Seite zu stehen, ohne allzu autoritär (zu streng) oder allzu nachgiebig (nicht streng genug) zu sein.

______ 11. Ich bin stolz auf die Erfolge und Leistungen meiner Kinder, nicht weil sie mir persönlich etwas bedeuten, sondern allein deswegen, weil sie für den Lebensweg der Kinder wichtig sind.

______ 12. Ich vermeide es, Autoritätspersonen gegeneinander auszuspielen.

______ 13. Wer berechtigt Autorität ausübt, dem vertraue ich mich mit meinen Problemen an. Ich beuge mich seiner Entscheidung, solange er nichts Illegales oder Unmoralisches von mir verlangt.

______ 14. Ich empfinde echtes Mitgefühl für die Armen, Hungernden, Obdachlosen, Witwen und Weisen, für alle also, die Opfer unserer Gesellschaft geworden sind, und versuche, ihnen so gut wie möglich zu helfen.

______ 15. Ich setze mich auch für Tiere ein und entrüste mich, wenn ich sehe, daß sie gequält werden.

______ 16. Es macht mir Freude, Menschen zu helfen und zur Seite zu stehen, die Opfer geworden sind, auch wenn sie zu den Schwachen, Unbeliebten und wenig Attraktiven zählen.

______ 17. Ich verachte jeden männlichen Chauvinismus bei anderen und bemühe mich, auch mein eigenes Verhalten zu verändern, wenn ich bemerke, daß ich mich genauso benehme.

______ 18. Wenn ich am Steuer sitze, halte ich mich an die Verkehrsregeln des jeweiligen Landes und praktiziere die Goldene Regel, während ich mich in den Verkehrsstrom einreihe.

______ 19. Wenn ich im Auto fahre, ist mir nicht nur meine eigene Sicherheit wichtig, sondern auch die Sicherheit der anderen Verkehrsteilnehmer.

______ 20. Wenn ich verabredet bin, fahre ich so los, daß ich viel Zeit habe, damit andere nicht auf mich warten müssen und ich nicht gehetzt ankomme.

______ 21. Ich fahre nicht absichtlich so langsam, daß ich andere Verkehrsteilnehmer behindere.

______ 22. Man kann sich auf mich verlassen.

______ 23. Ich sage die Wahrheit.

______ 24. Das Bild, das sich andere von mir machen können, entspricht der Wahrheit.

______ 25. Die Zeit, die ich mit meiner Familie verbringe, hat immer einen höheren Stellenwert als mein beruflicher Terminkalender oder irgend ein finanzieller Gewinn.

______ 26. Wenn ich mich geirrt habe, stehe ich zu meinem Fehler.

______ 27. Wenn ich Sport treibe oder an irgendeinem Wettbewerb teilnehme, freue ich mich zwar über einen Sieg, aber es ist mir allemal wichtiger, daß die Teilnehmer ihren Spaß hatten.

______ 28. Wenn es zu einem Streitgespräch kommt, bleibe ich höflich und sachlich. Es geht mir vor allem darum, daß jeder etwas daraus lernt. Gemeinsam zu neuen Erkenntnissen zu gelangen ist wichtiger als ein persönlicher „Sieg".

II. Sexuelle Reife

______ 29. Für mich sind Männer und Frauen gleichberechtigt.

______ 30. Ich unterhalte mich selbstsicher und zwanglos mit Vertretern des anderen Geschlechts, versuche aber nicht, durch auffälliges Verhalten ihre Aufmerksamkeit zu erringen.

______ 31. Ich flirte mit niemandem außer meinem Ehepartner.

______ 32. Ich bin fest entschlossen, ein Leben lang mit meinem Ehepartner verheiratet zu bleiben.

______ 33. Während ich mit meinem Ehepartner sexuellen Verkehr habe, vermeide ich ganz bewußt, mir andere Personen dabei vorzustellen.

______ 34. Beim ehelichen Verkehr geht es mir nicht nur darum, selber Spaß zu haben. Ich bin auch daran interessiert, dem anderen Freude zu machen.

______ 35. Ich erzähle meinem Ehepartner, was mir in der Sexualität Spaß macht, aber ich verlange nichts von ihm, was ihm unangenehm ist oder ihn abstoßen könnte.

______ 36. Ich lehne es ab, pornographische Literatur zu lesen oder mir entsprechende Filme anzuschauen, denn Pornographie ist eine Herabwürdigung der Frau und ein Angriff auf die Heiligkeit der Ehe.

III. Reife zum Dienst an anderen

______ 37. Weil ich begriffen habe, daß jeder von heute auf morgen in finanzielle Schwierigkeiten geraten kann, versuche ich, 10 % meines Einkommens als Rücklage für meine Familie zu sparen.

______ 38. Ich schenke, weil ich andere gern habe, ohne dabei auf Rückerstattung zu hoffen.

______ 39. Wenn ich mit anderen essen gehe, warte ich nicht, bis diese meine Rechnung mitbezahlen, und ich gebe obendrein ein großzügiges Trinkgeld für gute Bedienung.

______ 40. Wenn ich mich mit anderen zum Essen im Restaurant verabrede, lasse ich mich nicht von Schlitzohren ausnutzen, die nur darauf warten, daß ich die Zeche zahle.

______ 41. Ich bin gewissenhaft und ehrlich auch im Geschäftsleben, selbst wenn das Risiko klein ist, nicht erwischt zu werden.

______ 42. Ich vermeide es tunlichst, mir Geld zu leihen (und benutze deshalb auch ungern Kreditkarten). Wenn ich mir doch einmal Geld geliehen habe, zahle ich es pünktlich mit Zinsen zurück.

______ 43. Ich spende so viel wie möglich meiner Gemeinde und anderen vertrauenswürdigen Wohltätigkeitsorganisationen, wobei ich so anonym wie möglich bleibe und nicht darauf aus bin, mich vor anderen ins rechte Licht zu rücken.

______ 44. Ich bin meinen Kindern gegenüber großzügig, versuche dabei aber, sie nicht allzusehr zu verwöhnen, sondern sie zur Selbständigkeit anzuhalten.

IV. Emotionale Reife

______ 45. Mir macht es Spaß, im Team zu arbeiten. Dabei kommt es mir nicht darauf an, wer nachher die Lorbeeren erntet.

______ 46. Ich vergebe anderen ihre Beleidigungen oder unbewußten Kränkungen, auch wenn sie sich nicht entschuldigen.

______ 47. Wenn jemand mir etwas antut, versuche ich nicht, mich zu rächen.

______ 48. Wenn ich mich ängstlich und unsicher fühle, dann bete ich, meditiere mit der Bibel und suche den Rat anderer, die mir möglicherweise aufzeigen können, woher meine Angst und Unsicherheit kommen.

______ 49. Ich möchte mehr über meine unbewußten Motive erfahren, und bitte Gott, sie mir zu offenbaren, soweit er es für richtig hält.

______ 50. Ich bin beherrscht.

______ 51. Ich fühle mich schuldig, wenn ich jemand in Wort und Tat unabsichtlich gekränkt habe.

______ 52. Wenn mir bewußt wird, daß ich Rechte einfordere, die mir gar nicht zustehen, dann gebe ich sie auf.

______ 53. Ich tue alles, um mich nicht in den Kampf um Anerkennung und Selbstbestätigung hineinziehen zu lassen. Statt desssen will ich mit meinem Leben Gott und meinen Mitmenschen dienen.

V. Moralische Reife

______ 54. Ich habe Gewissensbisse, solange ich Gott meine Sünden nicht bekannt und Buße getan habe (zum Sinneswandel bereit bin).

______ 55. Sobald ich Gott meine Sünden und Schwächen bekannt habe, trage ich mir selbst diese Fehler nicht mehr nach.

______ 56. Es ist mir nicht peinlich, mich von einem Pastor seelsorgerlich betreuen zu lassen.

______ 57. Ich bin bereit, für Beratung und Therapie die Kosten zu übernehmen und auch pünktlich zu bezahlen.

______ 58. Ich empfinde professionelle Therapie und pastorale Seelsorge in Notzeiten und bei seelischen Krisen als großartige Gelegenheit zum persönlichen Wachstum, bei dem auch die Familie profitiert. Ich empfinde es nicht als demütigend, wenn ich um Hilfe bitte.

______ 59. Es ist mir nur recht, wenn ein Therapeut oder Seelsorger mich wahrheitsgemäß über mein egoistisches Verhalten oder meine egozentrischen Einstellungen aufklärt.

VI. Geistliche Reife

______ 60. Ich wünsche mir von ganzem Herzen, Gott zu dienen. Es geht mir nicht darum, bei ihm meinen Willen durchzusetzen.

______ 61. Ich übernehme persönliche Verantwortung für mein eigenes geistliches Wachstum.

______ 62. Ich gebe zu, daß ich nicht fehlerlos bin, und ich widerstehe der Versuchung, andere über mein wahres Wesen zu täuschen.

______ 63. Ich gehe zum Gottesdienst, um Gott anzubeten, nicht aber, um mich unterhalten zu lassen.

______ 64. Ich meditiere über biblischen Prinzipien und frage mich dabei, was sie für mein persönliches Leben bedeuten.

______ 65. Ich suche die geistliche Unterweisung, weil ich selber, meine Familie und andere davon profitieren.

Punkte: ______________________ Datum: ______________________

Tragen Sie das Datum ein, an dem Sie den Test gemacht haben, und addieren Sie alle Punkte zu einem Gesamtergebnis. Es geht nicht darum, sich selber als völlig „unreif" bloßzustellen oder zu wähnen, man sei „am Ziel". Worum es geht, ist, jedes Jahr aufs neue den persönlichen Fortschritt zu messen. Das eigentliche Ziel ist also, mit jedem Durchgang eine bessere Punktzahl zu erreichen. Wenn Sie ziemlich viele Punkte zusammenbekommen (über 125), dann könnte Ihr größtes Problem darin liegen, daß Sie nicht ehrlich genug zu sich selber sind. Überprüfen Sie die Antworten mit einer Person Ihres Vertrauens. (Es sollte jemand sein, den Sie für eine gereifte Persönlichkeit halten.) Auf diese Weise hören Sie eine andere Meinung, durch die Ihr Ergebnis bestätigt oder in Frage gestellt wird.

Wir alle sind auf dem Weg zu persönlicher Reife

Welches Ergebnis Sie auch bei unserem Reifetest erzielt haben, Sie sollten immer daran denken, daß es nur ein Meilenstein auf dem Weg zur persönlichen Reife ist. Ziel dieses Buches ist es, nicht nur den rechten Umgang mit den Schlitzohren und Egozentrikern dieser Welt zu lernen, sondern auch mit dem Schlitzohr in uns selber immer besser umgehen zu können. Uns ging es darum, Sie sowohl von masochistischer Unterwürfigkeit als auch von schlitzohrigem Egoismus zu befreien, so daß es Ihnen zunehmend leichter fällt, andere und sich selbst zu lieben und anzunehmen. Erst dann werden Sie als gereifte Menschen ein Leben führen, das dem Nächsten dient, ohne daß Sie selbst durch masochistische Neigungen Schaden nehmen.

Ein Ziel, das ich mir selber für mein Leben gesetzt habe, ist, daß ich eine ausgeglichene Persönlichkeit werde und dadurch Liebe, Freude und inneren Frieden erfahre. Ich möchte Sinn im Leben spüren, indem ich jeden Tag dazu nutze, Gott und meinen Mitmenschen zu dienen. Ich möchte Jesu Anweisung befolgen, alle Gebote Gottes zu erfüllen, indem ich mich an eine ganz schlichte Regel halte: Gott von ganzem Herzen, von ganzer Seele und mit meinem ganzen Verstand zu lieben wie mich selbst.[7]

Das ist im Grunde das Thema, das uns am Herzen liegt. Das wünschen wir uns: *Gemeinschaft mit Gott – Gemeinschaft mit anderen Menschen – lieben und geliebt werden.* Man spricht zwar in der Gesellschaftspolitik oft von den „Grundwerten der Familie“, aber die Familie ist mehr als ein politisches Schlagwort. Leider suchen immer mehr Menschen Lebenssinn und Liebe ohne Tiefgang dort, wo man beides auf keinen Fall findet. Sie begreifen gar nicht, wie wertvoll es ist, wirkliche Bindungen einzugehen – mit Gott, dem Ehepartner, den Kindern, den Angehörigen und mit engen Freunden.

Ein weiteres Hauptanliegen dieses Buches war es, Sie auf die Einstellungen und Traditionen aufmerksam zu machen, die Sie von Ihren Vorfahren übernommen haben. Machen Sie sich klar, daß eben diese Einstellungen und Traditionen noch einmal an drei oder vier Generationen Ihrer Nachfahren weitergegeben werden können. Denken Sie einmal darüber nach, welche Familientraditionen (gute und schlechte) Sie, ohne viel nachzudenken, einfach übernommen haben. Ist Ihnen bewußt geworden, daß Sie die Macht und die Freiheit haben, diese Traditionen mit Gottes Hilfe zu durchbrechen? Haben Sie begriffen, daß Sie nicht ein für allemal mit der Persönlichkeitsstruktur leben müssen, die Sie durch Ihre Eltern vermittelt bekommen haben?

Sie haben die Freiheit und die Macht, immer wieder neu darüber zu entscheiden, was für ein Mensch Sie sein wollen. Es wird Ihnen mit Gottes Hilfe gelingen, Ihren Lebenstraum – zu werden, was Sie sich gewünscht haben – Wahrheit werden zu lassen. In der Psychiatrie sprechen wir vom „Ego-Ideal“, das jeder hat. Wenn Sie sich voller Optimismus und mit realen Vorstellungen der Verwirklichung Ihres „Ego-Ideals" widmen, dann werden Sie stets ein Mensch im Wandel bleiben. Es ist möglich, all das überflüssige Gepäck (und den Abfall) loszuwerden, das sich im Laufe Ihrer Lebensreise angesammelt hat.

Auf der Suche nach meinem eigenen „Ego-Ideal" habe ich mir drei schlichte Ziele für jeden Tag gesteckt, von denen jedes einzelne, so glaube ich, erfüllt, was der Prediger aus der Bibel für die Summe aller Lebensweisheit hält: „Fürchte Gott und halte seine Gebote!"[8] Meine drei Ziele sind:

Ziel 1: Jesus ähnlicher werden

Als einer, der längst nicht mehr so masochistisch und schlitzohrig ist wie früher und nach persönlicher Reife strebt, ist mein erstes Ziel, dem ähnlicher zu werden, der jedem menschlichen Wesen überlegen ist.

Jesus, der Gottesmensch, ist Inbegriff persönlicher Reife. Ich glaube sogar, daß Jesus der einzige wahrhaft gereifte Mensch war, der je gelebt hat. Der wichtigste Grundstein für mein „Ego-Ideal" ist das Streben, ihm ähnlicher zu werden.

Um ihm aber ähnlicher zu werden, muß ich ihn erst durch den Glauben kennenlernen. Und bei Ihnen ist das nicht anders. Ich beschreibe den Glauben oft wie folgt:

Im Augenblick, da ich diese Zeilen schreibe, sitze ich auf einem Stuhl. Und während Sie diese Zeilen lesen, sitzen auch Sie wahrscheinlich auf einem Stuhl. (Falls nicht, sollten Sie sich setzen, um nachvollziehen zu können, was ich als Experiment vorschlagen will.)

Während Sie nun auf Ihrem Stuhl sitzen, sollten Sie einmal Ihre Füße vom Boden heben. Damit setzen Sie Ihr ganzes Vertrauen in den Stuhl, daß er Sie hält. Da Sie nicht allwissend sind, können Sie nicht 100 %ig sicher sein, daß er nicht doch unter Ihnen zusammenbricht. Trotzdem setzen Sie Ihr unvollkommenes Vertrauen in diesen Stuhl und verlassen sich darauf, daß er Sie hält. Entsprechend können Sie auch Ihr Vertrauen in Jesus setzen und ihn zu Ihrem Herrn und Heiland machen. Sie können glauben, daß Jesus der fleischgewordene Gott war, der am Kreuz starb, um für das egoistische Treiben der Menschheit (also auch meins und Ihres) zu sühnen, dann aber aus dem Grab auferstand, um den Tod zu überwinden.

Paulus schreibt in Epheser 2:8-9: „Denn aus Gnade seid ihr errettet durch Glauben, und das nicht aus euch, Gottes Gabe ist es; nicht aus

Werken, damit niemand sich rühme." Wenn Sie jetzt in Ihrem Stuhl sitzen, bekommen Sie den sicheren Halt, ohne daß Sie etwas dazutun; und wenn Sie sich auf Jesus verlassen, dann bekommen Sie gleichfalls völlig umsonst das ewige Leben. Sie müssen keine weiteren Vorleistungen bringen. Nur glauben und vertrauen müssen Sie. Genauso selbstverständlich, wie Sie sich jetzt ganz auf Ihren Stuhl verlassen, sollten Sie jetzt auch darauf vertrauen, daß Jesus Christus Sie erlöst. Und sollten Sie es noch niemals getan haben, so sagen Sie es ihm doch jetzt in diesem Augenblick, daß Sie sich auf ihn verlassen wollen. Und er wird Ihnen alle vergangenen, gegenwärtigen und zukünftigen Sünden vergeben und das ewige Leben schenken.

Ziel 2: Zuerst nach dem Reich Gottes trachten

In seiner Bergpredigt greift Jesus ein Thema immer wieder auf: Wir sollen unseren überflüssigen Kampf um Ansehen und Selbstbestätigung aufgeben und uns dafür in sein Reich aufnehmen lassen. Seine Aufforderung, zuerst nach dem Reich Gottes zu trachten und nach seiner Gerechtigkeit, ist wohl die größte und bedeutendste Einladung, die je an die Menschheit ergangen ist. Und doch haben die meisten Menschen von damals ihn abgelehnt, und auch heute noch wird er von der großen Mehrheit abgelehnt. Zu groß ist die Gier nach Sex, Macht und Geld. Das schwarze Loch unserer Minderwertigkeitsgefühle und das verzweifelte Ringen um Ansehen und Ruhm erweist sich als schier unüberwindliche Macht.

Die Ironie des Schicksals ist es aber, daß diejenigen, die ihr Leben für Sex, Macht und Geld dahingeben, nur nach Wind haschen und niemals das Gefühl bekommen, sinnerfüllt zu leben. Worüber beklagen sich die Menschen heute am meisten, wenn sie über ihr Leben nachdenken? Es ist dieselbe Klage, die schon der Prediger vor Tausenden von Jahren aufschrieb: „Das Leben ist bedeutungslos – ein Haschen nach Wind."[9]

Wenn wir aber Sex, Macht und Geld fahrenlassen, unser Leben dem Dienst in Gottes Reich widmen und uns seinem Volk zugehörig fühlen, erstattet er uns all dies wieder. Nur wird es von ganz anderer Qualität sein.

Sie können viel Freude an der Sexualität mit Ihrem Ehepartner haben, wenn Sie es lernen, durch Kommunikation und Konfliktbewältigung wirkliche Nähe zu Ihrem Partner herzustellen.

Sie können Ihre Stärke einsetzen, um Ihre Schlitzohrigkeit und Ihre Sucht nach Unterwerfung zu überwinden und für die Dinge zu leben, für die es sich zu leben lohnt. Wahre Macht ist eine Kraft, die von innen kommt. Sie wird nicht übergestülpt. Wahre Macht entfaltet sich, weil Gott uns mit Gaben ausgestattet hat, und sie kommt erst dann richtig zur Geltung, wenn wir diese Gaben wieder in seinen Dienst stellen.

Ich glaube auch, daß Sie durchaus berechtigt sind, Geld zu besitzen. Es müssen nicht unbedingt Reichtümer sein. Aber es ist schön, auch materiell gesegnet zu sein. Während ich diese Zeilen schreibe, müssen wir in unserem Land schon längere Zeit mit der Rezession leben. Viele Menschen sind arbeitslos, verschuldet oder sogar obdachlos. Ich glaube aber trotzdem, daß das biblische Prinzip immer noch gültig ist: Wenn wir zuerst nach dem Reich Gottes und nach seiner Gerechtigkeit trachten, wird es uns an den Dingen, die wir wirklich brauchen, nicht mangeln. Wir werden nicht immer gleich alles bekommen. Aber alle, die Glauben haben und Geduld aufbringen, werden letztlich bekommen, was sie nötig haben.

Vielleicht leben Sie aber auch am anderen Ende des gesellschaftlichen Spektrums, und es geht Ihnen finanziell gut. Möglicherweise sind Sie sogar recht wohlhabend. Die Schrift sagt zwar, daß wir nicht für unseren Wohlstand leben sollen, aber wir brauchen uns seiner auch nicht zu schämen, denn das wäre wieder purer Masochismus. Der Prediger schreibt dazu: „Auch jeder Mensch, dem Gott Reichtum und Güter gegeben und den er ermächtigt hat, davon zu genießen und sein Teil zu nehmen und sich bei seiner Mühe zu freuen, – ist eine Gabe Gottes.“[10]

Ziel 3: In der Gegenwart leben

Mein drittes Ziel ist es, Angst und Sorgen aus meinem Leben zu verbannen. Sich um Vergangenes oder Zukünftiges zu sorgen ist nicht nur töricht, sondern auch gefährlich. Als Arzt kann ich Ihnen versichern, daß Sorge Ihrer Gesundheit schadet und Ihr Leben verkürzt. Sorge wird Ihnen Herz-Kreislauf-Probleme bescheren. Sie bekommen frühzeitig Arteriosklerose. Streß und Ängste als Begleiterscheinungen übermäßiger Sorge verursachen Migräne, Schlaganfälle und Herzinfarkte, ganz zu schweigen von den herabgesetzten Abwehrkräften gegen Krankheiten jeder Art. Ich behaupte ja nicht, daß die Menschen keine Probleme haben. Und auch ich lebe nicht konfliktfrei, aber ich finde gut, was William Barclay sagt:

Das Leben lehrt uns, daß wir offenbar doch fähig sind, das Unerträgliche zu tragen, das Unerreichbare zu erreichen und im Zerbruch nicht zu zerbrechen. Das Leben lehrt uns also, daß die Sorge sinnlos ist. Jesus hat uns eindeutig sagen wollen, daß wir uns weder um gestern kümmern noch um die Zukunft sorgen sollen. Das Heute soll uns wichtig sein. Nachdem er seine Anhänger aufgefordert hat, zuerst nach Gottes Reich zu trachten, fügt er sogleich hinzu: „So seid nun nicht besorgt um den morgigen Tag, denn der morgige Tag wird für sich selbst sorgen. Jeder Tag hat an seinem Übel genug.[11]

Ein paar Gedanken zum Abschluß

Als Jan und ich noch jung verheiratete, idealistische Perfektionisten waren, schrieben wir morgens, gleich nach dem Aufwachen, all die Dinge auf, die wir an jenem Tag unbedingt erledigt haben wollten. Damals hatten wir mit Sicherheit immer zwanzig Punkte auf unserer Liste. Wenn der Tag sich neigte, hatten wir 18 oder 19 davon erledigt. Dann fielen wir erschöpft ins Bett und waren doch frustriert, weil wir nicht die ganze Liste abhaken konnten! Nun als masochistische Perfektionisten auf dem Weg der Besserung stehen wir morgens auf, setzen vier Punkte auf unsere Liste und sind am Abend mehr als glücklich und zufrieden, wenn wir drei davon geschafft haben und zwei von den drei Punkten auch noch zu unserer Zufriedenheit erledigt wurden! Im Endeffekt schaffen wir heute mehr als damals, als wir uns noch täglich abstrampelten.

Ist Ihr Glas halb leer oder halb voll? Es kommt auf die Perspektive an. Vielleicht sind die Worte, die ich mir auf die Innenseite vom Deckel meines Terminkalenders geschrieben habe, die Quintessenz all dessen:

Beziehungen sind allemal wichtiger als der Kampf um Ansehen und Anerkennung!

Viel zuviele Menschen auf diesem Planeten verbringen ihr Leben damit, sich im Kampf um Ruhm und Ehre zu verzehren. Die Versuchung ist groß, Zeit, Geld und all unsere Energie einzusetzen, nur um zu beweisen, daß wir jemand sind (und das Loch tief in unserem Innern zu stopfen, das uns immer daran erinnert: „Du bist eine Null"). Man gerät so leicht in die Fallstricke von Sex und anderen Süchten.

Beim verkrampften Streben nach Ansehen und Anerkennung wird man allzu schnell in Machtkämpfe hineingezogen (Wer beherrscht wen?). Und dann ist da noch der Materialismus, der seinen verführerischen Lockruf 24 Stunden am Tag durch alle verfügbaren Medien ertönen läßt.

Aber das alles führt letztlich zu nichts – aus einem einfachen Grund: Man bekommt nie genug davon.

Die Lösung ist also: weniger zu benötigen und dennoch glücklich zu sein. Ein großer Schatz liegt für Sie bereit, wenn Sie verbindliche Beziehungen eingehen wollen mit Gott, Ihrem Partner, Ihren Kindern und Ihren Freunden. Der Weg zur Lösung Ihrer Probleme beginnt damit, daß Sie Jesus Vertrauen schenken: Er wird Ihnen vergeben und Sie erlösen. Und dann widmen Sie den Rest Ihres Lebens der Mitarbeit an seinem Reich.

Lukas hat in seinem Evangelium das Gleichnis vom großen Hochzeitsmahl aufgeschrieben. Jesus erzählt von einem Mann, der ein großes Fest gibt und viele dazu einlädt. Doch als er seine Diener aussendet, die Eingeladenen herbeizuholen, kommen sie alle mit Ausflüchten. Deshalb schickt der Gastgeber seine Diener schließlich hinaus auf die Straßen, um die Armen, die Krüppel, die Lahmen und Blinden einzuladen – jeden, der kommen will, auf daß das Haus des Herrn voll werde (Lukas 14:16-21).

Auch wenn es bei diesem Gleichnis zunächst einmal um die Aussage geht, daß Gott jeden, der kommen will, zur Erlösung ruft, so glaube ich doch, daß es all jenen etwas zu sagen hat, die lernen wollen, in einer Welt voller Schlitzohren und Egoisten zu überleben und sich durchzusetzen. Der erste Schritt dazu ist, eine persönliche Beziehung zu Gott zu suchen. Erst danach sind wir aufgerufen, auch zu unseren Mitmenschen echte Bindungen einzugehen. Dann werden diese Beziehungen zwischen gereiften Persönlichkeiten ein Freudenfest, denn sie sind weitgehend frei von Egoismus und Masochismus. Der Tisch ist gedeckt, und es ist angerichtet! *Lassen Sie es sich schmecken*!

Willenserklärung eines Masochisten

1. Ich habe keine Lust mehr zu leiden. Manchmal spüre ich aber noch immer tief in meinem Innern sehr viel seelisches Leid. Es ist der Schmerz aus Bitterkeit, aus dem Gefühl heraus, mißbraucht, verstoßen, verleumdet und belogen worden zu sein. Es ist der Schmerz aus Einsamkeit und Sinnlosigkeit. Es schmerzt die Scham, das Schuldgefühl und die Gewißheit, sich selber verurteilen zu müssen. Es schmerzt das Versagen trotz guter Vorsätze und natürlich auch die Wut auf Gott, weil er nicht tat, worum ich ihn gebeten habe.
2. Ich gestehe mir ein, meinen Egoismus/Masochismus nicht aus eigener Kraft überwinden zu können. Ich brauche Hilfe – von anderen Menschen und besonders von Gott. Vor allem möchte ich meinen himmlischen Vater näher kennenlernen. Ich möchte wissen, wer er wirklich ist und was er tatsächlich für mich tun will und was nicht.
3. Ich will mich darum bemühen, meinen Weg zur persönlichen Reife mit mindestens einer mir wichtigen Person zu gehen – mit meinem Ehepartner, meinem Pastor, mit einem guten Freund, einem Seelsorger oder, wenn nötig, mit einem Therapeuten. Ich brauche die objektive Sicht, die ich nur durch jemanden gewinne, der bereit ist, mich vorbehaltlos zu lieben.
4. Mein wichtigstes Ziel ist es, eine reife Persönlichkeit zu werden, deren Selbstwertgefühl nicht von der Meinung anderer abhängig ist. Ich möchte nicht übertrieben mißtrauisch und auch nicht verbittert sein, weil ich einfach müde bin, immer der Fußabtreter für andere zu sein. Ich möchte es lernen, mit den Schlitzohren und eingefleischten Egoisten meiner Umgebung richtig umzugehen, wenn sie mich ausnutzen wollen.
   Gleichzeitig möchte ich ihnen aber mit Respekt und Freundlichkeit begegnen, um sie auf diese Weise vielleicht doch noch mit auf den Weg zur persönlichen Reife nehmen zu können. Aber auch den Egozentriker in mir möchte ich beherrschen lernen und ihn in Zukunft an der kurzen Leine führen. Doch hassen will ich ihn, der ein Teil von mir ist, nie wieder.

Unterschrift ____________________________

Anhang

32 weitere Abwehrmechanismen

In Kapitel 6 haben wir uns mit den acht am meisten in der psychologischen Praxis vorkommenden Abwehrmechanismen eingehend beschäftigt. Es folgen nun noch weitere 32 Methoden, die der menschliche Geist sich ausdenkt, um die Wahrheit zu verschleiern.

Ausleben: Der Betreffende ist sich seiner Wünsche und Sehnsüchte nicht bewußt (z. B. die Sehnsucht nach Zuwendung und Zärtlichkeit durch einen zu oft abwesenden Elternteil des andern Geschlechts), und so lebt er diese Sehnsüchte aus, indem er ständig wechselnde Sexualpartner hat oder zum Kleptomanen wird.

Substitution: Menschen übergehen ihre wahren Wünsche und Bedürfnisse und geben sich mit einer teilweisen oder sogar abgewandelten Erfüllung zufrieden. So möchte z. B. eine Frau, die durchaus eigene Kinder haben könnte, Mutter werden. Doch der Wunsch weckt aus verschiedenen Gründen zwiespältige Gefühle. Und deshalb wird sie Lehrerin, ohne sich der Motive bewußt zu sein. Dadurch hat sie Umgang mit Kindern und erfüllt sich auf diese Weise ihren Wunsch, Mutter zu werden.

Blockaden: Die betreffenden Personen verlieren mitten im Satz den Faden, und wenn sie angestrengt versuchen, wieder an den Gedanken anzuknüpfen, so fallen ihnen alle möglichen Dinge ein, die mit dem eigentlichen Thema nichts zu tun haben. Sie suchen einen anderen Gesprächsstoff, der als weniger bedrohlich empfunden wird. Da ist z. B. ein junger Mann, der in einer konfliktreichen Beziehung zu seiner Mutter lebt. Bei einem Gespräch mit Freunden wird ganz allgemein über die Mütter gesprochen, und der junge Mann verliert mitten im Satz den Faden und weiß nicht mehr, was er sagen wollte.

Sektionierung: Es gibt Menschen, die verschiedene Erfahrungen unbewußt derart voneinander trennen können, daß sie sie als zusammenhangslos empfinden, so als hätten sie sie in verschiedenen Schubladen ihres Gehirns abgelegt. Dadurch bleiben die Konflikte zwischen ihren realen verbotenen Bedürfnissen und ihren idealisierten Gefühlen und Motiven dem Bewußtsein verborgen.

So verdrängt z. B. eine Frau die Wut auf ihren Vater, der sie als Kind sexuell mißbrauchte. Es gelingt ihr allerdings, ihre Gefühle in einem bestimmten Bereich ihres Gehirns einzuschließen und abzuschotten, so daß sie zu der Überzeugung gelangt, sie sei die „liebende Tochter", die auf ihren Vater überhaupt keinen Zorn mehr hat. Dabei hat sie nur den Teil ihrer Kindheit verdrängt, der im Zusammenhang mit den Übergriffen ihres Vaters steht. Dadurch gelingt es ihr, ihren an sich rücksichtslosen Vater zu idealisieren, weil sie die Erinnerungen an den sexuellen Mißbrauch aus ihrem Bewußtsein ausblendet. Sie lebt nun in dem Irrglauben, sie habe einen großartigen Vater.

Während einer Fernsehsendung, in der ein Vater seine Tochter mißbraucht, bekommt sie eine Panikattacke. Weil die Sendung sie anwidert, schaltet sie ein anderes Programm ein. Aber ihr wird nicht klar, was die Panikattacke verursacht hat. So glaubt sie, es sei nur eine körperliche Unpäßlichkeit.

Kompensation: Es gibt immer wieder Menschen, die versuchen, reale oder eingebildete persönliche Defizite durch besondere Leistungen im Sport oder auf intellektuellem Gebiet zu kompensieren. Solch eine „Kompensation" kann sich durchaus positiv auswirken, wenn sie bewußt und mit den richtigen Motiven vorgenommen wird. Als Abwehrmechanismus jedoch ist Kompensation das unbewußte Streben nach Ausgleich für Minderwertigkeitsgefühle, weil man sich nicht so annimmt, wie Gott einen gewollt hat.

Phobien: Ein bestimmter Umgebungsreiz droht eine Flut von Erinnerungen an Ereignisse ins Bewußtsein zu rufen, die ursprünglich heftige Reaktionen ausgelöst haben. Diese Erinnerungen wurden verdrängt und im Unterbewußtsein gehalten. So hat z. B. eine junge Frau panische Angst, sobald sie eine schwarze Katze sieht. Sie kann sich gar nicht erklären, warum das so ist. Sie hat einfach vergessen (verdrängt), daß sie als kleines Kind von einem großen, schwarzen Hund angefallen und gebissen wurde.

Sie hat aber noch weitere Kindheitserinnerungen an traumatische Ereignisse verdrängt. So mußte sie einmal mitansehen, wie jemand bei einem Autounfall starb. Dabei empfand sie genauso Furcht, Entsetzen und Hilflosigkeit wie bei jener Begegnung mit dem Hund. Wenn sie jetzt eine schwarze Katze sieht, wird unbewußt die Verbindung zu dem schwarzen Hund hergestellt, und dieser wieder löst Erinnerungen an die anderen traumatischen Ereignisse aus und produziert die Angst.

Wiedergabe: Es ist ein Begriff aus der Psychoanalyse. Menschen reagieren auf einzelne Wörter, Sätze oder Aussagen mit einer Fülle von Emotionen, die unbewußt einem ganzen Erfahrungskomplex zugeordnet sind. Wenn erfolgreiche Werbesprüche den Umsatz verdoppeln, dann hat bei vielen Menschen der Mechanismus der Wiedergabe funktioniert.

Dominanz: Unsichere Menschen, die sich ihres Gefühls der absoluten Macht- und Kraftlosigkeit oft gar nicht bewußt sind, entwickeln den starken Drang, für andere zu denken und sie zu beherrschen, wodurch sie sich nicht mehr ganz so machtlos fühlen. Solch ein Mensch, der andere gern bevormundet, heiratet typischerweise oft passive, zuvorkommende und wenig selbständige Partner, um sich mächtiger und sicherer zu fühlen.

Defensive Abwertung: Bestimmte Personen kritisieren ständig ihre Mitmenschen, um sich selbst das Gefühl zu geben, sie seien besser als alle anderen. Dieser Abwehrmechanismus hat sehr viel mit Pharisäertum und Projektion zu tun (ausführlich besprochen in Kapitel 6).

Psychotische Projektion: Das ist die schwerere, psychotische Variante der normalen Projektion, die wir in Kapitel 6 besprochen haben. Jemand fängt an, seine Gefühle so sehr zu fürchten (Wut und Begierden z. B.), daß er sie auf jemand anders projiziert. Der Betreffende stellt nun eine ernste Bedrohung dar, und der Kranke bildet sich in seiner übersteigerten Phantasie ein, der andere plane irgendwelche Anschläge auf ihn.

Dissoziation: Bei manchen Menschen zerfallen an sich zusammenhängende Denk-, Handlungs- und Verhaltensabläufe in Einzelbereiche, die nicht mehr zusammenhängend wahrgenommen werden. Ein Jugendleiter beispielsweise weist seine Teenager ständig mit Nachdruck darauf hin, wie wichtig sexuelle Reinheit sei. Doch die Mädchen in der Gruppe üben eine starke sexuelle Anziehung auf ihn aus. Fühlen und Handeln zerfällt bei ihm unbewußt in zwei voneinander isolierte Bereiche, und er merkt gar nicht, daß er ein Heuchler ist.

Selbsttäuschung: Bestimmte Menschen passen ihre innere Realität den eigenen Wünschen und Bedürfnissen an. Bei dieser Selbsttäuschung spielt die „Stimme Gottes" oft eine Rolle. Zum Beispiel: Ein junger Mann fällt beim juristischen Staatsexamen durch. Trotzdem redet er sich ein, er werde auch ohne Abschluß Gerichtspräsident, weil Gott es ihm – möglicherweise sogar „hörbar" – gesagt hat.

Objektivierung: Menschen mit einem schwachen Ego erleben ihr eigenes Denken und Fühlen oft als externe Vorgänge. Ihre Selbsterfahrung geschieht indirekt durch andere. Ihr idealisiertes Ich wird nach außen verlagert, so daß ihre eigene Identität mit der Identität eines anderen (meist vom gleichen Geschlecht) verschmilzt. Der Betreffende wird als „idealer" Begleiter und Partner empfunden. Dieser Vorgang kann homosexuelle Neigungen auslösen, wenn starke Minderwertigkeitsgefühle zur Idealisierung des gleichgeschlechtlichen Freundes führen.

Hypochondrie: Es gibt Menschen, die reden sich ein, körperlich krank zu sein, obwohl sie es in Wirklichkeit nicht sind; oder sie machen aus einer leichten Unpäßlichkeit eine schwere Krankheit. Hypochonder nennt man Menschen, die diesen Abwehrmechanismus einsetzen.

Konversionshysterie: Unakzeptable Gefühle (z. B. Wut) oder Beweggründe (z. B. Rache) führen zu einem symbolischen Funktionsverlust eines Körperteils (sensorisch oder motorisch).

Eine meiner Patientinnen war eine fleißige Studentin mit einem guten Notendurchschnitt. Doch ihre Mutter hatte ihr durch Vernachlässigung und ständige Seitensprünge seelischen Schaden zugefügt. Eines Tages rief sie ihre Tochter an, um ihr mitzuteilen, daß sie wegen einer Krebserkrankung nur noch höchstens ein halbes Jahr zu leben habe. Ihre Tochter möge doch das College verlassen und zu ihr nach Hause kommen, um sie zu pflegen. Es sei der letzte Strohhalm, nach dem sie greife. Darauf erblindete die Tochter urplötzlich. Die Neurologen fanden keine körperliche Ursache, und so überwies man sie an mich, um sie psychiatrisch behandeln zu lassen. Nachdem wir drei Wochen lang tägliche Therapiesitzungen gehabt hatten, in denen wir uns auf ihre Haßliebe der Mutter gegenüber konzentrierten, konnte das Mädchen plötzlich wieder ohne Einschränkungen sehen.

Inkorporation: Speisen, die bestimmte Personen oder Teile von Personen symbolisieren, werden als Ersatzhandlung von Menschen mit geringem Selbstwertgefühl verzehrt. So fühlt sich z. B. ein Junge seinem Vater unterlegen, weil dieser viel längere und kräftigere Beine hat. Jedesmal, wenn die Mutter Brathähnchen auf den Tisch bringt, will der Junge unbedingt die Schenkel haben. Nach außen sieht es so aus, als möge er einfach nur das dunkle Fleisch, aber unbewußt möchte er so viele Hähnchenschenkel wie möglich verzehren, um größere und stärkere Beine als sein Vater zu bekommen.

Idealisierung: Menschen überschätzen die bewunderten Eigenschaften eines anderen. Das geschieht z. B. häufig, wenn eine Gemeinde ihren Pastor verehrt, weil er so „vollkommen" zu sein scheint. Sobald sich aber herausstellt, daß dieser Pastor auch nur ein Mensch ist, sind die besonders eifrigen Verehrer auch die Mitglieder, die ihn am schnellsten fallenlassen.

Intellektualismus: Bestimmte Menschen gehen mit ihren starken Minderwertigkeitsgefühlen oder anderen unbewußten Konflikten dergestalt um, daß sie nur noch „hochgestochen" daherreden oder immer nur tiefschürfende Gespräche führen möchten. Der Philosophiestudent, der nur noch in verklausulierten Bandwurmsätzen redet und der gelangweilt reagiert, wenn man einmal nicht komplexe Gedankengebäude entwirft, tut so intellektuell, um seine unbewußten Minderwertigkeitskomplexe zu verbergen. Er fühlt sich klein, weil er als Kind von seinen Eltern nur gegen entsprechende Leistungen angenommen wurde.

Es könnte auch sein, daß die Seele überhaupt ein unerforschtes Land für ihn ist. Er kennt seine Emotionen so gut wie gar nicht und meint zuweilen, er habe keine.

Verinnerlichung: Es gibt Menschen, die die Gefühle, die sie anderen gegenüber hegen, auf sich selbst projizieren. Verinnerlichung – man spricht auch von Introjektion – ist das Gegenstück zur Projektion. Da ist z. B. ein junges Mädchen, das sehr viel Wut und Groll seinem Vater gegenüber hegt. Um aber Schuldgefühle zu vermeiden, lenkt es diesen Zorn um auf sich selber. Nun hat sie an allem Schuld, und sie fühlt sich als Versager.

Isolation: Verschiedene unerwünschte Emotionen (wie Eifersucht, Habgier und sexuelle Begierden) werden aus dem bewußten Denken ausgeblendet und im Unterbewußtsein isoliert, auch wenn der Betreffende manchmal sehr einsichtig ist, was seine Gefühlswelt angeht. Die Isolierung bestimmter Gefühle ist im Grunde der Verdrängung sehr ähnlich. Doch ist Verdrängung ein etwas weiter gefaßter Begriff. Den Mechanismus der Isolation kann man zum Beispiel bei einer Person beobachten, die glaubt, Zorn sei immer Sünde. Daraufhin wird jede Gemütsregung, die etwas mit Wut und Zorn zu tun hat, isoliert, wodurch sich der Betreffende von seinen Schuldgefühlen befreit.

Der Glaube an magische Kräfte: Das ist ein sehr weitverbreiteter Abwehrmechanismus. Menschen kompensieren ihre Minderwertigkeitsgefühle dadurch, daß sie glauben, subtile übersinnliche Kräfte zu haben. So schlagen einige von ihnen nach dem Zufallsprinzip an irgendeiner Stelle die Bibel auf und tippen mit dem Finger blind auf eine Schriftstelle, die dann schon „die richtige" ist als Wegweiser für wichtige Entscheidungen. Auch ein acht Jahre altes Mädchen glaubte an seine magischen Kräfte. Es empfand sehr viel Zorn und Groll für seinen Vater und wünschte sich zuweilen, er würde sterben. Eines Nachts hatte das Mädchen einen Alptraum, in dem es seinen Vater sterben sah. Am nächsten Tag starb der Vater tatsächlich bei einem Autounfall. Das Mädchen glaubte nun tatsächlich, seine Wut habe den Tod des Vaters auf magische Weise verursacht, worauf es von Schuldgefühlen geplagt wurde und schwere Depressionen bekam.

Eine weitverbreitete, aber meist harmlose Form magischen Denkens kommt bei sportbegeisterten Fernsehzuschauern vor. Sie geben vor dem Fernsehschirm Anfeuerungsrufe, harsche Kritik und gute Ratschläge lautstark von sich. Irgendwie haben sie das Gefühl, ihre Entsetzensschreie und ermunternden Zurufe würden das Spiel beeinflussen, und sie sind mit sich zufrieden, wenn ihre Zurufe scheinbar den gewünschten Erfolg erbracht haben.

Reaktionsbildung: Bestimmte Menschen haben Einstellungen und legen Verhaltensweisen an den Tag, die ihren wahren bewußten und unbewußten Impulsen widersprechen. Reaktionsbildung könnte ein Problem jener Pastoren gewesen sein, die wir in Kapitel 3 beschrieben haben. Ihnen ging es in ihren Predigten verhältnismäßig oft um die dramatischen Folgen außerehelichen Geschlechtsverkehrs, wobei sie dann selber häufig Affären mit Frauen aus der eigenen Gemeinde haben.

Menschen, die sehr viel Zeit und Energie darauf verwenden, gegen bestimmte Bereiche der „Unmoral" zu Felde zu ziehen, sind oft unbewußt versucht, gerade das zu tun, wogegen sie sich aussprechen. Das wahre Motiv für ihren Feldzug ist es, ihre tatsächlich vorhandenen Impulse zu verschleiern und nicht ins Bewußtsein vordringen zu lassen. In Jakobus 1:26 lesen wir etwas über die Folgen der Reaktionsbildung.

Regression: Es gibt Menschen, die in Streßsituation und bei Konflikten auf eine frühere Stufe ihrer Persönlichkeitsentwicklung zurückkehren, wo sie sich noch geborgener und vor den Anfeindungen des Lebens geschützter fühlen konnten. Drei- oder Vierjährige, die schon nicht mehr einnässen, halten plötzlich nachts nicht mehr durch, sprechen plötzlich wieder wie Kleinkinder, machen tagsüber in die Hose oder bekommen Wutanfälle, wenn noch ein Geschwisterchen zur Welt kommt. Es waren dies alles Dinge, die sie taten, als sie noch im Mittelpunkt standen und sich geborgener fühlten.

Auch Erwachsene können in Streßsituationen unterschiedlich lange auf frühere Entwicklungsstufen zurückkehren (Wohnortwechsel, ein neuer Arbeitsplatz, das erste Kind, eine schwere Krankheit oder der Tod eines geliebten Menschen). Sie kehren zu Verhaltensweisen zurück, die typisch für eine Altersstufe waren, auf der sie sich noch selbstsicherer und geborgener fühlten.

Sarkasmus: Bestimmte Menschen, die sich selbst, anderen oder einer ganzen Gruppe gegenüber feindselig eingestellt sind, äußern diese Feindseligkeit unbewußt dadurch, daß sie sich ständig über sie lustig machen und Scherze mit ihnen treiben. Ein Beispiel hierfür wäre der junge Mann, der mit verdrängter Feindseligkeit seiner Mutter gegenüber aufwächst, die er dann auf Frauen ganz allgemein überträgt. Er kann gar nicht verstehen, warum andere Menschen durch seine ständigen Witze über Frauen unangenehm berührt sind. Er scherze doch nur. Natürlich basiert nicht jede humorvolle Äußerung auf einer feindseligen Grundhaltung. Ein deftiger Witz kann auch richtig Spaß machen.

Schizoide Phantasien: Menschen, die die Wirklichkeit als leidvoll empfinden, entfliehen der Realität durch intensives Tagträumen. Ein Beispiel hierfür wäre das junge Mädchen, das ständig von der großen Liebe träumt, sich aber niemals wirklich mit jungen Männern verabredet, weil es sehr scheu ist und die Nähe zu anderen Menschen fürchtet. Vielleicht ist diese Frau noch mit siebzig unverheiratet. Aber selbst noch im hohen Alter sucht sie sich in Modezeitschriften ein Hochzeitskleid aus.

Somatisierung: Das ist eine Verteidigungsstrategie der Hypochonder. Ungewollte und unbewußte Empfindungen (wie Zorn) oder Motive (wie Rache) äußern sich durch manifeste körperliche Beschwerden (wie Kopfschmerzen, Durchfall oder Herzschmerzen), und zwar überall dort, wo das vegetative Nervensystem beteiligt ist. Diese Menschen können sich voll und ganz auf ihre Beschwerden konzentrieren, ohne sich ihrer wahren Gefühle und Motive bewußt werden zu müssen.

So wird z. B. ein Student von seinem Professor vor Kommilitonen getadelt. Er ist sehr erbost darüber, aber er schluckt den Zorn herunter, weil er keine Schwierigkeiten haben und seine Note nicht gefährden will. Sein Körper reagiert sofort mit Verspannungen im Rücken. Nach wenigen Tagen kann er sich vor Schmerzen nicht mehr bewegen, und er muß einen Arzt aufsuchen. Der Begriff „psychosomatische Erkrankungen" ist noch weiter definiert. Er umfaßt tatsächlich vorhandene Erkrankungen, die durch Somatisierungen entstanden, aber auch Beschwerden ohne jeden körperlichen Befund, die durch eine Konversionshysterie verursacht werden. Der Begriff selber stammt von Johann Heinroth, einem gläubigen Psychiater, der hundert Jahre vor Freud gelebt hat.

Symbolisierung: Eine einzelne Handlung oder ein einzelnes Objekt repräsentiert eine ganze Gruppe von Handlungen oder Objekten, von denen einige als unakzeptabel empfunden werden. Es wächst z. B. ein junger Mann in einem Elternhaus auf, in dem Sexualität als schmutzig und für den Glauben als schädlich empfunden wird. Er versucht zwar, seine sexuellen Impulse und Sehnsüchte zu verleugnen, doch er läßt sich besonders leicht zum Kauf von Produkten verführen, für die im Fernsehen mit versteckten oder ganz eindeutigen Sexsymbolen geworben wird: für ein Auto mit dem Slogan: „Ich liebe deine Kurven" oder für ein Aftershave mit einer Blondine, die raunt: „Meine Männer tragen XY oder gar nichts auf ihrer Haut."

Wiedergutmachung: Menschen tun oder sagen etwas, um damit unbewußt einen Fehler aus der Welt zu schaffen (wiedergutzumachen). Danach haben sie das Gefühl, sie hätten diesen Fehler nie begangen. So spricht z. B. eine Frau abfällig über ihre Freundin hinter deren Rücken. Darauf fühlt sie sich unbewußt derart schuldig, daß sie am nächsten Tag dieser Frau ständig Komplimente macht, obwohl sie an die negativen Äußerungen gar nicht mehr denkt und sich selber wundert, warum sie so übertrieben nett ist.

Ungesunde Identifikation: Menschen übernehmen Einstellungen und Verhaltensweisen von bestimmten Vorbildern, ohne sich dessen bewußt zu sein. Dieser Abwehrmechanismus funktioniert bei Kindern, die den gewalttätigen Filmhelden bewundern, bei Jugendlichen, die Sexfilme für Erwachsene schauen, oder beim Angestellten, der die windigen Geschäftsmethoden von seinem Chef beobachtet.

Ungesunde Sublimierung: Unakzeptable Gefühle (wie Feindseligkeit oder Begierden) werden auf akzeptable Weise kanalisiert, so daß der Betreffende sie niemals bewußt wahrnimmt. Sie bleiben tief im Unterbewußtsein verborgen.

So wächst z. B. ein Junge in einem streng religiösen Elternhaus auf, in dem zwar Liebe gepredigt wird, wo jedoch im täglichen Leben eine kalte, überkritische und feindselige Atmosphäre herrscht. So kommt es, daß auch der Junge diese Aggressivität übernimmt. Weil dies aber als unerwünschte Regung empfunden wird, treibt er intensiv Sport, und er bekommt auf dem College viel Anerkennung im Fußball für seinen „Killerinstinkt" als Stürmer. Er besucht die Theologische Akademie und wird schließlich ein angesehener Prediger, der dafür bekannt ist, daß er die „gottlosen Irrtümer" der Psychologie und die „geistlichen Gefahren" einer Hilfe durch Psychotherapie brandmarkt.

Ungesunde Unterdrückung: Dies ist der einzige Abwehrmechanismus, der bewußt eingesetzt wird. Dabei schieben Menschen die Bewältigung eines Konflikts, den sie bewußt wahrnehmen, immer wieder hinaus. Sie unterdrücken die Wahrheit, indem sie sich vorgaukeln, sie werden sich des Problems schon zu gegebener Zeit annehmen, aber die „gegebene Zeit“ kommt niemals.

In Kapitel 6 erwähnte ich, daß ich mich der Verleugnung bediente, um einen Angestellten nicht zur Rede stellen zu müssen, der mich ausnutzte. Als Freunde mich darauf aufmerksam machten, nahm ich mir vor, dieses Problem bei passender Gelegenheit anzugehen. Ich tat es schon nach ein paar Tagen. Wenn ich es aber immer weiter aufgeschoben und es eines Tages völlig vergessen hätte, dann wäre dies Unterdrückung gewesen.

Vermeidungsverhalten: Bestimmte Menschen tun so, als gebe es bestimmte spannungsauslösende Konflikte nicht, indem sie die Konfrontation damit einfach vermeiden. So fürchtet sich z. B. ein junger Mann vor persönlicher Nähe. Doch er möchte es sich nicht eingestehen. Er verlobt sich dreimal. Doch jedesmal, wenn der Hochzeitstag näherrückt, findet er irgendeine Kleinigkeit, die ihn an der betreffenden Frau stört, und er zieht sich zurück.

Ein weiteres Beispiel wäre die alleinstehende junge Frau, die sich zwar einen Mann wünscht, sich aber unbewußt davor fürchtet, sexuell über die Stränge zu schlagen (vorehelichen Verkehr haben will). Sie bittet zwar Gott, ihr einen Partner zu schicken, aber unbewußt vermeidet sie jede Situation, in der sie einem Mann begegnen könnte. Es kann sogar vorkommen, daß sie wütend auf Gott wird, weil er ihre Gebete nicht erhört und ihr keinen Mann schickt.

Anmerkungen

Kapitel 1

1. Larry Crabb, *Inside Out,* (Colorado Springs, 1988), S. 20.

Kapitel 4

1. Die einzelnen Ereignisse aus Saddam Husseins Leben sind verschiedenen Publikationen entnommen, darunter: U.S. *News and World Report*, 10. Sept. 1990, „Saddam Hussein's Three-Ring-Circus", S. 29-40.
2. Röm. 12:19.

Kapitel 6

1. Jeremia 17:9-10.
2. Sprüche 14:8.

Kapitel 7

1. Siehe: 2. Mose 34:7; 4. Mose 14:18.

Kapitel 8

1. 2. Timotheus 1:7.
2. Sprüche 1:7.

Kapitel 9

1. Epheser 4:26.
2. Siehe: Römer 12:19.
3. Jakobus 1:19,20; 5.

4. Nehmen Sie als Beispiel den Bericht von Jesu Tempelreinigung in Johannes 2:13-25.
5. Matthäus 5:48.
6. Sprüche 19:5.
7. Siehe: Epheser 4:15-16.
8. Epheser 4:26-27, nach einer modernen Übersetzung.
9. 2. Timotheus 4:14-15.
10. Römer 5:5.

Kapitel 10

1. Siehe: Matthäus 7:3-5.
2. Maurice Wagner, *The Sensation of Being Somebody* (Grand Rapids, 1975), S. 32.
3. Ebd., S. 34.
4. Ebd., S. 35.
5. Ebd., S. 36.
6. Siehe: Matthäus 11:30.
7. Siehe: Matthäus 10:38; 16:24; auch Römer 2:8; Philipper 2:3; Jakobus 3:14-16.
8. Psalm 139:17-18.
9. 1. Samuel 13:14.
10. Psalm 139:23.
11. Jakobus 1:2-4.

Kapitel 11

1. Siehe: Philipper 4:13.
2. Jakobus 5:16.
3. Sprüche 24:16.
4. Sprüche 24:6.
5. Sprüche 3:5-6.
6. Siehe: Hebräer 12:1-2.
7. Siehe: Matthäus 22:37.
8. Siehe: Prediger 12:13-14.
9. Z.B. Prediger 1.
10. Prediger 5:18.
11. Matthäus 6:34.

In der Reihe Rat & Hilfe liegt außerdem vor:

Erwin Scharrer

Heilung des Unbewußten

Überarbeitete und erweiterte Neuauflage

ISBN 3-86122-065-2
Bestell-Nr. 330 065
Paperback, ca. 180 Seiten

Das vorliegende Buch will verdeutlichen, daß einer psychotherapeutischen Arbeit grundsätzlich ein Menschenbild zugrunde liegen kann, welches biblische Qualitäten aufweist. Der Verfasser bekennt sich zu einem „Standort", bei dem ärztliches und seelsorgerliches Handeln, also Seelsorge und Psychotherapie, aufeinander bezogen sind.

David Seamands

Heilung der Gefühle

ISBN 3-86122-114-4
Bestell-Nr. 330 114
Paperback, 120 Seiten

Es gibt Probleme und Schwierigkeiten, bei denen es mit normaler Seelsorge nicht getan ist. Dort muß die seelsorgerliche Arbeit ausgeweitet werden, vor allem bei Menschen mit einem angeschlagenen Gefühlsleben und einer nicht geheilten Erinnerungsfähigkeit.

David Mains

Hoffnung für Gemeinde

Wie Beziehungen in der Gemeinde heilen können

ISBN 3-86122-127-6
Bestell-Nr. 330 127
Paperback, 100 Seiten

Beinahe jede Familie ist unvollkommen. Doch sie kann heil werden. Das gilt ebenso für die Familie Gottes. Mit Gottes Hilfe kann die Gemeinde dem Heilsein in Christus einige Schritte näher kommen. Wie das geschieht, beschreibt der Verfasser in diesem Buch.

Heinrich von Knorre (Hrsg.)

Seelische Krankheit – Heilung und Heil

Gedanken und Erfahrungen von Ärzten der Klinik Hohe Mark

ISBN 3-86122-172-1
Bestell-Nr. 330 172
Paperback, 86 Seiten

In diesem Buch verdeutlichen sechs christliche Nervenärzte und Psychotherapeuten, Ärzte an der Klinik Hohe Mark, Oberursel, wie sie als Christen arbeiten. Jeder von ihnen erläutert seine ärztlich-seelsorgerliche Sichtweise und ergänzt diese Darstellung durch eine von ihm in der Klinik gehaltene Andacht.

FRANCKE
Verlag der Francke-Buchhandlung GmbH

In der Reihe Rat & Hilfe liegt außerdem vor:

David Stoop

Der Perfektionist in mir

Mut zu einem zufriedeneren Leben

ISBN 3-86122-066-0
Bestell-Nr. 330 066
Paperback, 128 Seiten

Auf den ersten Blick scheint Perfektionismus eine Tugend zu sein. Je häufiger man es aber mit solchen Menschen zu tun hat, desto deutlicher hört man die mit dem Perfektionismus verbundene Not und Enttäuschung. Niemand wird durch Perfektionismus glücklicher.

Paul Meier

Ab heute wehre ich mich!

Überlebensstrategien in einer Welt voller Egoisten

ISBN 3-86122-157-8
Bestell-Nr. 330 157
Paperback, 260 Seiten

Überall haben wir es mit Egoisten zu tun, Menschen, die zuerst an sich denken und durch ihr ich-bezogenes Denken und Handeln anderen Menschen schaden. In gewisser Weise sind wir alle so. Dieses Buch will grundsätzlich allen Menschen das Leben mit den Egoisten unserer Zeit erträglicher machen.

David Stoop

Die Frage nach dem Vater

Eine hoffnungsvolle Entdeckungsreise

ISBN 3-86122-185-3
Bestell-Nr. 330 185
Paperback, 190 Seiten

Väter spielen in der Entwicklung des Kindes eine ganz entscheidende Rolle. Unsere Väter haben maßgeblich dazu beigetragen, daß wir heute sind, wie wir sind. Die Versöhnung mit dem Vater ist Reise und Ziel zugleich. Wir alle müssen dazu aufbrechen, wenn wir heil werden wollen.

Gary R. Collins

Die biblischen Grundlagen für beratende Seelsorge

ISBN 3-86122-186-1
Bestell-Nr. 330 186
Paperback, 327 Seiten

Dieses Buch möchte ein gründliches Wissen darüber vermitteln, was wir als Nachfolger Jesu Christi glauben, und so bei seelsorgerischer Tätigkeit unterstützen. Denn es besteht eine Notwendigkeit, christliche Seelsorge auf der einzig sicheren Basis eines starken biblischen Fundaments zu betreiben.

FRANCKE
Verlag der Francke-Buchhandlung GmbH